Deutschbuch

Gymnasium

Berlin, Brandenburg, Mecklenburg-Vorpommern, Sachsen, Sachsen-Anhalt, Thüringen

Arbeitsheft
Lösungen

9

Cornelsen

Materialgestützt informieren

Einen Informationstext untersuchen

Seite 5

2 Was sind Chatbots und wie funktionieren sie? → Z. 5–11
Hier werden Chatbots überall eingesetzt. → Z. 12–18
Welche Akzeptanz haben Chatbots in Deutschland? → Z. 19–24

3 **richtig:** A, B, D – **falsch:** C, E

4 An der folgenden Formulierung lässt sich ein Hinweis auf das verwendete Material erkennen:
„Während in Asien und Amerika die Kommunikation mit Chatbots gefragt und akzeptiert ist, stehen nach einer Umfrage des Online-Portals „Statista" die Menschen in Deutschland der Mensch-Maschine-Kommunikation skeptisch gegenüber: Rund 60 Prozent ist diese Art der Kommunikation zu unpersönlich und über 40 Prozent finden die Spracherkennung zu ungenau. Jeder Sechste gibt sogar an, sich bei der Chatbot-Kommunikation beobachtet zu fühlen" (► Z. 19–24).

5 **a** Jugendliche
Begründung: In der Einleitung (► Z. 1–4) werden die Leser/-innen geduzt (habt ihr bestimmt auch schon gehört).
b In der Einleitung (► Z. 1–4) werden die Leser/-innen persönlich mit „ihr" angesprochen. Daraus lässt sich schließen, dass die Adressaten Jugendliche sind. Zudem merkt man anhand der anschaulichen Beispiele und Erklärungen, dass der Informationstext an Leser/-innen gerichtet ist, die sich mit dem Thema „Chatbot" nicht auskennen. (Ein Text für Fachleute aus der Informatikbranche würde mehr Fachbegriffe beinhalten und würde auf einem anderen „Informationsniveau" einsteigen.)

6 Mögliche Lösungen:
Chatbots – Immer erreichbar, wenn man sie braucht
Chatbots – Kommunikationsroboter in der Kundenbetreuung

Einen Informationstext verfassen

Seite 6

1 Mögliche Markierungen:
Während der Projektwoche „Der Mensch im Jahr 2040" sollst du für eure Schülerzeitung einen Artikel zum Thema „Autonomes Fahren – die Fahrzeuge von morgen" schreiben. Verfasse mit Hilfe der Materialien M1–M3 (► S. 6–9) einen Text, in dem du
- erläuterst, welche Vorteile das autonomen Fahren laut eines Experten mit sich bringen würde,
- beschreibst, welche Schwächen und Probleme es bei selbstfahrenden Autos noch gibt,
- erklärst, welche Akzeptanz selbstfahrende Autos in der Gesellschaft haben und wie das Vertrauen in diese Technik gestärkt werden könnte.

Seite 9

3 Markierungen:
Vorteile des autonomen Fahrens, Schwächen und Probleme bei selbstfahrenden Autos, Akzeptanz und Stärkung des Vertrauens in der Gesellschaft.

M1

Herr Professor Minx, jeder Autohersteller, der etwas auf sich hält, beschäftigt sich längst mit selbstfahrenden Autos. Wann werden die ersten serienreifen Roboterautos durch Waldhessen fahren?
Wenn ich das so genau wüsste (*lacht*). Im Ernst: Das steht noch in den Sternen. Die Technik ist heute zwar schon so weit, dass Fahrzeuge autonom fahren, also ohne Lenkrad, ohne Pedal, ohne Fahrer. Allerdings nur in bestimmten Situationen, z.B. im Bereich niedriger Geschwindigkeiten und auf abgesperrten Arealen, z.B. in Containerhäfen, im Bergbau und in der Landwirtschaft. Da der Straßenverkehr jedoch viel komplexer ist, sind noch technische und rechtliche Fragen zu klären.
Seitdem Carl Benz vor 133 Jahren das Automobil erfunden hat, haben sich die Fahrzeuge technisch immer weiterentwickelt. Eines ist aber bis heute geblieben: Am Steuer sitzt stets ein Mensch. Was spricht plötzlich dagegen?
Der Mensch ist für 90 Prozent der tödlichen Unfälle verantwortlich. Die Menschen werden immer älter. Wer alt ist, hat nicht mehr dieselbe Leistungsfähigkeit im Straßenverkehr. Viele Menschen trinken Alkohol und setzen sich trotzdem ans Steuer, andere nehmen Drogen, wieder andere fahren zu schnell oder sehr aggressiv. Das alles ist hochgradig gefährlich. Wenn es uns gelänge, von den jährlich 3215 Verkehrstoten in Deutschland mehr als 90 Prozent durch den Einsatz autonomer Systeme auszuschließen, wäre das ein entscheidender Fortschritt.
Aber wie viel sicherer kann eine von Menschen entwickelte Technik sein?
Sie kann zumindest einiges ausschließen: Sie trinkt nicht, ist nicht aggressiv und wird nicht alt. Es gibt also gute Gründe, die dafür sprechen, dass die Technik dem Menschen in vielen Situationen überlegen ist, etwa bei Routinen. Richtig ist auch, dass es noch eine große Herausforderung ist, die Technik so zu entwickeln, dass sie alle Objekte im Straßenverkehr richtig erkennt und interpretiert, sei es bei Nebel, Schnee, Regen oder Dunkelheit. Da ist der Mensch der Technik noch voraus.
Abgesehen vom Sicherheitsaspekt: Worin sehen Sie den größten gesellschaftlichen Nutzen selbstfahrender Autos?
Alle Menschen, die bisher nicht selber fahren dürfen oder können, etwa ältere, behinderte und gebrechliche Menschen, würden plötzlich mobil werden. Auch Kinder könnten solche Fahrzeuge nutzen, um sicher in die Schule zu kommen. Man könnte zudem all das tun, was wir heute während einer Zugfahrt oder einer Flugreise machen können: Zeitung lesen, fernsehen, ausruhen. Hinzu kommt, wenn alle Autos untereinander permanent kommunizieren, dass auch ein erheblicher Teil der Staus vermieden werden könnte.
In Ihrem Buch „Autonomes Fahren" schreiben Sie, selbstfahrende Autos setzten ein Ethik-Setting voraus. Was meinen Sie damit?
Computergesteuerte Autos müssen ethischen Prinzipien genügen. Niemand darf in kritischen Verkehrssituationen gegenüber anderen bevorzugt werden, egal, wie alt oder wie vermögend er ist oder welcher Nationalität er angehört. Zudem gilt: Die Vermeidung von Personenschaden hat immer Vorrang vor Sachschäden. Und wenn sich das System in einer Situation nicht entscheidungssicher ist, dann muss es sich umgehend selbst stilllegen.
Das hat im vergangenen Jahr im US-Bundesstaat Arizona tragischerweise nicht funktioniert. Ein selbstfahrendes Auto tötete bei einer Testfahrt eine Passantin, die eine Straße überqueren wollte. Hat dieser Unfall Ihre Meinung zu selbstfahrenden Autos verändert?
Nein, weil ich glaube, dass dieser Fall vielmehr zeigt, dass der maschinelle Umgang mit widersprüchlichen Situationen noch nicht ausreichend erprobt ist.
Selbstfahrende Busse – eine smarte Idee?
Wenn die Busse mit niedriger Geschwindigkeit fahren und wenn sie klar definierte Busspuren haben, ist das eine sehr gute Idee, um zu lernen, wie Verkehrsteilnehmer damit umgehen.
Ohne Fahrer?
Nein. Da es sich ja um ein erstes Experiment handelt, würde ich immer einen Fahrer in den Bus setzen. Das steigert das Sicherheitsgefühl der Menschen, hilft bei der Akzeptanz, und er kann Fragen zur Nutzung beantworten.

M2 Wir steigen bedenkenlos zu einem Freund ins Auto und lassen ihn fahren. Sogar an völlig Fremde geben wir die Kontrolle kurzzeitig bereitwillig ab, wenn wir in ein Taxi oder einen Bus einsteigen. Nur bei autonomen Autos kommt das für viele noch nicht in Frage. Sie zweifeln an der Sicherheit und vertrauen der Technik nicht. Wie lässt sich das ändern? Einerseits durch Gewöhnung und andererseits durch eine gute Kommunikation.
Heute ist die Kommunikation zwischen Auto und Fahrer recht einseitig, weiß der Verkehrspsychologe und Sprecher der Schweizer Vereinigung für Verkehrspsychologie, Uwe Ewert (61). „Wir sagen dem Auto über Lenkrad und Pedale, wo es langgeht."
Aber schon heute entwickelt sich diese Kommunikation durch intelligente Sprachassistenten weiter. In Zukunft dürfte es ganz normal sein, dass wir uns mit unserem Auto unterhalten, und das schafft Vertrauen, weil wir eine Beziehung zum Auto aufbauen.
Eine Gewöhnung ans autonome Fahren brauche Zeit: „Wenn wir dem Auto die Kontrolle geben, haben wir zu Beginn noch Zweifel, ob es funktioniert, und sind sehr aufmerksam", sagt Ewert. „Wenn wir aber stundenlang ohne Probleme fahren, gewöhnen wir uns an das System und vertrauen ihm zunehmend mehr." Bei komplett autonomen Autos ist das notwendig, damit wir das Fahrzeug entspannt nutzen können. Trotzdem werden nicht alle Menschen den autonomen Autos gleich leicht vertrauen.
„Studien zeigen, dass Männer der Technik eher vertrauen als Frauen", sagt Ewert. Dazu haben auch Alter und Bildung einen Einfluss. So stehen Jüngere der Technik eher offener gegenüber, ebenso Ältere, die dadurch ihre Unabhängigkeit erhalten können. „Menschen mit höherem Bildungsgrad vertrauen autonomen Autos ebenfalls eher, weil sie die technischen und rechtlichen Mechanismen dahinter besser verstehen", erklärt Ewert.
Die psychologisch größte Herausforderung am autonomen Fahren wird sein, dass wir lernen, die Verantwortung abzugeben. Das fällt uns am leichtesten, wenn wir einen Nutzen darin sehen. Sprich: erst wenn wir das Auto nicht mehr überwachen müssen und die Zeit anderweitig zum Arbeiten, Lesen oder sonstige Unterhaltung nutzen können.

4 So oder so ähnlich könnte deine Lösung aussehen: Die Grafik zeigt, dass die Akzeptanz von selbstfahrenden Autos in Deutschland gering ist. Nur 37% der Befragten würden sich ein selbstfahrendes Auto kaufen und 61% der Befragten lehnen den Kauf eines selbstfahrenden Autos ab. Zur Frage, wann man bereite wäre, die Kontrolle an das Fahrzeug abzugeben, führen 63% an, dies nur beim Parken tun zu wollen. Während 45% auch im Stau auf der Autobahn dazu bereit wären, stimmen nur 9% der Befragten zu, wenn es um die Übergabe der Kontrolle an das Fahrzeug im Stadtverkehr geht. 27% lehnen hingegen die Übergabe der Kontrolle an ihr Fahrzeug ganz ab.

Seite 10

5 So oder so ähnlich sollte deine Lösung aussehen:

1 **Vorteile des autonomen Fahrens**
- Mensch ist für 90 Prozent der tödlichen Unfälle verantwortlich: Alter, Alkohol, Drogen, zu schnelles oder aggressives Fahren → gefährlich, jährlich 3215 Verkehrstote
- Zahl der Verkehrstoten durch Einsatz autonomer Fahrzeuge um 90 Prozent reduzierbar
- Vorteil Technik: trinkt nicht, ist nicht aggressiv, wird nicht alt → in vielen Situation überlegen
- ältere, behinderte und gebrechliche Menschen sowie Kinder würden mobil werden
- freie Zeit nutzen, z.B. zum Lesen, Arbeiten
- Stauvermeidung, da Fahrzeuge miteinander kommunizieren

2 **Schwächen und Probleme bei selbstfahrenden Autos**
- technisch und rechtliche Fragen sind bisher ungeklärt
- große Herausforderungen: Technik muss alle Objekte im Verkehr richtig erkennen, z.B. Schnee, Regen oder Dunkelheit
- System muss sich stilllegen, wenn nicht entscheidungssicher (Tod einer Passantin in USA)
- auch ethische Prinzipen noch zu klären: maschineller Umgang mit widersprüchlichen Situationen noch nicht ausreichend erprobt

3 **Akzeptanz von selbstfahrenden Autos und Möglichkeiten zur Herstellung von Vertrauen**
- wenig Akzeptanz → Zweifel an Sicherheit und fehlendes Vertrauen in Technik (vgl. auch Grafik)
- Verkehrspsychologe, Uwe Ewert: nicht alle Menschen gleiches Vertrauen: Männer haben eher Vertrauen in die Technik als Frauen, Jüngere und Ältere, die Unabhängigkeit dadurch erhalten, ebenfalls
- auch Menschen mit höherem Bildungsgrad vertrauen Technik eher → verstehen technische und rechtliche Mechanismen
- Möglichkeiten zur Änderung: Gewöhnung und gute Kommunikation mit Auto
- lernen, Verantwortung abzugeben → fällt leicht, wenn man Nutzen des autonomen Fahrens sieht

Seite 11

6 a–b Mögliche Lösung:

Autonomes Fahren – Chance oder Risiko?
Autos und Busse rollen fahrerlos über die Straßen, die Fahrerin schläft oder schreibt eine Mail, während das Auto sich selbst steuert. Autonomes Fahren heißt diese Technik. In diesem Artikel möchte ich euch nicht nur über die Vorteile des autonomen Fahrens informieren, sondern auch über die Probleme, die es noch mit dieser neuen Technik gibt. Außerdem wird ein Blick auf die Akzeptanz der selbstfahrenden Autos innerhalb der Gesellschaft geworfen.
Autonome Fahrzeuge brächten einige Vorteile mit sich, meinen Experten wie Professor Eckard Minx, denn die Technik sei dem Menschen in vielen Bereichen überlegen. Der erste Punkt ist, dass für 90 Prozent aller tödlichen Unfälle der Mensch selbst verantwortlich ist. Vor allem Alkohol, Drogen oder zu schnelles und aggressives Fahren sind der Grund für jährlich rund 3000 Verkehrstote in Deutschland. Mit dem Einsatz von autonomen Fahrzeugen könnte diese Zahl um 90% gesenkt werden, da die Technik diese menschlichen Fehler vermeidet. Darüber hinaus könnten die selbstfahrenden Autos zur Mobilität älterer Menschen oder Menschen mit Behinderung beitragen. Aber auch Kinder könnten von den autonomen Fahrzeugen profitieren. Ein weiterer Vorteil wäre, dass man die Fahrtzeit für andere Dinge nutzen könnte, z.B. zum Lesen oder Arbeiten. Zuletzt könnten mit Hilfe der autonomen Fahrzeuge auch Staus vermieden werden, weil die Fahrzeuge miteinander kommunizieren.
Trotz dieser Vorteile gibt es aber beim autonomen Fahren noch einige technische und rechtliche Probleme. Beispielsweise sind die Fahrzeuge noch nicht in der Lage, alle Objekte im Verkehr richtig zu erkennen, sei es Schnee, Regen oder Dunkelheit. Darüber hinaus müssen die Fahrzeuge auch ethische Prinzipien erfüllen: So darf niemand in kritischen Verkehrssituationen bevorzugt werden. Bislang ist die Technik jedoch noch nicht so weit, widersprüchliche Informationen immer richtig zu deuten. Ein weiteres Risiko besteht darin, dass die Fahrzeuge noch nicht in der Lage sind, sich in entscheidungsunsicheren Situationen selbst stillzulegen. So wurde beispielsweise eine Passantin bei einer Testfahrt in den USA getötet.
Wie sieht es aber mit der Akzeptanz von autonomen Fahrzeugen aus? Eine Befragung zeigt, dass sich nur 37% ein selbstfahrendes Auto kaufen würden, wohingegen 61% der Befragten den Kauf eines selbstfahrenden Autos ablehnen. Zur Frage, wann man bereit wäre, die Kontrolle an das Fahrzeug abzugeben, führen 63% an, dies nur beim Parken tun zu wollen. Während 45% auch im Stau auf der Autobahn dazu bereit wären, stimmen nur 9% der Befragten zu, wenn es um die Übergabe der Kontrolle an das Fahrzeug im Stadtverkehr geht. 27% lehnen hingegen die Übergabe der Kontrolle an ihr Fahrzeug ganz ab. Laut dem Verkehrspsychologen Uwe Ewert vertrauen Männer der Technik mehr als Frauen. Auch jüngere und ältere Menschen, die durch das autonome Fahren mehr Unabhängigkeit erhalten würden, hätten mehr Vertrauen in die Technik. Menschen mit höherem Bildungsgrad vertrauten der Technik eher, da sie die Mechanismen besser nachvollziehen könnten. Um Vertrauen in die Technik aufzubauen, müsse man sich an diese gewöhnen und mit dieser kommunizieren können, so der Verkehrspsychologe. Sobald die Fahrer/-innen den Nutzen hinter dem autonomen Fahren entdeckten, stiege auch die Bereitschaft, Verantwortung abzugeben, meint der Experte.
Auch wenn es den Menschen schwerfällt, den Roboterautos zu vertrauen, bietet die Technik des autonomen Fahrens viele Vorteile. Bis aber Autos und Busse fahrerlos auf die Straßen kommen, müssen die technischen Schwächen restlos behoben und alle ethischen Richtlinien erfüllt sein.

Die **Überschrift** fasst den Inhalt des Artikels pointiert zusammen.
Die **Einleitung** führt ins Thema ein und nennt die zentralen Themen des Artikels.

Der **Hauptteil**
- erläutert Vorteile, die das autonome Fahren mit sich bringen würde (1. Absatz),
- beschreibt Schwächen und Probleme, die es bei selbstfahrenden Autos noch gibt (2. Absatz),
- erklärt die Akzeptanz von selbstfahrenden Autos in der Gesellschaft und wie Vertrauen in diese Technik gestärkt werden kann (3. Absatz),
- ist sachlich formuliert,
- nutzt sinnvolle Satzverknüpfungen und Überleitungen.
- Meinungen von anderen werden durch Hinweise in der Redeeinleitung (z.B. *laut dem Verkehrspsychologen*) und/oder den Konjunktiv deutlich gemacht.
- Es gibt auch Hinweise auf die verwendeten Materialien, z.B. die Grafiken (z.B.: eine Befragung zeigt).

Der **Schluss**
- fasst die Informationen treffend zusammen.

Sich bewerben

Ein Bewerbungsschreiben untersuchen

Seite 12

1 Elemente in der Reihenfolge der Pfeile:
- Adresse des Absenders
- Adresse der Empfängerin
- Ort und Datum
- Betreffzeile
- höfliche Anrede
- Grußformel mit Unterschrift

2 Mögliche Markierungen:

> Sehr geehrte Frau Reuter,
>
> über die Plattform „Schulpraktikum" bin ich auf Sie aufmerksam geworden und möchte mich hiermit um ein Praktikum im Heilpädagogischen Zentrum in der Zeit vom 10.04. bis 21.04.20XX bewerben. Seit einem Jahr betreue ich regelmäßig die beiden Kinder unserer Nachbarn, wobei eines der Kinder das Downsyndrom hat. Da mir diese Tätigkeit große Freude bereitet, ist bei mir das Interesse an einer Arbeit mit Menschen mit Behinderung entstanden. Ich bin 15 Jahre alt und besuche die 9. Klasse des Schiller-Gymnasiums in Leipzig, wo ich seit der 7. Klasse Mitglied der Schulsanitäter-AG bin. Dabei habe ich neben Kennnissen in Erster Hilfe gelernt, einfühlsam und verantwortungsbewusst mit kranken oder verletzten Mitschülerinnen und Mitschülern umzugehen. In der Schule sind Deutsch, Musik und Kunst meine Lieblingsfächer. In meiner Freizeit spiele ich Gitarre und singe im Chor.
>
> Über eine Einladung zu einem persönlichen Vorstellungsgespräch würde ich mich sehr freuen.
>
> Mit freundlichen Grüßen
>
> Tarik Karaman

Eine Bewerbung verfassen

Seite 13

1
- **wichtige Informationen zum Praktikum (Berufsbezeichnung, Dauer des Praktikums, Zeitpunkt des Praktikumsbeginns):** Zahntechniker (m/w/d), Dauer: ein- bis vierwöchiges, Beginn des Praktikums: nach Absprache
- **Anforderungen an Bewerberinnen und Bewerber:** geduldig, gewissenhaft, technisch geschickt, räumliches Vorstellungsvermögen, Mathematik, Physik, Biologie
- **benötigte Bewerbungsunterlagen:** Anschreiben, tabellarischer Lebenslauf mit Foto, Kopie deines letzten Zeugnisses
- **Ansprechpartner/-in:** Dentallabor Neumann, Sabine Neumann, Hauptstraße 27, 1xxxx Rostock

2 Die folgenden Elemente (Adresse Empfänger/-in, Ort und Datum, Betreff) solltest du ergänzen:

Dentallabor Neumann
Sabine Neumann
Hauptstraße 27
1xxxx Rostock
Rostock, den ...

Seite 14

3 a+b In der folgenden Tabelle sind die Aussagen (rechts) den Kompetenzen (links) zugeordnet.
Die beiden Kompetenzen, die wichtig für den Beruf der Zahntechnikerin sind, sind markiert.

Ich habe mich entschieden, nach Englisch und Französisch als 3. Fremdsprache auch noch Spanisch zu lernen. Außerdem besuche ich mit großer Freude eine Chinesisch-AG.	Fremdsprachenkenntnisse
In meiner Freizeit nähe ich gern. Damit das Kleidungsstück perfekt sitzt, muss ich sehr sorgfältig arbeiten. Das dauert oft lange, aber die Mühe lohnt sich.	Geduld und Gewissenhaftigkeit
Ich bin an meiner Schule Mitglied in der Streitschlichter-AG. Mit verschiedenen Frage- und Gesprächstechniken helfen wir unseren Mitschülerinnen und Mitschülern, Konflikte zu lösen.	Kommunikationsfähigkeit
Ich bin Mitglied der Technik-AG unserer Schule und bereite mich gerade auf die Teilnahme bei „Jugend forscht" vor. Ich befasse mich mit der Frage, wie man mit einem 3-D-Drucker möglichst passgenaue mehrfarbige Ersatzteile herstellen kann.	technisches Verständnis
Als Mitglied der Schülervertretung macht es mir großen Spaß, Projekte zu planen, z.B. die Projektwoche zum Thema „Schule gegen Rassismus".	Organisationstalent

4 Möglicher Text:
An meiner Schule bereite ich mich in der Technik-AG gerade auf die Teilnahme bei „Jugend forscht" vor. Dabei kann ich mein technisches Verständnis unter Beweis stellen, indem ich der Frage nachgehe, wie man mit einem 3-D-Drucker möglichst passgenaue mehrfarbige Ersatzteile herstellen kann. In meiner Freizeit nähe ich gern. Dabei habe ich gelernt, dass man die einzelnen Arbeiten geduldig und gewissenhaft erledigen muss, um hinterher ein perfektes Ergebnis zu erhalten.

5 Geeignet ist die folgende Schlussformulierung:
- Sehr gern würde ich mich persönlich bei Ihnen vorstellen.

+6 Bei der Schlussformulierung sollte man darauf achten, dass sie sprachlich angemessen und höflich ist. Sie sollte nicht zu übertrieben höflich oder zu persönlich formuliert sein.

Einen Lebenslauf verfassen

Seite 15

1 a Der Zettel unten rechts muss gestrichen werden. Es ist unüblich, in einem Lebenslauf Angaben zu den Eltern zu machen.
b Nicht angeben: Social Media, Serien auf Netflix schauen, Freunde treffen
c Mathematik, Biologie (diese beiden naturwissenschaftlichen Fächer passen am besten zum Beruf Zahntechniker/-in)

2 Das zweite Foto ist das einzige geeignete Bewerbungsfoto, weil
- es sich um ein Porträtfoto vor neutralem Hintergrund handelt,
- Paula angemessen frisiert und gekleidet ist und
- sie leicht in die Kamera lächelt.

Außerdem zeigt das Foto sie nicht in einer Freizeitsituation.

3 Die folgenden Pro- und Kontra-Argumente könntest du in deinem Kommentar verwenden:
- Argumente für (pro) ein Bewerbungsfoto: wird in Deutschland in der Regel von Personalern erwartet; persönlicher; Chance, einen guten Eindruck zu machen; gepflegtes Erscheinungsbild und angemessene Kleidung sind bei Berufen mit Kundenkontakt wichtig; Personaler können mehrere Bewerber und deren Unterlagen mit Hilfe der Fotos leichter unterscheiden
- Argumente gegen (kontra) ein Bewerbungsfoto: (ungewollte) Diskriminierung (z.B. aufgrund der ethnischen Herkunft oder des Geschlechts) kann verhindert werden, subjektive Auswahl aufgrund des Aussehens kann verhindert werden

Einen Tagesbericht verfassen

Seite 16

1 Nicht nutzen sollte Paula die folgenden Informationen:
- zuerst langes Suchen nach Fr. Neumann,
- wir lassen uns Pizza (Salami) liefern.

2 **Wichtige Fachbegriffe:** Gebissabdrücke, Gips, Rüttelmaschine, Zahnkranz, Ober- und Unterkiefermodelle, Schleifmaschine, Zahnersatz, Keramik, Wachsmodell, Backenzahn, Bunsenbrenner, Grundform
Aspekte für die Reflexion: Man muss sehr sorgfältig arbeiten, sah gar nicht so schwer aus, bin total aufgeregt, alles geht schief, Fr. Neumann hilft, auch das zweite Modell ist natürlich unbrauchbar, aber ich bin stolz, dass es schon aussieht wie ein echter Zahn, dauert echt lang und ist voll ätzend

+3 Die Fotos 1 und 2 sind geeignet, weil sie Momente in Paulas Tagesablauf anschaulich illustrieren: das Anfertigen des Backenzahns aus Wachs (Foto links) und die Gebissabdrücke mit den dazugehörigen Gipsmodellen (Foto Mitte)
Fotos von Personen, z.B. der Praktikantin selbst, wären nur sinnvoll, wenn man darauf ihre Tätigkeit gut erkennen könnte.

Seite 17

4 Mein Praktikumstag begann um 9 Uhr im zahntechnischen Labor 2. Heute begleitete ich Frau Neumann, die Chefin des Dentallabors, beim Erstellen von Gipsmodellen und beim Modellieren von Wachsmodellen für Zahnersatz.

5 Gips muss in einer Rüttelmaschine angerührt werden, **damit** sich keine Blasen bilden. **Obwohl** meine Wachsmodelle noch nicht perfekt waren, habe ich viel gelernt. Das Wachsmodell wird auf Probe eingesetzt, **um** den Sitz des Zahns zu testen.

6 Mögliche Lösung:
Tagesbericht: Mittwoch, 12.04.20.. (3. Tag)
Ab 9 Uhr zeigte mir Frau Neumann in Labor 2, wie man mit Hilfe der Gebissabdrücke vom Zahnarzt Ober- und Unterkiefermodelle aus Gips herstellt.
Zur Erstellung der Gipsabdrücke ist es wichtig, dass der Gips in einer Rüttelmaschine angerührt wird, damit sich keine Blasen bilden. Danach wird der Gips mit einem Spachtel in den Zahnkranz gefüllt, um Ober- und Unterkiefermodelle aus Gips zu erhalten. Nachdem ich bei dieser Tätigkeit genau zugeschaut hatte, durfte ich selbst ein Gipsmodell herstellen. Dabei stellte ich fest, dass man sehr sorgfältig arbeiten muss, damit ein exaktes Modell entsteht. Danach arbeiteten Frau Neumann und ich gemeinsam an der Schleifmaschine, wo wir die Gipsmodelle auf die richtige Größe brachten. Nach der Mittagspause erklärte Frau Neumann mir, dass für Zahnersatz aus Keramik erst einmal ein Wachsmodell hergestellt werden muss. Das Wachsmodell wird dem Patienten auf Probe eingesetzt, um den Sitz des Zahns zu testen. Sie zeigte mir, wie man einen Backenzahn aus Wachs modelliert. Dafür muss man das Wachs über dem Bunsenbrenner erhitzen, damit es weich wird. Anschließend modelliert man die Grundform, um am Schluss die Kaufläche zu modellieren. Nachdem ich Frau Neumann bei der Arbeit zugesehen hatte, durfte ich selbst einen Backenzahn modellieren. Dabei wurde mir klar, dass man einiges an Übung braucht, um ein perfektes Wachsmodell zu erstellen. Am Ende des Arbeitstages (15.30 Uhr) machten wir gemeinsam den Arbeitsplatz sauber.

7 Mögliche Antworten für Paula:

A **Was hast du während deines Praktikums gelernt?**
- Gipsmodell von Gebiss herstellen, für Zahnersatz Wachsmodell eines Zahns herstellen, in der Zahntechnik muss man sehr sorgfältig arbeiten, man braucht viel Übung

B **Was hat dir großen Spaß gemacht, was weniger?**
- nach langer und sorgfältiger Arbeit endlich einen Gipsabdruck oder ein Wachsmodell für Zahnersatz in den Händen zu halten, frustriert, wenn das Modell am Schluss nicht so gut aussah, das Aufräumen des Arbeitsplatzes hat keinen Spaß gemacht

C **Warum kannst du dir (nicht) vorstellen, später in dem Beruf zu arbeiten?**
- Kann ich mir vorstellen: interessante praktische Tätigkeit, evtl. aber lieber Zahnärztin oder Kieferorthopädin wegen Patientenkontakt
- Kann ich mir nicht vorstellen: man muss sorgfältiger arbeiten und geduldiger sein als gedacht; die kleinteilige Arbeit ist doch nichts für mich

Argumentieren und erörtern

Eine Erörterung im Anschluss an einen Text untersuchen

Seite 19

2 a + b **Einleitung:** Z. 1–4
1. Teil: Hauptteil (Zusammenfassung der Argumentation): Z. 5–16
2. Teil: Hauptteil (Erörterung mit Bezug auf die Argumente aus dem Text): Z. 17–32
Schluss (Fazit): Z. 33–36

3 a Markierungen:
- „so wie die Autorin behauptet“ (Z. 17)
- „Caroline Immer führt weiterhin an“ (Z. 20–21)
- „Die Autorin kritisiert in ihrem Text besonders“ (Z. 27)

b + c Die Schülerin setzt sich mit den folgenden drei Argumenten aus dem Text kritisch auseinander:
- Das Interesse der User an dem Thema „Body Positivity“ ist groß. (+)
- „Body Positivity“ in der Werbung führt zu einem gesteigerten Kaufinteresse. (0)
- Die deutsche Medienlandschaft hat beim Thema „Body Positivity“ besonders viel Nachholbedarf. (0)

4 Die Schülerin zieht das Fazit, ...
- dass die Body-Positivity-Bewegung zu mehr Selbstakzeptanz führt und deshalb zu Recht in der deutschen Medienlandschaft präsenter sein sollte.

Eine Erörterung im Anschluss an einen Text verfassen

Seite 20

1. Schritt: Die Textvorlage erschließen

1 **a** Mögliche Markierungen:

- Fasse die wesentlichen Aussagen des Textes „Holt euch euren Körper zurück!“ (► S. 20–21) von Violetta Simon zusammen und stelle die Gedankenführung (den Argumentationsaufbau) dar. Beschreibe, welche Aussageabsicht (Intention) die Autorin verfolgt.
- Erörtere unter Einbezug wichtiger Argumente aus dem Text die dargestellte Problematik zur eigenen Körperwahrnehmung.

Seite 21

2 **a** Sie ist der Meinung, dass moderne Hightech-Geräte und soziale Medien unser Selbstwertgefühl negativ beeinflussen.
b Sie fordert die Leser/-innen dazu auf, wieder auf sich selbst anstatt auf Influencer und Fitness-Tracker zu hören.

3 **a** Mögliche Markierungen:

Holt euch euren Körper zurück!
Von Violetta Simon

Das Selbstwertgefühl des modernen Menschen wird bestimmt von Influencern, Ernährungs-Gurus und Fitness-Trackern. Verlieren wir allmählich den Verstand?

Das Leben ist ein Wellnessbereich. Jedes zweite Hotel bezeichnet sich als Wohlfühl-Oase, Immobilienpreise bemessen sich am Wohlfühl-Faktor, selbst in Büros herrscht verordnete Wohlfühl-Atmosphäre. Dabei sind die meisten Menschen weit davon entfernt, sich in ihrer Haut wohlzufühlen. Oder überhaupt: sich zu fühlen. Immer mehr Menschen scheinen den Bezug zu ihrem eigenen Körper zu verlieren. Bereitwillig überlassen sie die Einschätzung von Gesundheit, Fitness, Gewicht, Körperbild modernen Hightech-Geräten. Digitalwaagen messen nicht nur das Gewicht, sondern gleich noch den Anteil an Unterhautfettgewebe. Das Vertrauen in diese Geräte ist immens. Kein Wunder: Sie beweisen uns täglich, dass sie alles Mögliche besser können als wir.
Eine Instanz gibt es, der wir uns noch bereitwilliger anvertrauen: die sozialen Medien. Dank Instagram, Facebook &. Co. beruht unser Selbstbild immer häufiger auf der Wahrnehmung anderer. Maßgeblich ist nicht, wie attraktiv, fit oder gesund man sich empfindet, sondern wie glaubhaft und eindrucksvoll man dies – etwa durch Selfies oder Videos – seinem Umfeld vermittelt.
Die Frage „Bin ich schön?“ wird somit immer häufiger von einer anonymen, unüberschaubaren Community beantwortet, deren Normen von Meinungsführern, sogenannten Influencern, geprägt sind. Social-Media-Trends und TV-Castingshows bestimmen mittlerweile maßgeblich, wie junge Menschen die eigene Figur wahrnehmen und bewerten. Der ständige Vergleich mit anderen, vermeintlich perfekten Menschen prägt nicht nur das eigene Schönheitsideal. Dahinter steht immer auch der Anspruch: Erst wenn ich geworden bin, was ich sein soll, darf ich mich wohlfühlen.
So viele perfekt inszenierte Körper – ganz zu schweigen von den Möglichkeiten, die Photoshop und Weichzeichner darüber hinaus bieten. Wie soll der durchschnittliche Körper da bestehen? Wie gelingt es, unter dem Druck ständiger Vergleiche und Vorgaben, sich selbst stolz und selbstbewusst zu betrachten statt durch die unerbittliche Brille der Crowd? Die Diskrepanz zwischen dem Ich und dem medienvermittelten Schönheitsideal dominiert das eigene Körperbild.
Einer Studie der Uni Köln zufolge setzen sich bereits Kinder intensiv mit ihrer Figur und ihrem Gewicht auseinander, jeder vierte Erwachsene zwischen 18 und 39 Jahren hat schon mehrfach Diäten versucht. Der Kampf ist eröffnet – es ist ein Kampf gegen sich selbst.
Wir müssen wieder lernen, uns selbst zu vertrauen. Solange wir unser Selbstbild von Fitness-Trackern, -Gurus und -Influencern abhängig machen, haben wir weitaus mehr zu verlieren als ein paar Kilos: unseren gesunden Menschenverstand.

b Mögliche Kerngedanken zum Argumentationsaufbau des Textes:

These: Moderne Hightech-Geräte und soziale Medien beeinflussen unser Selbstwertgefühl negativ (vgl. Z. 1–3).

1. **Argument:** Menschen verlieren Bezug zu ihrem Körper durch moderne Hightech-Geräte.
   → **Beispiel:** Digitalwaage (vgl. Z. 7–11)
2. **Argument:** Durch soziale Medien ist unser Selbstbild von der Wahrnehmung anderer abhängig.
   → **Folge:** Eigene Schönheit wird von anonymen unüberschaubaren Personengruppen im Internet bewertet (vgl. Z. 12–17).
3. **Argument:** Social-Media-Trends und TV-Castingshows bestimmen die eigene Körperwahrnehmung Jugendlicher.
   → **Folge:** Eigener Anspruch nach Perfektion wird dem Wohlfühlen übergeordnet (vgl. Z. 17–21).
4. **Argument:** Der Gegensatz zwischen dem Schönheitsideal der Medien und dem eigenen Ich dominiert das Körperbild.
   → **Beispiel:** Studie der Uni Köln besagt, dass Kinder bereits über Figur und Gewicht nachdenken und Erwachsene bereits mehrfach Diäten machen (vgl. Z. 22–29).

Forderung/Appell: Man soll wieder auf sich selbst anstatt auf Influencer und Fitness-Tracker hören (vgl. 30–32).

Seite 22

2. Schritt: Sich kritisch mit dem Text auseinandersetzen

4 **a** Individuelle Lösung
b Mögliche Lösung, falls du dich dafür entschieden hast, der Autorin teilweise zuzustimmen:

Ja und nein! Unser Selbstwertgefühl wird teilweise durch soziale Medien negativ beeinflusst.

1. **Argument des Textes:** Menschen verlieren Bezug zu ihrem Körper (vgl. Z. 7–11).
   → stimme ich teilweise zu: Körper rückt durch Fitness-Armband einerseits ins Bewusstsein, anderseits sind Daten ungenau und werden von Jugendlichen nicht immer getrackt.
2. **Argument aus dem Text:** Durch soziale Medien ist unser Selbstbild von der Wahrnehmung anderer abhängig (vgl. Z. 12–17).
   → stimme zu: Selfies zeigen nur Schokoladenseite des Lebens, werden aber viral kommentiert bzw. belohnt. Die Zustimmung online kann dabei abhängig machen.
3. **Argument aus dem Text:** Social-Media-Trends und TV-Castingshows bestimmen die eigene Körperwahrnehmung Jugendlicher (vgl. Z. 17–21).
   → stimme ich teilweise zu: Teilweise werden Jugendliche dadurch beeinflusst, aber viele erkennen bereits Filter bei Social-Media-Trends. So wird vielen bewusst, dass es sich hierbei nicht um reale Körperbilder handelt.
4. **Argument aus dem Text:** Der Gegensatz zwischen dem Schönheitsideal der Medien und dem eigenen Ich dominiert das Körperbild (vgl. Z. 22–29).
   → stimme ich teilweise zu: Manche Medien stellen realistischere Schönheitsideale dar, sodass die Diskrepanz nicht so groß und auch der Einfluss dementsprechend nicht so groß ist.

Seite 23

3. Schritt: Die Erörterung im Anschluss an einen Text ausformulieren

5–6 So könnte deine Erörterung im Anschluss an den Text „Holt euch euren Körper zurück!" lauten:

Erörterung	Erläuterung
In dem Kommentar mit dem Titel „Holt euch euren Körper zurück!" macht die Autorin Violetta Simon auf das Problem aufmerksam, dass soziale Medien und Hightech-Geräte das Selbstwertgefühl negativ beeinträchtigen.	Die **Einleitung** enthält alle wichtigen Angaben zur Textvorlage (Titel, Autorin) und zum Thema des Textes.
Die Autorin vertritt in ihrem Artikel die Meinung, dass soziale Medien und Hightech-Geräte unsere Körperwahrnehmung negativ beeinflussen. Um ihre Position zu stützen, führt sie mehrere Argumente an. Moderne Hightech-Geräte wie die Digitalwaage führen dazu, so behauptet die Autorin, dass man den Bezug zu seinem Körper verliert. Noch mehr Einfluss auf unser Selbstbild haben laut Simon die sozialen Medien, denn hier geht es nur noch darum, den perfekten Körper darzustellen und so positives Feedback von der Online-Community zu bekommen. Die vielen perfekt inszenierten Körper beeinflussen das eigene Schönheitsideal und führen dazu, dass der Gegensatz zwischen dem Schönheitsideal der Medien und dem eigenen Körper die Selbstwahrnehmung beherrscht. Die Autorin fordert ihre Leser/-innen dazu auf, wieder auf sich selbst zu hören, anstatt auf Influencer und Fitness-Tracker zu vertrauen.	**1. Teil des Hauptteils:** In der Zusammenfassung des Textes wird die Argumentation/gedankliche Struktur des Textes deutlich. Die Intention der Autorin wird klar benannt. Die Aufforderung an die Leser/-innen ist benannt.
Die Autorin kritisiert sehr das unverhältnismäßige Vertrauen in Hightech-Geräte, das zu einem Verlust des eigenen Körperbezugs führe. *Diese Kritik kann ich nur teilweise teilen. Zwar* rückt beispielsweise durch ein Fitness-Armband der eigene Körper ins Bewusstsein, *aber* oft sind die Daten ungenau und auch nicht alle Jugendlichen werten diese ständig aus. Ich überprüfe beispielsweise zwar meine Schritte beim Fitness-Armband, aber dokumentiere nicht jeden Tag meinen Puls. Simon führt weiterhin an, dass die sozialen Medien die eigene Körperwahrnehmung negativ beeinflussen, da man sich durch das Teilen vermeintlich perfekter Bilder immer vergleicht und kritisiert. Ich habe ebenfalls die Erfahrung gemacht, dass man sich oft nur von der Schokoladenseite zeigen will, um Bestätigung durch Kommentare und Likes zu bekommen. Die Realität wird dadurch stark verzerrt. *Daher kann ich der Autorin vollkommen zustimmen.* Simon argumentiert zudem, dass Social-Media-Trends und TV-Castingshows die eigene Körperwahrnehmung von Jugendlichen immer mehr bestimmen. *Diese Ansicht kann ich teilweise teilen, da* einige bereits Filter bei Social-Media-Trends erkennen. So wird meinen Freund/-innen und mir immer schnell bewusst, dass es sich hierbei nicht um reale Körperbilder handelt. Die Autorin gibt ebenfalls zu bedenken, dass der Gegensatz zwischen dem Schönheitsideal der Medien und dem eigenen Ich das Körperbild dominiert. *Dieses Argument kann ich nur teilweise unterstützen, denn* manche Medien stellen realistischere Schönheitsideale dar, sodass die Diskrepanz nicht so riesig und dementsprechend auch der Einfluss nicht so groß ist. So bemühen sich beispielsweise bekannte Modemarken, auch Models mit Übergrößen in ihren Kampagnen darzustellen.	**2. Teil des Hauptteils:** Es erfolgt eine kritische Auseinandersetzung mit der Position der Autorin und ihren Argumenten. Der Bezug zur Textvorlage ist deutlich. *Die eigenen Argumente werden eingeleitet.* Beispiele werden angeführt.
Simons Kritik an dem negativen Einfluss von sozialen Medien und digitalen Geräten auf das eigene Körperbild ist in vielen Aspekten gerechtfertigt. Ich denke, das Bewusstsein für dieses Thema sollte noch mehr geschärft werden, damit Vergleiche mit unrealistischen Schönheitsidealen vermieden werden.	**Fazit** Der eigene Standpunkt wird zusammengefasst.

7 Individuelle Lösung

Materialgestützt eine Pro-und-Kontra-Erörterung verfassen

Seite 24

1 Streitfrage: Soll es auch in Deutschland eine Kennzeichnungspflicht für retuschierte Fotos in der Werbung und von Influencern geben?
Adressat/-innen bzw. Ort der Veröffentlichung: Jugendmagazin → jugendliche Leser/-innen

Seite 27

3 b In einer Umfrage zur Kennzeichnungspflicht von retuschierten Bildern wird deutlich, dass die Hälfte der Befragten die Kenntlichmachung befürworten. Besonders auffällig ist, dass beide Geschlechter hier fast identische Angaben machen: Männer befürworten die Kennzeichnungspflicht mit 45 Prozent, Frauen mit 55 Prozent.
Gegen die Kennzeichnungspflicht von Bildern spricht, dass sie dem Großteil der Bevölkerung egal ist oder sie diese sogar ablehnt. Das ergab eine Umfrage, in der 10 Prozent aller Männer und Frauen eine Kennzeichnungspflicht ablehnen und 40 Prozent angeben, diese sei ihnen egal. Besonders auffällig ist, dass in dieser Frage beide Geschlechter fast identische Angaben machen.

c Mögliche Markierungen: Pro-Argumente, Kontra-Argumente

Retuschierte Fotos kennzeichnen

Von: Nele Sophie Karsten

In Frankreich und Norwegen müssen retuschierte Fotos gekennzeichnet werden. Das soll gegen unrealistische Schönheitsideale helfen. Aber reicht das?

In Frankreich ist die Kennzeichnung bearbeiteter Fotos seit einigen Jahren Pflicht. Nun will auch Norwegen mit einem neuen Gesetz gegen den „kroppspress", auf Deutsch „Körperdruck", vorgehen. Das hat das Parlament Anfang Juni mit klarer Mehrheit beschlossen. Ab Sommer 2022 müssen retuschierte Fotos in der Werbung, egal, ob von großen Konzernen oder von Influencer/-innen, gekennzeichnet werden.
Erlaubt sind dann nur noch ganzheitliche Bildbearbeitungen wie Aufhellung, Verdunklung oder Schärfung. Das Familienministerium will ein Logo entwickeln, mit dem die bearbeiteten Fotos markiert werden müssen. Das Ziel der Kennzeichnungspflicht ist es, gegen körperbezogene psychische Krankheiten vorzugehen und unrealistische Schönheitsstandards aufzudecken.
In der Werbung und in unserem Instagram-Feed dominieren retuschierte Fotos. Sogenannte Beautyfilter und andere Bearbeitungsschritte machen Körper normschön: entfernen Pickel, machen Hüften schlanker und Beine länger. In Deutschland sind etwa vier von fünf Menschen mit ihrem Äußeren unzufrieden. Jede dritte Frau zwischen 11 und 21 Jahren würde kein unbearbeitetes Foto von sich hochladen.
„Die Schönheitsideale, die in den sozialen Medien präsentiert werden, sind alarmierend", sagt Melodie Michelberger, Body Image Aktivistin. Als Teenagerin war Michelberger umgeben von Frauenzeitschriften, die ihr das Gefühl gaben, eine Außenseiterin zu sein, weil ihr Körper nicht den Modelmaßen entsprach. „Ich dachte, mit mir stimmt etwas nicht", sagt sie. Das ständige Vergleichen mit falschen Idealen sei mit den sozialen Medien nur noch präsenter geworden. „Schöne Körper sollen dünne Körper sein und dicke Menschen gelten als Problemfall."
Studien zeigen: Der häufige Konsum retuschierter Inhalte kann Tendenzen einer Essstörung verstärken. Insbesondere Jugendliche, die viel Zeit online verbringen, leiden schnell unter den dort vorherrschenden Schönheitsidealen. Ihr Selbstbild, ihre Identität, ihr Körpergefühl entwickelt sich gerade erst. Sie sind umso empfänglicher für Einflüsse von außen. Dass diese Einflüsse die Realität, in der jeder Körper unterschiedlich ist, verzerren, ist gefährlich und setzt vor allem junge Mädchen unter Druck. Vielen gelingt es nicht, zu abstrahieren und die bearbeiteten Inhalte von der wahren Welt zu unterscheiden.
Wer das neue Gesetz bricht, muss Strafe zahlen. Jedoch wurde von den Gesetzgeber/-innen schon vor der Einführung der Pflicht eingeräumt, dass die Durchsetzung schwierig werden könnte, weil eine Bearbeitung nicht immer erkennbar und daher schwer zu verfolgen sei.
Ein Gesetz wie in Norwegen würde Michelberger sich auch für Deutschland wünschen. Sie ist sich aber sicher, dass es mehr brauche, um die falschen Körperideale nachhaltig zu bekämpfen, als eine Kennzeichnung.

M3

„Wir können uns vor Bildwelten nicht verschließen“

Ein Gespräch mit dem Fotografen Maurice Weiss

Gesa Ufer: Das Kenntlichmachen von retuschierten Frauenkörpern – halten Sie das als Fotograf für sinnvoll?
Maurice Weiss: Modefotografie ist für viele junge Menschen ein Vorbild, und wenn das Vorbild auch rein physiologisch nicht mehr erreichbar ist, dann ist es natürlich für die jungen Frauen extrem frustrierend und auch gefährlich. Und wenn die Gesellschaft auf so ein Problem keine andere Antwort weiß, dann hoffe ich, dass so ein Gesetz die jungen Leute schützt.
Gesa Ufer: Es gibt seit Jahrzehnten Bestrebungen, auch in der Werbung Frauenkörper realistisch abzubilden, sprich mit ein paar Gramm mehr oder mit Zellulite. Da verändert sich doch schon einiges, oder?
Maurice Weiss: Möchte ich wirklich wissen, wie der Mensch, der auf dem Foto ist, in echt ist? Gerade in der Werbung ist es ein Problem: Möchte ich eine Frau sehen oder möchten sich die Frauen selber sehen mit Zellulite? Eher nicht! Man möchte sich auch ein bisschen hineinträumen, was man sein könnte, und die Werbung sagt, wenn du dieses oder jenes Produkt verwendest, dann kannst du so schön sein wie das, was wir dir hier gerade zeigen. Das Problem ist nur, wenn man da immer in die Extreme geht: noch dünner, noch größer, es geht immer um das Mehr.

M4

Zur Kennzeichnungspflicht von retuschierten Fotos

Ein Kommentar von Fadime Incebel

Das Gesetz zur Kennzeichnungspflicht von bearbeiteten Fotos soll dazu beitragen, dass vor allem Kinder und Jugendliche weniger unter Druck geraten, wenn sie sich mit falschen, unerreichbaren Schönheitsidealen vergleichen. Eine gute Sache, ergab doch die Umfrage einer Kinderschutzorganisation, dass 43 Prozent der Kinder und Jugendlichen in Bezug auf ihr Aussehen unter Stress stehen. Einen Haken hat die Sache jedoch: Es ist nicht klar, ob mit diesem Gesetz der von den Jugendlichen empfundene „Körperbilddruck“ tatsächlich verringert werden kann. Bis heute weiß man einfach noch zu wenig über die Auswirkungen dieser aktuell beschlossenen Kennzeichnungspflicht. Außerdem kann die Kennzeichnung von retuschierten Fotos in der Werbung auch dazu führen, dass bei den Modelagenturen mehr Menschen gesucht werden, bei denen gar keine Bildbearbeitung mehr erforderlich ist. So etwas kann dann bei den Models oder bei den Personen, die eine Modelkarriere anstreben, zu einem Diätdruck und zu einer Essstörung führen. **Und zuletzt: Würden diese** Warnhinweise mit der Zeit nicht einfach ihre Wirkung verlieren, da wir uns an diese gewöhnen und sie schlussendlich einfach ignorieren?

4 So könnte deine Stoffsammlung pro und kontra eine Kennzeichnungspflicht aussehen:

Material	Pro-Argumente + Beispiele	Kontra-Argumente + Beispiele
M1: Retuschierte Fotos kennzeichnen	retuschierte Fotos setzen unrealistische Schönheitsideale → vier von fünf Personen sind mit Äußerem unzufrieden, jeder dritte Jugendliche zwischen 11 und 21 Jahren würde kein unbearbeitetes Foto hochladen eine Kennzeichnungspflicht könnte psychischen Krankheiten vorbeugen → häufiger Konsum retuschierter Inhalte kann Tendenzen einer Essstörung verstärken unter retuschierten Fotos leiden vor allem Jugendliche (besonders junge Mädchen) → Selbstbild, Identität, Körpergefühl sind in der Entwicklung und somit anfällig für äußere Einflüsse retuschierte Fotos geben Mädchen mit anderen Maßen das Gefühl, Außenseiterin zu sein → Body-Image-Aktivistin berichtet von eigener Jugend	Durchsetzbarkeit und Strafverfolgung der Kennzeichnungspflicht schwierig, Bildbearbeitung schwer nachzuweisen

Material	Pro-Argumente + Beispiele	Kontra-Argumente + Beispiele
M2: Grafik	Hälfte der Befragten befürwortet (unabhängig vom Geschlecht) die Kenntlichmachung	dem Großteil der Bevölkerung ist es egal oder sie lehnt die Kennzeichnungspflicht ab
M3: Interview	retuschierte Bilder sind frustrierend/gefährlich, wenn die darauf abgebildeten Schönheitsideale nicht mehr erreichbar sind mediales Schönheitsideal kann in die Extreme gehen → noch dünner, größer	Werbung soll zum Träumen einladen, eine idealisierte Version zeigen → Man möchte als Käufer/-in keine Models mit Zellulite/Falten sehen
M4: Kommentar	Kennzeichnungspflicht kann wahrscheinlich Druck der Jugendlichen verringern → Umfrage einer Kinderschutzorganisation: 43 Prozent der Kinder und Jugendlichen stehen wegen ihres Aussehens unter Stress	unklar, ob eine Kennzeichnungspflicht diesen Druck verringert → zu wenig über die Auswirkungen der Pflicht bekannt (zu neu) durch Kennzeichnung in der Werbung werden Models gewählt, die dem Schönheitsideal am nächsten kommen, sodass keine Bearbeitung erforderlich ist → Models unter Diätdruck (Essstörungen möglich) Warnhinweise verlieren mit der Zeit an Wirkung → Konsument/-innen gewöhnen sich daran und ignorieren sie

Seite 28

5 Schüler B ist für die Kennzeichnungspflicht, denn die Argumente für die Kennzeichnungspflicht stehen vor den Kontra-Argumenten.
Schüler A ist gegen die Kennzeichnungspflicht, denn die Argumente für die Kennzeichnungspflicht stehen hinter den Kontra-Argumenten.

6 **a+b** Mögliche Gliederung für eine Kennzeichnungspflicht:

Einleitung: Kennzeichnungspflicht von retuschierten Fotos auch in Deutschland sinnvoll?
Hauptteil:
I Kontra Argumente
1. Wirksamkeit der Kennzeichnungspflicht nicht bewiesen
2. Strafverfolgung schwierig

II Pro-Argumente
1. retuschierte Fotos setzen unrealistische Schönheitsideale (Körperdruck)
2. Vorbeugung von Essstörungen und psychischen Erkrankungen

Fazit: Kennzeichnungspflicht sinnvoll, da Körperdruck dadurch geringer

Seite 29

7–9 So könnte deine gelungene Pro-und-Kontra-Erörterung lauten:

Durchtrainierte Körper, reine Haut und glänzende Haare. In der Werbung und in den sozialen Netzwerken wimmelt es nur so von retuschierten Bildern. Viele Jugendliche fühlen sich dadurch unter Druck gesetzt. In Norwegen und Frankreich wurde daher bereits ein Gesetz verabschiedet, das eine Kennzeichnungspflicht für retuschierte Fotos vorschreibt. Könnte so ein Gesetz auch bei uns sinnvoll eingeführt werden? Im Folgenden möchte ich erörtern, was für und was gegen eine solche Kennzeichnungspflicht spricht.

Darum ist der Text gelungen: Die **Einleitung** führt in das Thema ein und leitet dann zur Streitfrage über.

Die Gegner/-innen der Kennzeichnungspflicht argumentieren, dass die Wirksamkeit einer solchen Maßnahme noch gar nicht bewiesen sei. Bei den Konsumenten könnten die Warnhinweise beispielsweise nach einer Weile wirkungslos sein, weil sie sich an diese gewöhnt hätten. Aber auch in der Modeindustrie könnte die Kennzeichnungspflicht wirkungslos bleiben bzw. sogar den Diätdruck auf die Models erhöhen, indem von vornherein nur noch Models in Betracht kämen, die ohne Retusche dem Schönheitsideal entsprechen. Ein weiteres zentrales Argument gegen die Kennzeichnungspflicht ist, dass die damit einhergehende Strafverfolgung schwierig ist, da die Bildbearbeitung nur schwer nachzuweisen ist.
Den Nachteilen, die eine Kennzeichnungspflicht haben soll, sind aber folgende Vorteile gegenüberzustellen:
Die Befürworter/-innen der Kennzeichnungspflicht kritisieren die unrealistischen Schönheitsideale, die durch die retuschierten Fotos verstärkt werden. So zeigt eine Umfrage, dass vier von fünf Personen mit ihrem Äußeren unzufrieden sind und jede dritte Frau zwischen 11 und 21 Jahren kein unbearbeitetes Foto im Netz hochladen würde. Vor allem Jugendliche lassen sich von diesen geschönten Bildern beeinflussen, vergleichen sich ständig mit diesen unrealistischen Schönheitsidealen und geraten unter Druck oder fühlen sich als Außenseiter.
Ein noch gewichtigeres Argument ist, dass eine Kennzeichnungspflicht den Druck und den Stress von Jugendlichen verringern könnte, denn der Konsum retuschierter Bilder bzw. der ständige Vergleich mit diesem extremen Schönheitsideal kann sogar zu psychischen Erkrankungen oder Essstörungen führen. So gaben 43 Prozent der Kinder und Jugendlichen an, wegen ihres Aussehens unter Stress zu stehen. Ein Warnhinweis würde hier zu einer realistischeren Körperwahrnehmung beitragen und könnte psychische und physische Krankheiten vorbeugen.

Im **Hauptteil** werden Pro- und Kontra-Argumente genannt und dann wird ein Fazit gezogen. (Hier werden zuerst die Kontra- und dann die Pro-Argumente genannt.)
- Zwischen den beiden Teilen (kontra und pro) gibt es eine Überleitung.
- Die Argumente und Beispiele werden sprachlich gut eingeleitet.

Wenn ich die Argumente für und gegen eine Kennzeichnungspflicht in Deutschland abwäge, **komme ich zu dem Schluss, dass dies eine sinnvolle Maßnahme ist.** Vermutlich könnte nämlich tatsächlich der Körperdruck von uns Jugendlichen dadurch verringert werden. Die Wirksamkeit dieser Maßnahme könnten wir dann an uns selbst überprüfen.

Fazit
Im Fazit wird der eigene **Standpunkt** deutlich formuliert.

Eine Kurzgeschichte interpretieren

Eine Kurzgeschichte erschließen und verstehen

Seite 31

1 Mögliche erste Eindrücke:
Jugendliche meistert schwierige Situation; zuerst Distanz, dann wachsende Nähe; keine Angst vor dem Tod; Überraschung am Ende

2 Richtig ist die Verknüpfung von **B** und **D:** Die Geschichte handelt von einem Mädchen, das seinen Vater erst spät kennen lernt und ihm nach anfänglicher Distanz während seiner tödlichen Krankheit näherkommt.

Seite 32

3 a
- **wichtige Textstellen:** individuelle Lösung
- **Informationen zu Tochter und Vater:** siehe Lösungen zu Aufgabe 5
- **Höhe- und Wendepunkt:** „außerdem hatte sie meinen Vater zu wenig gekannt und nicht geliebt." (Z. 48 f.)

b Siehe Lösungen zu den Aufgaben 6 bis 10 auf Seite 33.

4 a Zentrale Handlungsschritte:
- **14 Jahre:** Anruf und erstes Treffen (Z. 1 – 10)
- **14–16 Jahre:** weitere Treffen, Besuche bei der Arbeit (Z. 10–25)
- **16–17 Jahre:** Krankheit, Besuche im Krankenhaus (Z. 26–45)
- **17 Jahre:** Tod des Vaters, Beerdigung (Z. 45–49)

b Richtig sind die Antworten **A** und **C.**

5 Mögliche Stichworte zur Charakterisierung der Figuren:

Ich-Erzählerin
selbstständig (mit 14 Jahren ausgezogen, Z. 1–3), will gefallen (schminkt sich, Z. 8–9), zurückhaltend, unsicher (wahrt Distanz, Z. 5, 17), mitfühlend (Besuche am Krankenbett, Z. 29–31), handelt überlegt und erwachsen (Morphium, Z. 33–36), fürsorglich (backt Streuselschnecken, Z. 41–43)

Vater
14 Jahre nicht gekannt, fremd (Z. 1–5), nicht unsympathisch (Z. 10 f.), eher schüchtern (Z. 11), fein, ironisch (Z. 12), ängstlich (Z. 31), mag Torte vor seiner Krankheit (Z. 39), hätte gern mit ihr gelebt (Z. 43)

Seite 33

6 Ergänzungen der direkten Rede und mögliche Stichworte:
- „Willst du mich kennen lernen?" (Z. 5–6): zuerst Fremdheit, Zögern und Unbehagen
- „Ich hätte gern mit dir gelebt" (Z. 43): am Ende Vertrautheit, Wärme, Liebe

7 Mögliche Lösung:
Das Krankenzimmer, in dem der Vater ein Jahr lang stirbt, ist bei aller Trauer ein Ort, an dem die Tochter ihren Vater regelmäßig besucht oder besuchen kann, und steht so im Gegensatz zu den Treffen an wechselnden öffentlichen und unverbindlichen Orten in der Stadt.

8 **a** Zutreffend sind **„personales Erzählen"** und **„Ich-Form".**
b Mögliche Erläuterung:
Ich bin nah bei der Ich-Erzählerin und erhalte Einblick in ihre Gedanken und Gefühle. Was hingegen genau in dem Vater vorgeht, erfahre ich nicht.

9 Antwort **B** trifft nicht zu.

10 Merkmale der Textsorte Kurzgeschichte:
- **wichtiger Moment** im Leben der Figuren: Tochter lernt Vater kennen
- **unmittelbarer Einstieg:** Anruf des unbekannten Vaters
- **Höhe-/Wendepunkt:** Nähe entsteht und der fremde Mann entpuppt sich als Vater
- **offener Schluss:** Was hätte aus der Vater-Tochter-Beziehung werden können? Welche Rolle spielt die Mutter? Wie wird sich die Mutter-Tochter-Beziehung entwickeln?
- **zentrales Bild/Leitmotiv:** Streuselschnecke (= „Wärme" zwischen Figuren)
- **Sprache:** eher einfach, knapp, berichtend, parataktisch

Die Kurzgeschichte schriftlich interpretieren

Seite 34

1 Siehe Hinweise zu Aufgabe 3 auf Seite 35.

2 Möglicher Schreibplan:

kurze Zusammenfassung des Inhalts	14-Jährige erhält Anruf von ihrem Vater, der ihr fremd ist und zunächst auch fremd bleibt; Erkrankung und Besuche im Krankenhaus; Nähe entsteht; Tod und Beerdigung des Vaters
Figuren und ihre Beziehungen	zuerst Distanz und Fremdheit, zunehmende Annäherung, dann liebevolle Beziehung
Erzählweise und sprachliche Gestaltung	personale Erzählhaltung, Ich-Form (Nähe), Überraschung (Pointe), nüchtern rückblickend, Pronomen, einfache Sprache
Zeitgestaltung und Schauplatz	Zeit: starke Zeitraffung wichtigster Schauplatz: Krankenhaus
Besonderheiten der Textsorte Kurzgeschichte	Kürze, wichtige Lebenssituation, offener Anfang und Schluss, Wendepunkt, „Streuselschnecke" als Motiv

Seite 35

3 Die folgende Analyse ist eine Musterlösung, die auch die Antwort auf die Aufgabe 4 umfasst:

Die Kurzgeschichte „Streuselschnecke“ von Julia Franck handelt von einem Mädchen, das seinen Vater erst spät kennen lernt und ihm nach anfänglicher Distanz während seiner tödlichen Krankheit näherkommt.

Darum ist die Inhaltsangabe gelungen:
Die **Einleitung**
- enthält alle formalen Angaben und das Thema.

Die 14-jährige Ich-Erzählerin wohnt bei Freunden in Berlin. Eines Tages erhält sie einen Anruf von einem fremden Mann, der sie fragt, ob sie ihn kennen lernen möchte. Sie reagiert **zunächst** sehr zurückhaltend, lässt sich **aber schließlich** auf ein Treffen ein. Er führt sie aus und macht sie mit seinen Freunden bekannt. **Bei weiteren Treffen** lernt sie ihn auch in seinem Beruf als Regisseur kennen. **Obwohl** sie ihren Lebensunterhalt anscheinend allein verdienen muss, wagt sie nicht, ihn um finanzielle Unterstützung zu bitten. **Nach** zwei Jahren teilt ihr der Mann mit, dass er eine tödliche Krankheit habe. Sie besucht ihn im Laufe eines Jahres häufig im Krankenhaus. Als er sie um Morphium bittet, kann und will sie dieses Schmerzmittel nicht besorgen**. Stattdessen** bringt sie ihm selbst gebackene Streuselschnecken mit. **Kurz vor** seinem Tod bedauert er, dass es für ein gemeinsames Leben nun zu spät sei. Bei der Beerdigung bleibt die Mutter fern, **da sie,** wie die Erzählerin vermutet, den Mann – ihren Vater – zu wenig gekannt und nicht geliebt habe.

Der **Hauptteil**
- ist sachlich mit eigenen Worten und im Präsens verfasst, bei Vorzeitigkeit im Perfekt,
- verdeutlicht **Zusammenhänge durch passende Satzverknüpfungen**,
- beginnt mit einer knappen Zusammenfassung des Inhalts,

Die Ich-Erzählerin lernt ihren Vater erst sehr spät kennen. Er ist ihr fremd („eine fremde Stimme meldete sich“, Z. 3). Ihr Verhältnis ist zunächst entsprechend distanziert. Zum ersten Treffen geht sie mit „Unbehagen“ (Z. 7), findet ihren Vater dann allerdings nicht unsympathisch (vgl. Z. 10). Für das Treffen hat sie sich geschminkt, will ihm also gefallen (vgl. Z. 9). Obwohl sie sich im Laufe von zwei Jahren häufig treffen, kommen sie sich kaum näher und an ihrer Beziehung ändert sich wenig („schließlich kannte ich ihn kaum“, Z. 18). Dass die Erzählerin ihren Vater wiederholt als „der Mann“ bezeichnet (Z. 3, 26), unterstreicht die Fremdheit zwischen beiden. Auch nach zwei Jahren sind sie sich „noch immer etwas fremd“ (Z. 26–27). Erst als ihr Vater unheilbar erkrankt, ändert sich ihr Verhältnis deutlich: Die Tochter steht ihrem Vater bis zum Ende bei. Sie besucht ihn nun häufig im Krankenhaus, kümmert sich fürsorglich um ihn und versucht, ihm seine Wünsche zu erfüllen (vgl. Z. 39–43). Über seine Bitte nach Morphium denkt sie genauer nach und erfüllt sie ihm aus guten Gründen nicht. Stattdessen backt sie ihm auf seinen Wunsch hin zwei Bleche voll Streuselschnecken. Darin bezeugt sich die Nähe, die sie mittlerweile zu ihrem Vater aufgebaut hat („Sie waren noch warm, als ich sie ins Krankenhaus brachte“, Z. 42–43). Kurz vor seinem Tod erzählt der Vater von seinem Wunsch, mit seiner Tochter gelebt zu haben, wofür es nun allerdings zu spät sei (vgl. Z. 43–45). Bei seiner Beerdigung wird deutlich, dass die Ich-Erzählerin inzwischen eine liebevolle Beziehung zu ihrem Vater hatte. Denn ihre Mutter, die nicht zur Beerdigung erscheint, hatte ihn „zu wenig gekannt und nicht geliebt“ (Z. 49) – anscheinend im Gegensatz zu ihr.

- erläutert die Beziehung der beiden Figuren
- und belegt die Beobachtungen am Text mit Zitaten,

Durch die personale Erzählhaltung und die Ich-Form wird eine große Nähe zur Ich-Erzählerin erreicht, was die Überraschung am Ende der Geschichte verstärkt. Denn ihr Rückblick auf die Beziehung zu ihrem Vater führt die Leser absichtlich in die Irre: Erst im letzten Satz offenbart sich seine Identität. Bis dahin vermutet man eher eine Liebesbeziehung eines sehr jungen Mädchens zu einem älteren Fremden.

- geht auf die Erzählweise ein (Erzählhaltung, Ich-Form, Spannung),

Die Sprache der Kurzgeschichte ist einfach, was der nüchtern reflektierenden Haltung der Ich-Erzählerin entspricht. Viele der kurzen Sätze beginnen mit den Personalpronomen „er“ oder „ich“, sodass der Text wie eine sachliche Aufzählung der Ereignisse wirkt. Dies wird auch durch die stark geraffte Zeitgestaltung unterstrichen. Die Beziehung der Figuren entwickelt sich an unterschiedlichen Orten: Im ersten Teil der Geschichte bleibt das Verhältnis an lebendigen Schauplätzen wie Kino, Café und Arbeit distanziert. Im zweiten Teil entwickeln sich Nähe und Wärme an eher traurigen Orten, dem Krankenhaus und dem Friedhof.

- untersucht die sprachlich-stilistische Gestaltung (Sprache, Satzbau, Wortwahl, Stil),
- beschreibt die Wirkung der Zeitgestaltung und der Wahl der Schauplätze,

Die Geschichte enthält alle typischen Merkmale der Textsorte „Kurzgeschichte“: In aller Kürze werden drei Jahre erzählt. Der Beginn und das Ende der Tochter-Vater-Beziehung sind wichtige Momente im Leben der beiden. Das Geschehen setzt unmittelbar ein, weil der Leser nicht weiß, wer anruft und was der Anruf bedeutet (vgl. Z. 1–7). In einer überraschenden Pointe entpuppt sich der fremde Mann als Vater (Z. 49), sodass man die gesamte Geschichte erst vom Ende her versteht. Der offene Schluss regt zum Nachdenken an, weil er Fragen zu den Familienverhältnissen offenlässt.
Typisch für die Textsorte Kurzgeschichte ist auch das zentrale Bild der Streuselschnecke, die für die Wärme zwischen den beiden Figuren steht.

- wendet die Merkmale der Textsorte Kurzgeschichte auf die Besonderheiten des Textes an.

Man kann sich bei diesem Schluss fragen, welche Rolle eigentlich die Mutter spielt. Sie wird nur zweimal genannt, zu Beginn und am Ende der Geschichte. Möglicherweise ist sie Ursache für die schwierigen Familienverhältnisse. Denn sie lebt weder mit ihrer älteren Tochter noch mit dem Vater ihrer Kinder zusammen und begleitet ihre Kinder auch nicht beim Abschied von ihrem Vater. Der Vater zeigt im Lauf der Geschichte Interesse an seiner Tochter und hätte gern mit ihr zusammengelebt. Möglicherweise wäre sie bei ihm besser aufgewachsen.

Der **Schluss**
- enthält eine wertende Stellungnahme zum Figurenverhalten.

4 Siehe Musterlösung zu Aufgabe 3.

+5 a Mögliche Umformulierung:
Der unerwartete Anruf ihres Vaters kam, als sie 14 war. Schon mit 13 Jahren hatte sie sich mit ihrer Mutter überworfen und war zu Freunden gezogen. Die fremde Stimme ihres Vaters meldete sich.

b Mögliche Lösung:
Die Leserinnen und Leser von vorneherein über die wahre Identität des Mannes zu informieren, nimmt der Geschichte ihre Spannung und macht auch die Pointe am Schluss unmöglich.

Ein Gedicht interpretieren

Das Gedicht untersuchen und verstehen

Seite 36

1 Individuelle Lösung

2 Mögliche Notizen:
zahlreiche Fragen; Häufung des Wortes „Herz“; auffällige Vermeidung des Pronomens „ich“, stattdessen „man“ und „uns“; Wiederholung von „Allerschönste“
Deine Notizen solltest du für deine Gedichtinterpretation (→ Aufgaben 1 bis 3, Seite 39) nutzen.

Seite 37

3 a Diese Formulierung trifft das Thema am besten:
Verunsicherung durch unklare Gefühle.
b Folgende Zuordnungen sind richtig:
1. Strophe – B; 2. Strophe – A; 3. Strophe – D; 4. Strophe – C.

4 Die Aussagen **A, C, D** erscheinen richtig bzw. nachvollziehbar.

Seite 38

5 a Die Reimform des Gedichts ist der **Kreuzreim** (abab cdcd efef ghgh).
b Das Metrum des Gedichts ist ein regelmäßiger fünfhebiger **Jambus** (unbetont – betont).
c Falsche Aussagen sind:
die klaren Gefühle; eine große Dynamik; die Entscheidungsfreude.

6 Zutreffende Aussagen zu Form und Sprache sind: **A, C, D, F.**

Das Gedicht schriftlich interpretieren

Seite 39

1 Mögliche Fortsetzung des Einleitungssatzes:
Erich Kästner thematisiert in seinem 1929 erschienenen Gedicht „Er weiß nicht, ob er sie liebt" eine starke Verunsicherung durch unklare Gefühle.

2 Der folgende Hauptteil der Interpretation ist eine Musterlösung, der die Teilaufgaben a bis d von Aufgabe 2 umfasst:

In der ersten Strophe bringt der lyrische Sprecher eine Veränderung seiner Gefühle zum Ausdruck. Er ist sich seiner Gefühle nicht mehr so sicher wie früher. In der zweiten Strophe wird dies weiter ausgeführt und die zentrale Frage nach dem, was das Herz will, gleich zweimal gestellt. Die dritte Strophe legt anhand einer lange zurückliegenden Kindheitserfahrung nahe, dass das Herz gerade in den wichtigsten Dingen nur leise und daher kaum vernehmbar spricht. Dies führt den lyrischen Sprecher in der vierten und abschließenden Strophe zu dem Schluss, dass das Herz nicht funktioniert, wie es sollte, und eine Art Fehlkonstruktion ist.

Darum ist der Hauptteil gelungen:
Am Anfang des Hauptteils wird der Inhalt strophenweise auf den Punkt gebracht. Dabei sollten Zusammenhänge zwischen den Strophen deutlich werden.

Der lyrische Sprecher, den die Leserinnen und Leser sich aufgrund des Titels („**Er**") als Mann vorstellen können, verbirgt sich im Gedichttext hinter dem unpersönlichen „**man**" (V. 1, 4, 5–7, 15). Aufgrund der Fragen, die an niemand Bestimmten gerichtet sind, wirkt das Gedicht wie ein Selbstgespräch. Zweimal spricht er außerdem von „**uns**" (V. 2 und V. 3), womit er den Leserinnen und Lesern anbietet, sich in den beschriebenen Gefühlen wiederzufinden.

Für die Bestimmung der Sprechsituation wird vor allem auf die **Pronomen** geachtet.

Das Gedicht besteht aus vier **Strophen** à vier **Versen,** die durch einen **Kreuzreim** miteinander verbunden sind. Das **Metrum** ist ein regelmäßiger **fünfhebiger Jambus.** Der Kreuzreim betont mit seinem ständigen Wechsel die Gefühlsschwankungen des lyrischen Sprechers. Dagegen bewirkt das regelmäßige Metrum eine gewisse Monotonie, die die Ratslosigkeit des lyrischen Sprechers hervorhebt. Das Herz wird durchgängig **personifiziert**. Der Sprecher wartet darauf, dass es zu ihm spricht (vgl. V. 1) und ihm seine Zweifel nimmt. Durch die **Wiederholung** wird die Bedeutung der zentralen Frage „Was will das Herz?" (V. 5 und 8) zusätzlich hervorgehoben. Die **Gegensatzpaare** „leise/laut" (V. 2 und 3) und „einst/nun" (V. 3 und 4) veranschaulichen, dass sich die Gefühle des Sprechers verändert haben. Der **Jambus** im letzten Vers bricht nach zwei **Hebungen** ab, als lohne es sich nicht, weiterzusprechen. Das Fazit des Sprechers fällt entsprechend resignativ aus.

Passende **Fachbegriffe** werden zur Beschreibung von Form und Sprache verwendet.
Formale und sprachliche Merkmale werden nicht nur beschrieben, sondern auch gedeutet.

Damit ist das 1929 entstandene Gedicht auch ein anschauliches Beispiel für die Liebeslyrik der Neuen Sachlichkeit, die zwischen 1918 und 1933 verortet wird. Für diese gilt eine realistische Darstellung der Wirklichkeit als typisch. Dieser Realismus besteht im Gedicht darin, dass sich der lyrische Sprecher den eigenen Gefühlsungewissheiten stellt. Gedichte der Neuen Sachlichkeit beschreiben die Liebe oft nüchtern und illusionslos. Dieses Merkmal wird in „Er weiß nicht, ob er sie liebt" variiert. Denn es geht weniger um die Liebesbeziehung als solche als vielmehr um die resignative und damit auch illusionslose Wahrnehmung der eigenen Unsicherheit in einer Liebesfrage.

Bei der Zuordnung zu einer Epoche werden allgemeine Merkmale dieser Zeit und spezifische Merkmale des Gedichts aufeinander bezogen.

3 Ein möglicher Schlusssatz:
Wie beantwortet das Gedicht seine selbst gestellte Frage: „Was will das Herz?" Die Antwort lautet, dass es keine eindeutige Antwort gibt. Diese Einstellung des lyrischen Sprechers zur Liebe finde ich nachvollziehbar, weil nicht nur eine unerwiderte oder verlorene Liebe starke Emotionen bewirken kann, sondern auch die Unklarheit, ob man jemanden liebt oder nicht, als quälend erlebt werden kann.

Eine Dramenszene interpretieren

Die Dramenszene untersuchen und verstehen

Seite 42

2 Mögliche Lösung:
Der Szene geht Moritz' Beerdigung (III,2) und Melchiors Schulverweis (III, 1) voraus. In der Szene danach ist Melchior in der Korrektionsanstalt eingesperrt. Bevor er von dort fliehen kann, stirbt Wendla an den Folgen einer Abtreibung.

3 a Zutreffend sind die Aussagen **A** und **D**.
b Wendepunkt des Gesprächs: Herr Gabor eröffnet seiner Frau, dass Melchior sich an einem Mädchen „vergangen" (Z. 94) habe, und legt als Beweisstück Melchiors Brief an Wendla vor (Z. 98–109). In der Konsequenz führt dies dazu, dass auch Frau Gabor plötzlich der Einweisung ihres Sohnes in ein Erziehungsheim zustimmt (Z. 130 ff.).

4 a + b Argumente des Vaters: **A:** Z. 50 ff.; **B:** Z. 8–17; **F:** Z. 64 f.
Argumente der Mutter: **C:** Z. 23–28; **D:** Z. 1–7, **E:** Z. 69–76; **G:** Z. 83–87

Seite 43

5 Zutreffend sind die Aussagen **A, C** und **D**, nicht zutreffend **B** und **E.**

6 a Zum Gesprächsverhalten der Figuren siehe Lösung der Aufgabe 5 von Seite 45.
b Mögliche **Lösung:**
In Herr Gabors Aussage klingt ein Verständnis der Geschlechterrollen an, wie es für die Zeit um 1900 typisch ist: Der Mann trifft als Familienoberhaupt alle Entscheidungen, während die Frau sich passiv zu verhalten hat und ganz in der Rolle als Mutter und Ehefrau, die vom Mann beschützt wird, aufgehen soll. Herr Gabors Gesprächsverhalten entspricht diesem Rollenverständnis: Er reklamiert gegenüber seiner Frau die Entscheidungsgewalt und behandelt sie, wenn auch aus vermeintlicher Fürsorge (vgl. Z. 96 ff.), wie ein unmündiges Wesen.

7 a + b Herr Gabor argumentiert sehr **sachlich**, z. B. wenn er darlegt, wie Melchiors Einstellung von „Juristen“ (Z. 58) bezeichnet werde (vgl. Z. 50–59). Gelegentlich formuliert er sehr **pathetisch**, spricht z. B. über „unsern heiligsten Ernst“ (Z. 13) und die Pflicht, „den Wankenden zu festigen“ (Z. 37 f.). Herr Gabor verwendet **Fremdwörter**, z. B. „exzeptionelle geistige Korruption“ (Z. 57 f.). Darin zeigt sich ...

8 a–c Im Text sind alle sprachlichen Mittel A bis E zu belegen. Beispiele für Textbelege:
A Metapher: „das Werk seiner Henker“ (Z. 6), „dieses frühlingsfrohe Herz“ (Z. 88), „dieser Morgenhimmel“ (Z. 91) – **B Parallelismus:** „Er erträgt [...]. Er findet [...]. Er zerbricht [...].“ (Z. 84 f.) – **C Aufzählung:** „Beweis für seine Harmlosigkeit, für seine Dummheit, für seine kindliche Unberührtheit“ (Z. 69 f.) – **D Ausruf:** „Hilf mir Gott, wie lässt sich dagegen aufkommen!“ (Z. 66 f.), „Wenn du [...], dann sind wir geschieden!“ (Z. 76 ff.) – **E rhetorische Frage:** „[...] nun soll ich, die eigene Mutter, das Werk seiner Henker vollenden helfen?“ (Z. 5 ff.)
d Zur Wirkung der sprachlichen Mittel siehe Lösung der Aufgabe 5 von Seite 45.

Die Dramenszene schriftlich interpretieren

Seite 44

1 a Zutreffend ist Aussage **C.** Die Aussagen **A, B** und **D** beziehen sich jeweils auf Aspekte, die in dieser Szene ebenfalls wichtig sind, kennzeichnen jedoch nicht die Szene als Ganzes.
b Mögliche Lösung für die **Einleitung** der Interpretation, in der alle **wesentlichen Angaben zu Stück und Autor** gemacht werden und das **Thema** benannt wird:
Die dritte Szene des dritten Akts von Frank Wedekinds Kindertragödie „Frühlings Erwachen“, die 1891 veröffentlicht und 1906 uraufgeführt wurde, besteht aus einem Streitgespräch zwischen Herrn und Frau Gabor und verdeutlicht die Unfähigkeit beider Elternteile, mit der Notsituation ihres Sohnes Melchior angemessen umzugehen.

2 Der folgende Hauptteil der Interpretation ist eine Musterlösung, die die Teilaufgaben a und b sowie die Aufgabe 5 von Seite 45 umfasst. Die Interpretation ist im Präsens (Vorzeitigkeit = Perfekt; Redewiedergabe = Konjunktiv I), **sachlich und in eigenen Worten** verfasst.

Die Szene bildet den Dreh- und Angelpunkt des dritten Akts. Zu dessen Beginn wird Melchior von der Schule verwiesen, weil er eine bebilderte Aufklärungsschrift verfasst hat, obwohl Sexualität gesellschaftlich ein Tabu ist. Gefunden wird diese Aufklärungsschrift bei seinem Freund Moritz, nachdem dieser sich wegen seines Schulversagens das Leben genommen hat. Nach Moritz’ Beerdigung (III, 2) und Melchiors Schulverweis (III, 1) beraten nun Herr und Frau Gabor über die weitere Zukunft ihres Sohnes und geben damit den Anstoß für die Schlusswendung des Dramas.
Zu Beginn der Szene führen die Eltern dieses Gespräch sehr kontrovers: Herr Gabor plädiert dafür, Melchior in einem Erziehungsheim unterzubringen; Frau Gabor möchte dies um jeden Preis verhindern. **Seinen Wendepunkt erreicht das Streitgespräch,** als Herr Gabor seiner Frau eröffnet, dass ihr Sohn ein Mädchen, seine Mitschülerin Wendla, geschwängert habe, und als Beweis einen Brief Melchiors präsentiert. **Daraufhin** ändert Frau Gabor ihre Meinung abrupt. **Die Szene endet** damit, dass sie Melchior fallen lässt und seiner Unterbringung in einem Erziehungsheim zustimmt.

Darum ist der Hauptteil gelungen:
Der **Hauptteil:**
- beginnt mit einer knappen Einordnung der Szene in den Handlungszusammenhang,
- fasst den Inhalt der Szene knapp mit Hilfe geeigneter **Satzanfänge** zusammen,

Die im Streitgespräch der Eltern dargelegten Argumente zeigen, dass beide ihren Sohn jeweils sehr unterschiedlich sehen: Herr Gabor hebt hervor, dass Melchiors Handeln kein einzelner, versehentlicher Fehler sei. Er, Melchior, habe vielmehr einen durch und durch schlechten Charakter (vgl. Z. 50 ff.). Daher räche es sich jetzt, dass er die Erziehung bisher wider besseres Wissen seiner Frau überlassen habe. Denn dadurch sei Melchiors Erziehung zu wenig von klaren Regeln und Vorschriften geprägt gewesen (vgl. Z. 8–17). Herr Gabor appelliert an seine Frau, jetzt endlich mit großer Strenge auf Melchior einzuwirken (vgl. Z. 64 f.). Doch Frau Gabor ist entschieden gegen eine Unterbringung ihres Sohnes in einer Erziehungsanstalt. Sie hält ihrem Mann vor, eine Korrektionsanstalt zerstöre gute Menschen wie Melchior (vgl. Z. 23–28). Melchiors Abhandlung zeige doch in Wahrheit, wie unschuldig er eigentlich denke (vgl. Z. 69–76). Zur Unterstützung ihrer Sichtweise hebt sie hervor, dass einige Lehrerpersonen nur einen Schuldigen gesucht hätten, um von eigenem Unrecht abzulenken (vgl. Z. 1–7). Nachdrücklich äußert sie die Befürchtung, dass Melchior sich in einem Erziehungsheim umbringen werde (vgl. Z. 83–87).
Frau Gabor spricht denn auch in erster Linie als Mutter, die sich um ihr Kind sorgt. **Ihre Ausdrucksweise** ist **von großer Emotionalität geprägt.** So verwendet sie **Metaphern,** um ihre Betroffenheit und Verzweiflung hervorzuheben: Die Schulentlassung sieht sie übertreibend als „das Werk seiner Henker" (Z. 6). Melchior bezeichnet sie als „dieses frühlingsfrohe Herz" (Z. 88), „diese[n] Morgenhimmel" (Z. 91), also als eine große Freude in ihrem Leben. Weitere sprachliche Mittel nutzt sie, um Melchior als empfindsame Seele anschaulich und mit Nachdruck zu charakterisieren, so zum Beispiel einen **Parallelismus** („Er erträgt [...]. Er findet [...]. Er zerbricht [...]", Z. 84 ff.) und eine **Aufzählung** (vgl. Z. 69–72). Von der Position ihres Mannes grenzt sie sich gleich zu Beginn empört durch eine **rhetorische Frage** ab: „[...] nun soll ich, die eigene Mutter, das Werk seiner Henker vollenden helfen?" (Z. 5 ff.). Im Fortgang des Gesprächs zeigen zahlreiche **Ausrufe** (vgl. Z. 66 ff., 76 ff., 85 ff.), dass Frau Gabor mehr und mehr an der kompromisslosen Haltung ihres Mannes verzweifelt.
Im Kontrast dazu argumentiert Herr Gabor, von Beruf „Jurist[ ]" (Z. 58), sehr **sachlich** (vgl. Z. 50–59). Nur manchmal lässt er sich zu einem **feierlich-pathetischen Ton** hinreißen, etwa wenn er über „unsern heiligsten Ernst" (Z. 13) und die Pflicht, „den Wankenden zu festigen" (Z. 37 f.), spricht. Außerdem verwendet Herr Gabor **Fremdwörter**, zum Beispiel wenn er sagt, Melchiors Aufklärungsschrift „manifestiert [...] exzeptionelle geistige Korruption" (Z. 57 f.). **Auf diese Weise distanziert er sich von seinem Sohn:** Er spricht nicht als Vater, sondern als Experte über ein Untersuchungsobjekt.
Diesem Kontrast in der Sprache entsprechen auch Unterschiede im Gesprächsverhalten. Zwar sind die Redeanteile zunächst relativ ausgewogen verteilt, da beide Figuren ihre Positionen ausführlich erläutern. Hieraus folgt jedoch nicht, dass Herr und Frau Gabor gleichberechtigt wären. In Übereinstimmung mit dem Verständnis der Geschlechterrollen um 1900 macht Herr Gabor wiederholt unmissverständlich klar, dass die Entscheidungsgewalt letztlich allein bei ihm liege und seine Frau sich seinem Urteil, was für Melchior das Beste sei, zu beugen habe (vgl. Z. 44 f., 81 f.). Gegen diese Dominanz wehrt sich Frau Gabor verzweifelt: Sie wirft ihrem Mann Gefühllosigkeit vor (vgl. Z. 73 f.), sie fleht ihn an (vgl. Z. 91 ff.), ja, sie droht sogar, sich von ihm zu trennen, um so Melchior doch noch vor der Korrektionsanstalt zu bewahren (vgl. Z. 76–80).

- untersucht den Gesprächsverlauf im Hinblick auf die von den Figuren vertretenen Argumente,
- deutet die Beziehung der Figuren und deren Gesprächsverhalten,
- **geht auf sprachliche Auffälligkeiten ein,**
- führt Textbelege an.

> Als Herr Gabor allerdings seiner Frau enthüllt, dass ihr Sohn „sich vergangen" (Z. 94) habe, und ihr als Beweis einen Brief Melchiors an Wendla zeigt, in dem er dem Mädchen eine gemeinsame Zukunft mit dem noch ungeborenen Kind vorschlägt, verschlägt es Frau Gabor fast die Sprache. „Nein, nein – nie und nimmer!" (Z. 117), stammelt sie und bringt damit zum Ausdruck, dass sie ein solches Fehlverhalten ihres Sohnes für unmöglich hält. Dass es mit dieser Überzeugung nicht weit her ist, zeigt sich jedoch sofort: Denn plötzlich stimmt sie – zur Überraschung ihres Mannes – Melchiors Unterbringung in einem Erziehungsheim zu (vgl. Z. 130 ff.). Offenbar fühlt sich Frau Gabor durch diese neue Entwicklung von ihrem Sohn hintergangen oder sie erträgt die Vorstellung nicht, dass Melchior sich ihrem Einflussbereich entziehen könnte. Auf jeden Fall gibt sie schließlich ihre Haltung verständnisvoller Zuwendung auf und schwenkt auf die Position ihres Mannes um, dass nur Strenge und Disziplin eine adäquate Antwort auf Melchiors Notsituation seien.

3 Deutende Textstellen sind markiert:
Zuerst verteidigt Frau Gabor Melchior gegen die kompromisslose Haltung ihres Mannes, weil sie von der kindlichen Unschuld ihres Sohnes überzeugt ist. Doch als sie von Melchiors Brief an Wendla erfährt, fühlt sie sich von Melchiors Verhalten hintergangen und schwenkt deshalb auf die Position ihres Mannes um.

Seite 45

4 a Es wird deutlich, dass Frau Gabor an den Methoden einer Erziehungsanstalt zweifelt, als sie ausruft: „In der Korrektionsanstalt ist mein Kind verloren." (Z. 22 f.)
b Herr Gabor macht seiner Frau klar, sie werde sich dreinschicken müssen (vgl. Z. 81 f.).
c Herr Gabor glaubt, dass die Strenge der Erziehungsanstalt das in Melchiors bisheriger Erziehung Versäumte ausgleichen kann (vgl. Z. 133–137).

5 Siehe die Musterlösung zu Aufgabe 2 von Seite 44.

6 Mögliche Formulierung für den Schluss:
In dieser Szene wird deutlich, dass Herr und Frau Gabor ihren Sohn Melchior in seiner Notsituation nicht unterstützen. Beide Elternteile entscheiden sich am Ende dafür, Melchior in ein Erziehungsheim abzuschieben. Selbst Frau Gabor ist nicht die verständnisvolle, ihrem Sohn in selbstloser Liebe zugewandte Mutter, als die sie zunächst erscheint.

+7 Wedekind selbst hat die Sonderstellung der dritten Szene des dritten Aktes betont: Sie sei „eine allen Humors bare Szene" . Vermutlich verzichtet Wedekind hier auf jeden Humor, weil Herr und Frau Gabor in dieser Szene über das weitere Schicksal ihres Sohnes entscheiden. Diese Entscheidung durch eine satirisch-komische Brechung in ihrem Ernst zu relativieren, würde die emotionale Anteilnahme des Theaterpublikums am Leben des jugendlichen Protagonisten beeinträchtigen.

Einen argumentierenden Sachtext analysieren

Einen Kommentar erschließen und verstehen

Seite 46

1 a Antwort **B** ist richtig.
b Fernsehserien werden aufgrund ihrer Qualität zu einer ernsthaften Konkurrenz für die Literatur.
Außerdem scheinen „Kurztexte" in den sozialen Medien die Bedürfnisse der Leserschaft besser zu erfüllen als Bücher.

Seite 48

2 **a + b** Individuelle Lösung

3 **a** So solltest du Begriffe und Erklärungen miteinander verbinden:
A – 5, B – 4, C – 2, D – 3, E – 1.
b Die richtige Reihenfolge der Zwischenüberschriften für die Absätze lautet:
1 Buchmesse spiegelt Normalität nur vor – **2** Bedrohlicher Verlust an Käufern und Lesern – **3** Konkurrenz durch andere Medien – **4** Eventisierung hilft der Literatur nicht wirklich – **5** Vertrauensschwund in Institutionen – **6** Fazit: Offenkundige Krise.
c Mögliche Schlüsselwörter in den Absätzen:
- Absatz 1 (Z. 4–9): Buchmesse – Business as usual – dem Anschein nach
- Absatz 2 (Z. 10–20): existenzielle Krise – Millionen Buchkäufer und Buchkäuferinnen verloren – Substanz – Freude am Lesen
- Absatz 3 (Z. 21–27): Gründe – soziale Medien – Streamingdienste wie Netflix
- Absatz 4 (Z. 28–32): inszenieren – eventisieren – klingt nicht nach der Vertiefung, die das [...] Buch eigentlich braucht
- Absatz 5 (Z. 33–52): Krisenverschärfend – Institutionen kein Vertrauen schaffen – kein Literaturnobelpreis
- Absatz 6 (Z. 53–58): manifeste Krise

4 Für den Autor ist das Buch ein Medium, das man nicht erfolgreich durch oberflächliche Events bewerben kann. Er spricht vom Buch als einem Vertiefungsmedium und erwartet Initiativen, die dieser Charakteristik gerecht werden.

Seite 49

5 **a** Dieser Aufbau trifft zu: Antithese – These – Fazit.
b Es ist geschickt, die Antithese zuerst zu nennen, um sie anschließend durch eigene Thesen entkräften und ein entsprechendes Fazit ziehen zu können.

6
- A Antithese wird als oberflächlich entlarvt.
- B These wird aufgestellt und als existenziell bewertet.
- C Krise wird auf neue Medien zurückgeführt.
- D Gegenargument wird benannt und bezweifelt.
- E These wird durch weitere Argumente gestützt.
- F Fazit wird entsprechend der These gezogen.

Seite 50

7 **a** **Autorenposition stärkend:** ernsthaften (Z. 14) – existenziellen (Z. 14) – dramatisch (Z. 18) – verschärfend (Z. 33) – manifesten (Z. 55)
Gegenposition abwertend: Business as usual (Z. 8) – schönen Reden (Z. 13) – Beachclubs (Z. 29)
b Die Feststellung einer Krise in der Buchbranche steht im Zentrum der Argumentation. Durch die häufige Wiederholung dieses Wortes stützt der Autor zum einen die Richtigkeit seiner Diagnose und betont zum anderen, dass dringend etwas unternommen werden sollte, um der Krise Herr zu werden.

8 A „Denn erstmals seit vielen, vielen Jahren ..." (Z. 10) → Wiederholung
Wirkungsabsicht: Betonung, dass die Krise neu und ernsthaft ist
B „Ob es wirklich damit getan ist, das Buch, das Lesen mehr zu inszenieren, zu eventisieren, um die Leserschaft zurückzugewinnen?" (Z. 28–29) → rhetorische Frage
Wirkungsabsicht: Der Autor drückt mit der rhetorischen Frage seine Zweifel an den getroffenen Maßnahmen aus. Er ist davon überzeugt, dass sie nicht wirksam sind.

Eine Sachtextanalyse verfassen

Seite 51

1 Die folgende Sachtextanalyse ist eine Musterlösung, die die Aufgaben 1, 2 und 3 umfasst.

In seinem Kommentar „Die Buchbranche steckt in einer existenziellen Krise" aus dem Jahr 2018 setzt der Autor Gerrit Bartels sich mit dem Zustand der Buchbranche auseinander und sieht diese – wie der Titel bereits sagt – in ernsthafter Weise bedroht und vor große Herausforderungen gestellt.

Der Autor eröffnet seinen Kommentar mit der Antithese. Sie lautet, in der Buchbranche sei alles beim Alten, es herrsche „Business as usual" (Z. 8). **Dieser Aussage** stellt der Autor im zweiten Absatz seine eigene These und Position direkt gegenüber: „Denn erstmals seit vielen, vielen Jahren, vielleicht überhaupt zum allerersten Mal, steckt die Branche in einer Krise." (Z. 10–12) Die Dringlichkeit seiner Position unterstreicht er mit *Adjektiven* wie „ernsthaften" (Z. 14) und „existenziellen" (Z. 14). Seiner Ansicht nach haben **nämlich** viele Menschen die Lust am Lesen und vor allem am ausdauernden Lesen, z.B. von Romanen, verloren (vgl. Z. 18–20). **Daraufhin** erläutert er im dritten Absatz die Gründe für diese mangelnde Lust am Lesen. Verantwortlich sind für ihn neben den sozialen Medien vor allem Streamingdienste wie Netflix, deren Serien nicht nur oftmals „literarischer als ein Roman" (Z. 25) seien, sondern auch Zeit in Anspruch nähmen. **Zeit aber**, so der Autor, sei in unserer „Multitasking-Gesellschaft" (Z. 27) ein rares Gut.
Im Anschluss daran benennt der Autor Gegenmaßnahmen, die der Börsenverein des Deutschen Buchhandels, die Verlage und der Buchhandel gemeinsam eingebracht hätten und die letztlich darauf hinauslaufen, den Buchverkauf moderner und attraktiver zu gestalten. „Beachclubs" (Z. 29) und ein „Speed-Dating zu Bücherthemen" (Z. 30) sind nur zwei Beispiele aus einer *Aufzählung*, die verdeutlichen, dass der Autor **diese Gegenmaßnahmen** für wenig zielführend hält. Seine Skepsis fasst er in der *rhetorischen Frage* zusammen: „Ob es wirklich damit getan ist, das Buch, das Lesen mehr zu inszenieren, zu eventisieren, um die Leserschaft zurückzugewinnen?" (Z. 28–29)
Im nächsten Abschnitt führt der Autor weitere Argumente an, die seine These, dass die Buchbranche in einer Krise steckt, stützen. **Besonders** der Bedeutungsverlust traditionsreicher Institutionen wirke sich zusätzlich negativ aus (vgl. Z. 33–36). **Beispielsweise** hätten die Streitigkeiten innerhalb der Literaturnobelpreis-Jury zu weiteren Vertrauensverlusten geführt und jedenfalls keine werbende Wirkung für die Buchbranche gehabt.
Zuletzt zieht der Autor ein Fazit, das seine Ausgangsthese bestätigt und nochmals betont, dass es sich nicht um ein künftige, sondern bereits um eine vorhandene und ernsthafte Krise handle (vgl. Z. 53–56).
Der Autor möchte in erster Linie darauf aufmerksam machen, dass es aufgrund verschiedener Ursachen eine Krise des Buchmarktes gibt. Zudem möchte er davor warnen, diese Krise zu unterschätzen und ihr mit Mitteln zu begegnen, die dem Medium Buch nicht gerecht werden können.
Ich teile die Position des Autors, weil auch nach meiner Erfahrung das Lesen und ganz besonders die Lektüre umfangreicher Romane immer mehr zurückgedrängt wird. Die Angebote sozialer Medien, des Smartphones oder bekannter Streamingdienste erscheinen vielen, vor allem jugendlichen Nutzern weit attraktiver als das Lesen eines Buches. Betrachtet man zudem die hohe Nutzungsdauer, also die Stunden pro Tag, in denen das Smartphone oder ein Streamingdienst genutzt werden, ist klar, dass für das Lesen kaum noch Zeit bleibt.

Darum ist diese Sachtextanalyse gelungen:

Die **Einleitung**
- enthält alle wichtigen Angaben zum Text und benennt das Thema.

Der **Hauptteil**
- fasst die wichtigsten Kernaussagen des Textes so zusammen, dass die Gedankenführung klar wird,
- verwendet **Satzverknüpfungen,**
- benennt *sprachliche Mittel,*
- wiederholt den Text nicht einfach mit anderen Worten, sondern deutet auch,
- legt am Ende des Hauptteils die Intention des Kommentars dar.

Der **Schluss**
- nimmt Stellung zur Position des Autors.

2 Siehe die Musterlösung zu Aufgabe 1.

3 Siehe die Musterlösung zu Aufgabe 1.

+4 Mögliche weiterführende Gedanken, z.B.:
- Das Buch erlebt einen Aufschwung als Gegenbewegung zu schnelllebigen digitalen Medien.
- Das Lesen wird durch technische Innovationen wieder attraktiver.
- Die Entwicklung setzt sich in der aufgezeigten Weise fort: Die Buchbranche erholt sich nicht mehr.

Grammatik

Was kannst du schon?

Seite 52

1 **a + b** Sie klettern an **steilen Eiswänden** *(Dativ)* empor oder tauchen ohne Sauerstoffgerät in **Meerestiefe** *(Akkusativ)* von bis zu 200 Metern. Extremsportler/-innen gehen bei **ihren Aktionen** *(Dativ)* oft bis an ihr Limit und über **die Grenzen** *(Akkusativ)* der Vernunft hinaus. Aber warum tun sie das? „Bei **der Ausübung** *(Dativ)* des Extremsports produziert das Gehirn Glückshormone, die die Sportler/-innen in **einen rauschhaften Zustand** *(Akkusativ)* versetzen", erklärt Dr. Süß. „Ein Kick, der auch süchtig machen kann."
Hinweis: Für jede richtig eingesetzte Wortgruppe (Wörter im Fettdruck) bekommst du 1 Punkt. Du kannst also für die Aufgabe 1a insgesamt 6 Punkte erreichen.
Für jede richtige Kasusbestimmung bekommst du 1 Punkt. Du kannst also für die Aufgabe 1b insgesamt 6 Punkte erreichen.

2 ~~nennt~~/nennen – kennzeichnet/~~kennzeichnen~~ – braucht/~~brauchen~~
Hinweis: Für jede richtige Verbform bekommst du 1 Punkt. Du kannst also insgesamt 3 Punkte erreichen.

3 Der Extrembergsteiger Reinhold Messner **veränderte** die Kletterwelt, als er den Berg Nanga Parbat im Himalaja ohne Flaschensauerstoff im Alleingang **bezwang** (gleichzeitiges Zeitverhältnis). Nachdem er alle 14 Achttausender bestiegen hatte (vorzeitiges Zeitverhältnis), **suchte** der Abenteurer eine neue Herausforderung und **durchquerte** zu Fuß die Antarktis.
Hinweis: Für jede richtig eingesetzte Verbform bekommst du 1 Punkt. Du kannst also insgesamt 4 Punkte erreichen.

Seite 53

4 A Eine Marathonteilnehmerin erklärt, tagsüber **sei** es über 40 Grad und nachts **falle** die Temperatur in der Wüste rapide ab.
B Ein anderer Läufer sagt, er **habe** die gesamte Verpflegung im Rucksack dabei. Nur das Wasser **werde** gestellt.
Hinweis: Für jeden Satz, den du korrekt in die indirekte Rede gesetzt hast, bekommst du 2 Punkte. Du kannst also insgesamt 4 Punkte erreichen.

5 **a** Im Fußball, Tennis oder im Basketball **wird** im Profisport eine Menge Geld **verdient.** Bei Spitzensportler/-innen aus anderen Disziplinen wie z.B. Leichtathletik, Schwimmen oder Fechten sieht das ganz anders aus. Diese Athleten **werden** vom Publikum während der Olympischen Spiele zwar **gefeiert**, verdienen aber laut einer Studie nur lächerliche 7,41 Euro pro Stunde. Im Sport hängt das Gehalt aber auch häufig vom Geschlecht ab. Männer verdienen im Sport fast immer mehr als die Frauen. Dieses Ungleichgewicht kritisieren Profi-Sportlerinnen immer wieder.
Hinweis: Für jede richtig erkannte Passivform (jeweils bestehend aus zwei Teilen) bekommst du 2 Punkte. Du kannst also insgesamt 4 Punkte erreichen.
b Dieses Ungleichgewicht wird von Profi-Sportlerinnen immer wieder kritisiert.
Hinweis: Für die richtige Umformulierung ins Passiv bekommst du 2 Punkte.

Präpositionen bestimmen den Kasus

Seite 54

1 Er mache den Job nicht wegen **des Geldes,** beteuert Seb Smith, dem bei **einem erfolgreichen** Abschluss seiner Arbeit 34.000 Euro Lohn in Aussicht stehen. „Während **der nächsten** sechs Monate werde ich an **interessante Orte** reisen und trotz **meines Jobs** als Wasserrutschentester auch noch viel Zeit für **interessante Unternehmungen** haben." Die Frage, ob ihm während **seines Sommerjobs** das Rutschen nicht langweilig werden würde, verneint der Student aus England, der sich gegen die **neidischen Kommentare** auf **seinem** Social-Media-Profil wehrt. Ein Tourismuskonzern hatte die Stelle ausgeschrieben und mit **riesengroßen Werbemaßnahmen** begleitet. Aber: Gibt es unangenehme Seiten bei **dieser** Tätigkeit? „Ja", erklärt der Student. „Trotz **des riesengroßen Rutschspaßes** darf man natürlich nicht vergessen, dass ich mich auch bei **schlechten Witterungsverhältnissen** in die **kühlen Fluten** stürzen muss."

Auf Subjekt-Verb-Kongruenz achten

Seite 55

1 Die Subjekte sind unterstrichen. Die richtige **Verbform** ist fett gedruckt.
Einer neuen Studie zufolge **reichen** Luxusdienstwagen, jährliche Bonuszahlungen oder Gutscheine für ein Nobelrestaurant als Motivation für viele Arbeitnehmer/-innen nicht mehr aus. Gerade für junge Berufseinsteiger **sind** ein gewisser Wohlfühlfaktor und ein interessantes Aufgabenfeld am Arbeitsplatz wichtig. Aus diesem Grund **passt/passen** *(beides möglich)* sich eine große Anzahl von Firmen an die neuen Bedürfnisse ihrer Mitarbeiter und Mitarbeiterinnen an: Ein Freizeitraum mit Kicker, Spielekonsole und Hängematte **sorgt** für Spaß und die nötige Entspannung in den Pausen, eine Kaffeeküche mit Sofa-Lounge, ein Fitnessstudio oder ein Restaurant **bietet/bieten** Raum für den kreativen Austausch in lockerer Atmosphäre.

2 A Computerspielen während der Arbeitszeit **wird** beispielsweise bei einigen Social-Media-Unternehmen gern gesehen.
B Mit dem Gokart oder mit dem Fahrrad durchs Büro: Diese und ähnliche Angebote **gefallen** Niklas wie auch anderen Mitarbeiter/-innen, die auf einem Firmen-Campus im Silicon Valley arbeiten.

+3 Zum Beispiel:
Eine große Anzahl an Firmen **ermöglicht/ermöglichen** flexibles Arbeiten im Homeoffice. Mehr als die Hälfte **setzt** schon lange auf digitale Kommunikation. Sowohl Niklas als auch Fadime **nutzen** ihre Smartphones während der Arbeit.

Rund ums Verb

Die richtigen Tempora verwenden

Seite 56

1 **a+b** **erfand** (Nachzeitigkeit); **verloren hat** (Vorzeitigkeit); **erfunden hatte** (Vorzeitigkeit)

+2 Zum Beispiel:
Taxi-, Bus- und LKW-Fahrer/-innen müssen ihren Job aufgeben, sobald sich autonomes Fahren endgültig durchgesetzt hat. Nachdem alle Haushaltsroboter gekauft haben, können wir faul auf dem Sofa liegen, während die automatischen Putzhilfen arbeiten.

Der Konjunktiv I in der indirekten Rede

Seite 57

1 **a+b** Mein Onkel sagt, er **empfehle** mir eine Karriere bei der Bank. **C** Meine Tante meint, als Künstlerin **habe** man es immer schwer. **D** Meine Mutter findet, mit einem Studium **stehe** mir die Welt offen. **E** Mein Vater erklärt, als Handwerker **könne** ich überall arbeiten."

Seite 58

2 **a + b**

A Marie Deimel erklärt, Eltern **reagierten** oft nicht klug, wenn ihre Kinder einen etwas ausgefalleneren Berufswunsch **hätten.**
→ hätten = Konjunktiv II, weil Konj. I (haben) = Indikativ Präsens

B Ruben Maanema meint, natürlich **gebe** es die Top Ten der beliebtesten Berufe. Daneben **existierten** aber noch viele andere spannende Alternativen.
→ existierten = Konjunktiv II, weil Konj. I (existieren) = Indikativ Präsens

3 Marie Deimel erklärt, dass Eltern oft nicht klug reagieren, wenn ihre Kinder einen etwas ausgefalleneren Berufswunsch haben.

+4 Die indirekte Rede im Konjunktiv ist im mündlichen Sprachgebrauch sehr ungewohnt, der Indikativ wirkt gebräuchlicher.

Seite 59

5 können – behandelt – untersucht – spielen – sei – habe – stehe – mögen – sei – zeige – skizziert werde – sollten – hoffe – sei

Mit dem Konjunktiv II Wünsche ausdrücken

Seite 60

1 **a** Die Verben im Indikativ sind unterstrichen, die im **Konjunktiv II** sind **fett gedruckt.**

Arbeiten bis 68, 70 oder gar 80? Immer mehr Menschen gehen heute später in Rente und der Anteil der erwerbstätigen Senioren steigt seit Jahren kräftig an. Der Grund: Wir bleiben heute länger fit und die sogenannten Silver Worker werden gebraucht.
Manchmal überlege ich, wie es **wäre,** wenn wir gar nicht **arbeiten würden.** Wie viel Zeit **hätten** wir zur Verfügung! Wir **stünden** später auf, **könnten** unsere Schlafanzüge anbehalten und **täten** den ganzen Tag lang nur das, wozu wir Lust **hätten.** Welch ein Paradies!
Aber **wären** wir auf Dauer glücklich oder **wäre** ein Leben ohne Arbeit nicht auch ein bisschen langweilig? „Viele Menschen fühlen sich in ihren Arbeitsbereichen wohl und schätzen auch den Austausch mit ihren Kolleginnen und Kollegen", so der Arbeitspsychologe Manfred Nau. „Aber natürlich gibt es auch solche, die weniger arbeiten wollen und bewusst auf Geld und Karriere verzichten, um mehr Freizeit zu haben."

b In den Zeilen 1–3 und 8–11 steht der Indikativ, weil es sich um reale Aussagen/Feststellungen handelt.
In den Zeilen 4–8 steht der Konjunktiv II, weil die Aussagen unwirklich/irreal/nur vorgestellt sind.

c zum Beispiel:
In Zeile 4 wird die würde-Ersatzform verwendet (arbeiten würde), weil die Konjunktiv-II-Form (arbeiteten) dem Indikativ Präteritum entspricht (also um Missverständnisse zu vermeiden).

Seite 61

2 Wenn ich die Möglichkeit **hätte, würde** ich später gerne als Meeresbiologin **arbeiten.** Mein Leben **wäre** bestimmt so viel aufregender als jetzt: Als Forscherin **käme** ich viel herum und **unternähme** Expeditionen in die entlegensten Regionen der Weltmeere. Ich **würde** die Ozeane **erkunden** und nach unbekannten Lebewesen **suchen.** In der Antarktis **sähe** ich gewaltige Eisberge oder **würde** mit Riesenschildkröten am Great Barrier Reef **schwimmen** („schwömme" ginge auch, ist aber eher eine ungebräuchliche Form). Ich **träfe** andere Wissenschaftlerinnen und Wissenschaftler und **würde** in Fachzeitschriften über meine Forschungsergebnisse **berichten** („berichtete" ginge auch).

+3 „Ich wüsste nicht, was ich mit meinem Leben **gemacht hätte,** wäre ich nicht Astronaut geworden", erklärt der 85-jährige Ex-NASA-Pilot Russell Louis „Rusty" Schweickart.
Auch der Solinger Wolfgang Gösser wäre gern zum Mond geflogen, wenn ihm ein Ohrenarzt nicht irrtümlich einen Riss im Trommelfell **diagnostiziert hätte.**
Der Chef der Europäischen Raumfahrtorganisation hätte das Gefühl von Schwerelosigkeit niemals selbst erlebt, wenn er Arzt **geworden wäre,** wie seine Eltern es wollten.

Aktiv und Passiv unterscheiden

Seite 62

1 1) In den 1970er-Jahren verklagen Anwohner den Schweizer Künstler Dieter Roth.
→ Der Schweizer Künstler Dieter Roth **wird** in den 1970er-Jahren von Anwohnern **verklagt.**

2) So hat ein Pariser Chocolatier die Berliner Mauer aus Schokolade nachgebaut.
→ Die Berliner Mauer **ist** von einem Pariser Chocolatier aus Schokolade **nachgebaut worden.**

3) 900 Kilogramm Kakaomasse hat er für die 15 Meter lange Schoko-Mauer verarbeitet.
→ 900 Kilogramm Kakaomasse **sind** von ihm für die 15 Meter lange Schoko-Mauer **verarbeitet worden.**

4) Hier hat ein Schokoladenhersteller eine ganze Suite aus Pralinen und feinster Schokolade aufgebaut.
Eine ganze Suite aus Pralinen und feinster Schokolade **ist** von einem Schokoladenhersteller **aufgebaut worden.**

5) Zum Glück hat noch niemand den Schokoladenkamin verwendet.
→ Zum Glück **ist** der Schokoladenkamin noch von niemandem **verwendet worden.**

+2 Zum Beispiel:
So **ließ sich** die Berliner Mauer aus Schokolade **nachbauen.** 900 Kilogramm Kakaomasse **waren** für die 15 Meter lange Schoko-Mauer **zu verarbeiten.** Hier hat **man** eine ganze Suite aus Pralinen und feinster Schokolade **aufgebaut.**

Teste dich! – Das Verb – Konjunktiv und Aktiv/Passiv

Seite 63

1 A = falsch; B = richtig; C = richtig; D = falsch
Hinweis: Für jede richtige Antwort bekommst du 1 Punkt. Du kannst also insgesamt 4 Punkte erreichen.

2 Bei einer Studie **wurden** ca. 2500 Jugendliche von Mitarbeiter/-innen der Shell-Studie nach ihren Jobwünschen **befragt.**
Hinweis: Für die richtige Umformulierung in den Passivsatz bekommst du 1 Punkt.

3 A Ein Mitarbeiter der Studie erklärt, viele Jugendliche **gäben** als Berufswunsch Tierärztin, Polizistin, Architekt oder Lehrer **an.** („würden angeben" wäre auch richtig, wenn die Form „gäbe" als veraltet empfunden wird.)
B Dabei **stehe** die Freude bei der Arbeit mehr im Fokus als die Verdienstmöglichkeiten.
Hinweis: Für jeden richtig umgeformten Satz bekommst du 2 Punkte. Du kannst also insgesamt 4 Punkte erreichen.

4 A Als Urban-Farmer **stünde** ich jeden Tag in meinem Dachgarten voller Gemüse.
B Als Roboter-Berater **würde ich** die Kunden beim Umgang mit ihren Haushaltsrobotern **unterstützen.**
Hinweis: Für jeden richtig umgeformten Satz bekommst du 2 Punkte. Du kannst also insgesamt 4 Punkte erreichen.

Texte mit Hilfe von Proben überarbeiten

Umstell-, Ersatz-, Weglass-, Erweiterungsprobe

Seite 64

1 Mögliche Lösung:
In den letzten Wochen war ich mehrfach als Kunde in Ihrer Apotheke. Dabei habe ich erfahren, dass Sie Ihre Kundschaft nicht nur beraten, sondern auch selbst spezielle Salben anfertigen. Gern würde ich noch mehr über den Beruf des Apothekers erfahren.

2 Mögliche Lösung:
Ich bin 15 Jahre alt und ~~ich~~ besuche die 9. Klasse des Heinrich-Heine-Gymnasiums in Dresden. ~~Am Heinrich-Heine-Gymnasium~~ **Dort** nehme ich ~~übrigens~~ seit der 8. Klasse am Ganztagesangebot „Gesundheit" teil. ~~Im Ganztagesangebot~~ **Dabei** habe ich ~~aber auch~~ schon ~~total viel~~ **einiges** über Krankheiten und ~~auch~~ über die ~~momentan aktuellen~~ Trends im Gesundheitswesen gelernt. Meine Lieblingsfächer sind ~~ja~~ Biologie und ~~natürlich~~ Chemie. In meiner Freizeit spiele ich ~~immer~~ Tischtennis und ~~ich spiele manchmal auch~~ Badminton.

Seite 65

3 Mögliche Lösung:
Die Informationen, die ergänzt wurden, sind fett gedruckt.
Ich möchte in Ihrer Apotheke gern **vom 06.05. bis zum 18.05.20..** ein Schülerpraktikum absolvieren. Dabei würde ich gern **verschiedene berufstypische** Tätigkeiten in den **verschiedenen Arbeitsbereichen** Ihrer Apotheke kennen lernen. Es sollte die Möglichkeit bestehen, dass meine Lehrerin mich **in der 2. Praktikumswoche** besucht.

4 Mögliche Lösung:

Sehr geehrter Herr Schirm,

ich interessiere mich sehr für fremde Länder und habe ~~in den Urlauben~~ mit meinen Eltern in den letzten Jahren ~~schon~~ megacoole Reisen ins europäische Ausland unternehmen dürfen. Ich würde daher den Beruf der Tourismuskauffrau gern näher kennen lernen.
Ich würde aus diesem Grund mein **V** Schülerpraktikum ~~für den Beruf der Tourismuskauffrau~~ **V** gern ~~eben gerade~~ in Ihrem Reisebüro absolvieren.
Ich bin 15 Jahre alt und besuche die 9. Klasse des **V** Gymnasiums. Meine Lieblingsfächer sind Erdkunde und Spanisch. Als Mitglied der Schülervertretung macht es mir großen Spaß, Projekte zu planen, z.B. einen Spendenlauf **V.** In meiner Freizeit bin ich bei den Pfadfindern aktiv.

Über ein persönliches Vorstellungsgespräch ~~bei Ihnen~~ würde ich mich total freuen.

Mögliche Lösung: Die **neuen Wörter** im Bewerbungsanschreiben sind **fett** gedruckt.

Sehr geehrter Herr Schirm,

ich interessiere mich sehr für fremde Länder und habe mit meinen Eltern in den letzten Jahren schon **interessante** Reisen ins europäische Ausland unternehmen dürfen. Daher würde ich gern den Beruf der Tourismuskauffrau näher kennen lernen.
Aus diesem Grund würde ich mein **dreiwöchiges** Schülerpraktikum **in der Zeit vom 05.02. bis zum 24.02.20..** gern in Ihrem Reisebüro absolvieren.
Ich bin 15 Jahre alt und besuche die 9. Klasse des **Lessing**-Gymnasiums. Meine Lieblingsfächer sind Erdkunde und Spanisch. Als Mitglied der Schülervertretung macht es mir großen Spaß, Projekte zu planen, z.B. einen Spendenlauf **zur Unterstützung einer Schule in Togo.** In meiner Freizeit bin ich bei den Pfadfindern aktiv.

Über ein persönliches Vorstellungsgespräch würde ich mich **sehr** freuen.

Formen von Nebensätzen unterscheiden

Adverbialsätze

Seite 66

1

Art des Adverbialsatzes	Frageprobe	Konjunktionen
Kausalsatz (Grund, Ursache)	Warum? Aus welchem Grund?	*da, weil*
Konditionalsatz (Bedingung)	Unter welcher Bedingung ...?	*wenn, falls, sofern*
Finalsatz (Ziel, Absicht)	Wozu ...? Mit welcher Absicht ...?	*damit, dass*
Konsekutivsatz (Folge, Wirkung)	Mit welcher Folge ...?	*sodass (auch: so ... dass)*
Konzessivsatz (Einräumung)	Trotz welcher Umstände ...?	*obwohl, obgleich*
Temporalsatz (Zeitpunkt/-dauer)	Wann ...? Seit/Bis wann ...?	*nachdem, als, während, bis, bevor, solange, sobald*
Modalsatz (Art und Weise)	Wie ...? Auf welche Weise ...?	*indem, als ob*
Adversativsatz (Gegenüberstellung)	Was passiert im Gegensatz zu ...?	*wohingegen, während*

2 **a+b** Die passenden Konjunktionen sind fett gedruckt:

A **Nachdem** ich im letzten Schuljahr den Girls' Day in einer Tischlerwerkstatt verbracht hatte, entdeckte ich mein handwerkliches Talent. (Temporalsatz)

B Ich besuche seit Beginn des 8. Schuljahres das Ganztagesangebot „Informatik", **sodass** ich schon gut programmieren kann. (Konsekutivsatz)

C **Da/Weil** ich zwei jüngere Geschwister habe, konnte ich schon viele Erfahrungen im Umgang mit kleinen Kindern sammeln. (Kausalsatz)

Seite 67

3 a+b+c

A Ich bin seit zwei Jahren bei den Schulsanitätern, sodass ich über Grundkenntnisse in Erster Hilfe verfüge. (Konsekutivsatz) Oder: Weil ich seit zwei Jahren bei den Schulsanitätern bin, verfüge ich über Grundkenntnisse in Erster Hilfe. (Kausalsatz)

B Obwohl ich in den letzten Sommerferien nur für eine Woche im Tierheim ausgeholfen habe, konnte ich dabei viele Erfahrungen sammeln. (Konzessivsatz)

C Als ich meinem Vater beim Aufbau unserer Küche geholfen habe, habe ich mein handwerkliches Interesse entdeckt. (Temporalsatz) Oder: Weil ich meinem Vater beim Aufbau unserer Küche geholfen habe, habe ich mein handwerkliches Interesse entdeckt. (Kausalsatz)

D Weil ich seit der 7. Klasse bei der Schülerzeitung meiner Schule mitarbeite, konnte ich schon einige Redaktionserfahrungen sammeln. (Kausalsatz)

+4 a+b Mögliche Lösung:

- **Weil** ich meinem Vater während der Ferien im Büro geholfen habe, konnte ich meine Erfahrungen im Umgang mit dem Computer vertiefen, **sodass** ich jetzt über sehr gute Word- und Excel-Kenntnisse verfüge. (Kausalsatz und Konsekutivsatz)
- **Als** ich meinem Vater während der Ferien im Büro geholfen habe, konnte ich meine Erfahrungen im Umgang mit dem Computer vertiefen, **sodass** ich jetzt über sehr gute Word- und Excel-Kenntnisse verfüge. (Temporalsatz und Konsekutivsatz)

Seite 68

1

A Ich habe auch Grundkenntnisse in Spanisch und Chinesisch, weil ich ~~besuche~~ ein entsprechendes Ganztagesangebot und eine AG **besuche.**

B Ich schule regelmäßig meine Teamfähigkeit, weil ich ~~spiele~~ Basketball im Verein **spiele.**

C Ich kenne Möglichkeiten der konstruktiven Konfliktlösung, weil ich ~~bin~~ seit der 7. Klasse in der Streitschlichter-AG **bin**

2 a+b A **Obwohl** die Mitarbeit bei der Organisation des Projekttags eine große Herausforderung war, habe ich die Aufgabe aufgrund meines Organisationstalents und meiner Belastbarkeit gut gemeistert.

B **Weil** ich seit über einem Jahr Mitglied der Technik-AG bin, habe ich schon einige Erfahrungen in der Medien- und Veranstaltungstechnik gesammelt.

3 Ich habe schon einige Erfahrungen in der Medien- und Veranstaltungstechnik gesammelt, **denn** ich bin seit über einem Jahr Mitglied der Technik-AG.

Subjekt- und Objektsätze

Seite 69

1 a+b Die Nebensätze sind unterstrichen, die Konjunktionen eingerahmt.

A Wie viel Zeit ein Anwalt im Büro verbringt, zeigte der erste Praktikumstag.
Frage: Wen oder was zeigte der erste Praktikumstag? (Objektsatz)

B Frau Schumann erklärte mir, wie ich Akten richtig ablege und heraussuche.
Frage: Wen oder was erklärte Frau Schumann mir? (Objektsatz)

C Dabei erkannte ich schnell, dass ein sorgfältiges Arbeiten sehr wichtig ist.
Frage: Wen oder was erkannte ich schnell? (Objektsatz)

D Wer das berücksichtigt, verliert nicht den Überblick.
Frage: Wer oder was verliert nicht den Überblick? (Subjektsatz)

2 Mögliche Lösung: Die Subjekt- bzw. Objektsätze sind unterstrichen.
A Am Nachmittag erlaubte Frau Schumann mir, **dass** ich an einer Gerichtsverhandlung teilnehme.
B **Wie** wichtig eine geschickte Argumentation ist, wurde mir dabei schnell klar. Oder: **Dass** eine geschickte Argumentation wichtig ist, wurde mir dabei schnell klar.
C Besonders spannend war, **dass** der Mandant bis zum Schluss seine Unschuld beteuerte.
D **Dass** die Strafe so enorm hoch ist, konnte ich mir bis zum Urteil nicht vorstellen.

Relativsätze

Seite 70

1 **a+b** A Am Morgen versorgte ich die Schnittblumen, die frisch vom Großmarkt eingetroffen waren.
B Die Schnittblumen, die in sogenannten „Aqua Packs" transportiert werden, müssen alle frisch angeschnitten werden.
C Rosen müssen außerdem in den Rosenentdorner geschoben werden, der die Dornen blitzschnell entfernt.

+2 Herr Schneider, der/~~wo~~ mich an dem Tag betreute, zeigte mir, wie man einen Blumenstrauß bindet. Den Strauß, der/~~wo~~ mir am besten gefiel, durfte ich mit nach Hause nehmen. Den Nachmittag verbrachte ich im Lager, in dem/wo die Beetware steht. Ich goss die Pflanzen, ~~wo~~/die dringend Wasser brauchten.

das oder *dass?* – Achte auf die Wortart

Seite 71

1 Das Praktikum, das ich im Blumenladen „Vergissmeinnicht" absolvierte, machte mir großen Spaß. Das lag auch daran, dass das Team sehr hilfsbereit war. Wichtig für den Beruf ist, dass man eine gewisse körperliche Fitness besitzt, denn man muss schwere Vasen, Blumentöpfe und Gießkannen tragen. Allerdings darf man nicht unterschätzen, dass man als Floristin manchmal auch knifflige Herausforderungen zu meistern hat. Wenn sich eine Kundin oder ein Kunde z.B. nicht entscheiden kann, muss man ruhig und freundlich bleiben. Das Problem, das die Kunden haben, sollte so gelöst werden, dass diese gern wiederkommen. Dass ich während meines Praktikums so viel über den Umgang mit Schnittblumen und Beetware lernen konnte, hatte ich nicht erwartet.

+2 Das Praktikum, das ich in den letzten Wochen absolvierte, hat mich im meinem Berufswunsch bestärkt: Ich denke, dass der Beruf der Floristin für mich der richtige sein könnte. Durch das Praktikum habe ich gesehen, dass der Umgang mit Blumen und Pflanzen nicht so einfach ist. In einer Ausbildung könnte ich das Fachwissen, das für diesen Beruf nötig ist, erwerben. Und ich bin mir sicher, dass ich auch im Umgang mit den Kunden bald souveräner wäre.

Partizipial- und Infinitivgruppen

Seite 72

1 **a** A Meinen Betreuer auf Baustellen begleitend, konnte ich Einblicke in die Arbeit eines Architekten gewinnen.
B Mit dem Architekturprogramm mein Traumhaus entwerfend, durfte ich meiner Kreativität freien Lauf lassen.
b A Weil ich meinen Betreuer auf Baustellen begleiten durfte, konnte ich Einblicke in die Arbeit eines Architekten gewinnen.
B Als ich mit dem Architekturprogramm mein Traumhaus entwarf, durfte ich meiner Kreativität freien Lauf lassen.

2 a+b Die hinweisenden Wörter, die ein Komma verlangen, sind markiert.
A Es hat mir großen Spaß gemacht, mein Praktikum in einem Architekturbüro zu absolvieren.
B Mit dem Architekturprogramm zu arbeiten(,) war besonders interessant.
C Meinen Betreuer auf Baustellen zu begleiten(,) war sehr lehrreich.
D Mir wurde klar, dass die Aufgaben von Architekten nicht nur darin bestehen, Häuser zu planen, sondern dass sie auch dafür verantwortlich sind, die Baufirmen einzuweisen und die Baustelle zu beaufsichtigen.

Teste dich! – Nebensätze unterscheiden

Seite 73

1 a A Damit deine Bewerbung gut ankommt, musst du einiges beachten.
B Das Anschreiben sollte fehlerfrei sein, sodass du einen kompetenten Eindruck machst.
C Wenn du einen Mustertext verwendest, solltest du ihn vollständig anpassen.
D Bewerber/-innen wurden schon nicht eingeladen, weil sie nicht sorgfältig gearbeitet hatten.
E Nachdem die Personalabteilung sich nicht meldete, fiel einem Bewerber auf, dass die Anrede seines Anschreibens „Sehr geehrter Herr Mustermann" lautete.
Hinweis: Für jeden richtig unterstrichenen Adverbialsatz inklusive des richtig gesetzten Kommas bekommst du 1 Punkt. Du kannst also insgesamt 5 Punkte erreichen.
b **Satz A:** e-4; **Satz B:** a-2; **Satz C:** b-5; **Satz D:** d-1; **Satz E:** e-3
Hinweis: Für jede richtige Antwort (richtige Frageprobe und zutreffender Adverbialsatz) bekommst du 1 Punkt. Du kannst also insgesamt 5 Punkte erreichen.

2 a/b A Ich hoffe, dass ich in ihrer Firma aktiv mitarbeiten kann/darf. (Objektsatz)
B Dass die Aufgaben sorgfältig ausgeführt werden müssen, ist mir klar. (Subjektsatz)
Hinweis: Für jeden umformulierten Satz inkl. der korrekten Kommasetzung bekommst du 1 Punkt. Für jeden richtig bestimmten Satz bekommst du einen Punkt. Du kannst also insgesamt 4 Punkte erreichen.

3 Ich bin Mitglied der SV, die u.a. jedes Jahr ein Sommerfest und den Spendenlauf organisiert.
Hinweis: Für das Bilden des Satzgefüges mit Relativsatz bekommst du (inkl. der richtigen Kommasetzung) 2 Punkte.

Rechtschreibung

Was kannst du schon?

Seite 74

1 a+b

	A	V	Z
A Preisträgerin * abräumen * heute * Erklärvideo * regelmäßig	X		
B halbfertig * Bildtechnik * grundlegend * Fertigkeit		X	X
C tagträumen * selbstverständlich * Schreibheft * säurehaltig	X	X	X

2 Wer zuverlässiges Wissen sammeln möchte, der sollte die Angebote des Internets gezielt nutzen. Viele Bundesländer bieten zum Beispiel Bildungsserver an, die der Öffentlichkeit zahlreiche Dokumente kostenlos zur Verfügung stellen. Außerdem gewähren auch Kultureinrichtungen wie Theater oder Opernhäuser interessante Einblicke in ihr Schaffen.

3 a + b
der rheinische Frohsinn; die Leipziger Buchmesse; die Internationalen Filmfestspiele Berlin;
der Atlantische Ozean; die norddeutsche Presselandschaft; die Rheinische Post.

Seite 75

4 Das Lesen einer Zeitung gehört für viele Menschen genauso zum Start in den Tag wie das Duschen oder eine gute Tasse Kaffee. Fragt man sie nach den Gründen für ihre morgendliche Lektüre, antworten viele, dass sie sich aktuell informieren und nichts Wichtiges verpassen wollen. Der Inhalt ist also das Entscheidende. Ob dieser digital oder gedruckt vorliegt, ist weniger wichtig, solange das Gleiche über politische, kulturelle oder sportliche Ereignisse vermittelt wird. Für Schülerinnen und Schüler lohnt sich die Zeitungslektüre übrigens auch. Am besten geht ihr mal in einen Zeitschriftenladen. Beim Stöbern in der großen Auswahl an Zeitungen findet ihr bestimmt das Richtige für euch.

5

A An unserer Schule wird selbst organisiertes Lernen großgeschrieben.	**r**	f
B Aber selbstverständlich wird niemand fertiggemacht, der Hilfe braucht.	**r**	f
C Bei vielen Aufgaben können wir uns die Zeit selbsteinteilen.	r	**f**
D Freiwillige oder zusätzliche Leistungen bekommen wir gut geschrieben.	r	**f**
E Wir sind mit dieser Methode bisher noch nicht herein gefallen.	r	**f**

6 Mit KI, also künstlicher Intelligenz, können sich Journalisten schon heute einfache Texte schreiben lassen. Wenn das aber möglich ist, könnte es doch auch bald Roboter, denkende Maschinen, für Schulaufsätze geben. Man könnte ihnen beibringen, einfache Textteile von Aufsätzen zu schreiben. Zum Beispiel könnten sie die Einleitung, die immer aus den gleichen Angaben und Formulierungen besteht, übernehmen. Vielleicht wären sie auch dazu in der Lage, rhetorische Mittel in Texten zu finden und richtig zu benennen. Schwierig wird es vermutlich bei der Analyse von Argumentationen, auch die Interpretation eines Gedichts traut man ihnen bisher eher nicht zu.

Wiederholung: Rechtschreibstrategien

Seite 76

1 Strategien allgemein sind gut durchdachte **(A)** Pläne/~~Plene~~, mit denen man **(B)** zuverlässig/~~zuverleßig~~ an ein **(C)** ~~angestreptes~~/angestrebtes Ziel **(D)** kommt/~~komt~~. Eine Rechtschreibstrategie im Speziellen **(E)** ~~gipt~~/gibt dir **(F)** entsprechend/~~entsprächend~~ eine geeignete Methode dafür an die **(G)** Hand/~~Hant~~, **(H)** ~~richtik~~/richtig zu schreiben.

A ä oder e? → ableiten: der Plan → die Pläne
B ä oder e? → ableiten: lassen → lässig;
s-Laut? → geschlossene Silbe → Doppelkonsonant → lässig
C b oder p? → zerlegen + verlängern → an-ge-streb-tes → stre-ben
D Doppelkonsonant? → auf offene oder geschlossene Silbe achten → geschlossen + man hört nur einen Konsonanten → verdoppeln
E b oder p? → ableiten → geben → gibt
F ä oder e? → ableiten → sprechen → entsprechend
G d oder t? → ableiten → die Hände → die Hand
H g oder k? → verlängern → richtig → richti-ges

Seite 77

2 a Wer den K**äu**fer glauben l**ä**sst, er mache ein gl**ä**nzendes Schn**ä**ppchen, setzt eine von ungez**ä**hlten Werbestrategien ein. Denn die Fr**eu**de am Sparen best**ä**rkt die Lust am Kaufen.
Eingesetzte Rechtschreibstrategie(n): ableiten

b Über S**ie**g und N**ie**derlage entscheidet oft die bessere Sp**ie**lstrategie. Wer sich der r**i**chtigen Technik und der geschicktesten Kn**i**ffe bed**ie**nt, der gewinnt. Wer planlos agiert, der verl**ie**rt.
Eingesetzte Rechtschreibstrategie(n): auf offene oder geschlossene Silbe achten

c Ob in politischen Debatten oder in den allabendlichen Diskussionen am Esstisch: Argumentationsstrategien erfüllen den Zweck, andere zu überzeugen. Wer sich auf anerkannte Wertmaßstäbe berufen oder auf wissenschaftlich bewiesene Positionen stützen kann, erhält häufig Zustimmung.
Eingesetzte Rechtschreibstrategie(n): auf offene und geschlossene Silben achten

d Forschungsprojekte haben belegt, dass Menschen ganz unterschiedliche Schreibstrategien verwenden. Das hängt auch damit zusammen, ob jemand bereits ein geübter Schreiber ist oder erst damit anfängt, eigene Texte zu formulieren.
Eingesetzte Rechtschreibstrategie(n): verlängern und, wenn nötig, vorher zerlegen

+3
- Zweck: Bei einer geschlossenen Silbe wird das k im Deutschen nicht verdoppelt, sondern als ck geschrieben.
- Wertmaßstäbe: Nach einer offenen Silbe wird das gezischte s als ß geschrieben.
- stützen: Bei einer geschlossenen Silbe wird das z im Deutschen nicht verdoppelt, sondern als tz geschrieben.

Groß- und Kleinschreibung

Wiederholung: Substantivierungen/Nominalisierungen

Seite 78

1 a A Dreischritt beim Texte schreiben beachten: Am Anfang steht das Planen. Dann kommt das schreiben. Und zum Schluss musst du dir Zeit zum überarbeiten lassen!
B Für das klären schwieriger Wörtern auf den Zusammenhang achten!
C Das beste kommt zum Schluss: Steigerung bei der Qualität der Argumente beachten!
D Die Erörterung mit etwas überraschendem oder Interessantem beginnen!
E Nicht gleich beim ersten lesen alles bunt anmalen, sondern sich zuerst einen Überblick über das ganze verschaffen.
F Beim abschließenden zusammenfassen vermeiden, dass sich Aussagen wörtlich wiederholen.
G Beim zitieren die genaue Zeilenangabe nicht vergessen!
H Die Checkliste zum Kontrollieren und abgleichen nutzen!

b A beim Texteschreiben: Zusammenschreibung und Großschreibung bei Nominalisierung; das Schreiben: nominalisiertes Verb; zum Überarbeiten: nominalisiertes Verb
B das Klären: nominalisiertes Verb
C das Beste: nominalisiertes Adjektiv
D etwas Überraschendem: nominalisiertes Adjektiv
E beim ersten Lesen: nominalisiertes Verb; über das Ganze: nominalisiertes Adjektiv
F beim abschließenden Zusammenfassen: nominalisiertes Verb
G Beim Zitieren: nominalisiertes Verb nach Präposition + Artikel
H zum [...] Abgleichen: nominalisiertes Verb

Seite 79

2 **a + b** Begleitwörter: 1 = Artikel, 2 = Adjektiv, 3 = Präposition, 4 = Pronomen

Dem Autor geht es in seiner Reportage nicht nur um die Bedeutung des Lesens. Er will	1	
zeigen, dass Bibliotheken nichts Altmodisches und aus der Zeit Gefallenes sind, sondern	4	
etwas Lebendiges. Sie sind ein Ort, an dem man nicht nur Büchern und fiktiven Welten	4	
begegnet, man trifft auch andere Menschen. Dies geschieht beim Stöbern in den	3	1
Bücherregalen ebenso wie beim Kaffeetrinken in den beliebten Cafés. Bibliotheken	3	1
erscheinen in seiner Beschreibung im Großen und Ganzen als sozialer Treffpunkt.	3	1
So schildert er, wie Jugendliche zum Aufladen ihres Handys vorbeikommen	3	1
oder kleinere Gruppen sich gern etwas Gemütliches suchen, z. B. eine der Sitzecken, um	4	
sich auszutauschen. Aber auch konzentriertes Lernen in Ruheräumen ist möglich.	2	

3 Der Autor bedient sich verschiedener Mittel, um ein möglichst lebendiges Bild von einer Bibliothek zu zeichnen. An erster Stelle stehen dabei zahlreiche Zitate von Bibliotheksbesuchern, die er beim Lesen, Lernen und sogar beim Hören von CDs um ihre Meinung bittet. Dabei geben die Befragten auch Persönliches preis und erklären, warum die Bibliothek für sie etwas Besonderes ist. Die lebendige Atmosphäre der Bibliothek fängt er zudem ein, indem er das Hin und Her der Besucher mit Vergleichen, z. B. einem Ameisenhaufen, veranschaulicht.

+4 „am h/Häufigsten“: Hier handelt es sich nicht um eine Nominalisierung, sondern um den Superlativ mit „am“ bei der Steigerung eines Adjektivs. Deswegen wird kleingeschrieben → am **h**äufigsten.

Schreibung von Eigennamen und Herkunftsbezeichnungen

Seite 80

1 das Lübecker Marzipan, die Thüringer Bratwurst, die belgischen Pommes, der englische Tee,
die Aachener Printen, die schlesischen Gurkenhappen, das Leipziger Allerlei, das französische Croissant

2 Die Verfasserin beruft sich auf europäische Studien zu ihrem Thema und lässt ein britisches Forschungsteam, einen polnischen Wissenschaftler und eine Kölner Professorin zu Wort kommen. Außerdem führt sie Untersuchungen eines Berliner Forschungsbundes an, bezieht Daten der Kairoer Universität sowie verschiedener australischer und afrikanischer Hochschulen mit ein.

+3 Kap der Guten Hoffnung, Internationale Filmfestspiele von Venedig

Fremdwörter richtig schreiben

Seite 81

1 a

Nomen im Singular	Nomen im Plural	Adjektiv	Verb
die Hypothese	die Hypothesen	hypothetisch	______
das Thema	die Themen	thematisch	thematisieren
die Argumentation	die Argumentationen	argumentativ	argumentieren
die Rhetorik	______	rhetorisch	______
die Position	die Positionen	______	positionieren
der Appell	die Appelle	appellativ	appellieren
die Intention	die Intentionen	______	intendieren

b Hypothese = C, Thema = A, Argumentation = D, Rhetorik = E, Position = B, Appell = G, Intention = F

+2 sprachlich sehr gut = eloquent; sehr genau ausgedrückt = präzise; gründlich = profund; mit vielen Einzelheiten = detailliert; knapp und treffend = prägnant

Teste dich! – Groß- und Kleinschreibung

Seite 82

1 Die falsch geschriebenen Anfangsbuchstaben sind markiert.
Eingeleitet wird der Text durch einen knappen Vorspann, in dem die Autorin als Medienexpertin vorgestellt wird, die an einer bochumer Universität forscht. Die Autorin beginnt ihre Ausführungen mit einer Klärung des Begriffs „Medienkompetenz", um für alles folgende eine Diskussionsgrundlage zu schaffen. Dabei räumt sie jedoch ein, dass eine Schlüssige und knappe Beschreibung schwierig sei, weil der Begriff viele wichtige Aspekte umfasse. Am Wichtigsten sei für die jüngeren aus ihrer Sicht das erlernen eines sicheren Umgangs mit den Medien. Das Gelte beim kommunizieren mit anderen in Sozialen Netzwerken ebenso wie beim Umgang mit Quellen, die im einzelnen auf ihre Seriosität zu überprüfen seien. Im großen und ganzen sei es um die Medienkompetenz junger Menschen aber gar nicht so schlecht bestellt, ergänzt und beruhigt sie mit Blick auf die Ergebnisse einer groß angelegten Französischen Studie zum Medienverhalten von Jugendlichen. Andererseits gebe es aber auch ständig etwas neues, sodass man auf dem laufenden bleiben müsse.

2 **a** **A** und **C** sind richtig, **B** ist falsch.
b Richtig muss es heißen: Adjektive im Superlativ mit *am* werden kleingeschrieben.

3 Regel A: „etwas Neues" (A)
Regel C: „Bochumer Universität" (C)

Getrennt- und Zusammenschreibung

Getrenntschreibung – Nomen + Verb

Seite 83

1 Korrektur lesen, in Verbindung setzen, Fazit ziehen, unter Beweis stellen, Probleme lösen, Einfluss nehmen, Rat geben

2 Klassenarbeiten erfüllen verschiedene Funktionen. Du kannst zum Beispiel deine Fähigkeiten unter Beweis stellen und zeigen, dass du bekannten Lernstoff auf Neues übertragen und mit weiterführenden Gedanken in Verbindung setzen kannst. Außerdem gewinnen deine Lehrerinnen und Lehrer beim Durchdenken und Korrekturlesen deiner Arbeit einen Eindruck von deinem Leistungsstand und können darauf Einfluss nehmen, was du zukünftig üben oder wiederholen solltest. Vielleicht lässt sich daraus das Fazit ziehen, dass nicht immer nur die Note das Entscheidende ist, sondern die Fähigkeit, aus Fehlern zu lernen.

+3 Mögliche Lösungen:
- Innerhalb eines Projektes zum Thema künstliche Intelligenz müssen die Schülerinnen und Schüler der Klasse 9b ein Referat halten. Beim Referathalten sind viele Schüler nervös.
- Das Fragenstellen während Klassenarbeiten kann ablenken und verunsichern. Wer Fragen stellen muss oder möchte, sollte daher nicht zu viel Zeit in Anspruch nehmen.

Getrenntschreibung – Verb + Verb, Wortgruppen mit *sein*

Seite 84

1 Auch wenn eine Arbeit mal nicht so gut lief, aufgeben darfst du natürlich nie. Stattdessen solltest du dir überlegen, was dir weiterhilft. So solltest du zum Beispiel nachvollziehen können, was eine Aufgabenstellung von dir verlangt. Dazu musst du Aufgaben regelrecht lesen lernen. Entscheidend dabei sind die Operatoren und ihre Bedeutung. Operatoren sind Arbeitsanweisungen wie z.B. „fasse zusammen" oder „untersuche". Das Schreibenüben für einen Aufsatz ist besonders Erfolg versprechend, wenn du mit Musterlösungen arbeitest, die du schrittweise mit deinem Aufsatz abgleichen kannst.

2 Bei der Überarbeitung von Klassenarbeiten solltest du sehr sorgfältig sein, damit du die gleichen Fehler später nicht wiederholst. Solltest du mal nicht ganz sicher sein, wie du deine Analyse oder deine Erörterung verbessern kannst, wird ein Gespräch mit deiner Lehrerin oder deinem Lehrer hilfreich sein.

+3 Mögliche Lösungen:
- Den Stoff vor einer Klassenarbeit noch mal intensiv durchzugehen, wird sicher nützlich sein.
- Wenn der Kühlschrank leer ist, sollte man einkaufen gehen.
- An einer roten Ampel muss man immer stehen bleiben.

Meist getrennt – Adjektiv + Verb

Seite 85

1 A Das Lernen sollte einen nicht fertigmachen. Pausen sind wichtig!
B Die Klasse 9b muss ihr Projekt bis Freitag fertig machen.

2 Du willst bei einer Klassenarbeit gut abschneiden? Die folgenden Tipps können dir dabei helfen:
1. Beteilige dich am Unterricht! Das Üben vor der Arbeit wird dir leichtfallen, wenn du im Unterricht regelmäßig mitgearbeitet hast. 2. Außerdem solltest du sichergehen, dass dir die Zeit nicht davonläuft. Beginne frühzeitig mit dem Lernen, damit du dich stressfrei vorbereiten kannst. 3. Setze Übungsschwerpunkte! Schwierigkeiten zu vermeiden, bringt meist nicht viel. Im Gegenteil: Wenn dir ein bestimmter Lernstoff schwerfällt, nimm ihn dir besonders vor. Du kannst auch freundlich nachfragen, ob dir eine Mitschülerin oder ein Mitschüler helfen kann.

+3 Mögliche Lösungen:
- Wir sollen die Ergebnisse der Stunde schriftlich festhalten (= niederschreiben)
- Ich kann den Hund an der Leine nicht festhalten. (= zurückhalten)

Meist zusammen – Adverb + Verb, Präposition + Verb

Seite 86

1 A Während Klassenarbeiten darf man die Aufgaben nicht zusammen bearbeiten.
B Wenn die Aufgabenstellung erklärt wird, sollte man nicht dazwischenreden.
Erweiterungsprobe: Während Klassenarbeiten darf man die Aufgaben nicht zusammen im Team bearbeiten.

2 **a + b** Unterstreichungen zeigen die Betonung an:
A vorhersagen (zusammen), B darauf achten (getrennt), C dazwischenkommen (zusammen), D schrittweise bearbeiten (getrennt), E nochmals überprüfen (getrennt)

3 Diese komplette Lösung enthält auch wenig gebräuchliche Wörter, die du nicht unbedingt gefunden haben musst:
- nachtragen, nachhaken, nachfragen, nachweisen, nachlegen, nachdenken, nachgehen, nachfüttern, nachstehen, nachfordern,
- unterhaken, unterweisen, unterrichten, unterfüttern, untermauern, untergehen, untertreiben, unterstehen, unterfordern,
- übertragen, überfragen, überweisen, überlegen, überdenken, übergehen, übertreiben, überstehen, überfordern.

Teste dich! – Getrennt- oder Zusammenschreibung?

Seite 87

1 Am besten lernst du an einem Arbeitsplatz, an dem du dich wohlfühlst. Und auch wenn dieser Ort bei jedem und jeder etwas anders aussieht, solltest du auf jeden Fall genug Platz haben und sicherstellen, dass du für eine bestimmte Zeit nicht gestört wirst. Ausnahmsweise sollte kein Freund und keine Freundin vorbeikommen und das Handyklingeln ist für ein oder zwei Stunden ebenfalls tabu.

2 Belohne dich selbst! Denn die Aussicht auf eine Belohnung kann wahre Wunder bewirken: So wirst du schon beim Vokabelnlernen oder Gleichungenüben besonders motiviert sein, wenn du dir etwas Schönes für später vorgenommen hast. Du kannst z.B. Freunde treffen, schwimmen gehen oder auch einfach nur die Seele baumeln lassen. Aber du musst dich auch nicht festlegen. Gönne dir nach einer Arbeitsphase einfach etwas Erholung.

Zeichensetzung

Das Komma zwischen Sätzen (Satzreihe und Satzgefüge)

Seite 88

1 Nebenordnende Konjunktionen und verpflichtende Kommas sind markiert.
Bei den Begriffen „Roboter“ und „künstliche Intelligenz“ denkst du bestimmt an eine ferne Zukunft. Neu ist das Thema jedoch nicht, denn KI taucht bereits im Alltag vieler Menschen auf. KI steckt z.B. in Smartphones, aber sie ist auch immer häufiger in modernen Häusern anzutreffen. Auch im Auto übernehmen kluge Unterstützungssysteme immer mehr Aufgaben: KI übernimmt schon bald das Einparken und das autonome Fahren im Stau ist heute schon möglich. Sicher fragt ihr euch jetzt nach weiteren konkreten Funktionen der KI. Zum Beispiel ermöglicht die Gesichtserkennung per Kamera das schnelle Entsperren des Smartphones oder der intelligente Wecker ermittelt eure individuell optimale Weckzeit. Schon diese wenigen Beispiele belegen die Verbreitung von KI, doch es gibt noch zahlreiche weitere Anwendungen. Man sollte KI jedoch nicht einseitig betrachten, sondern man sollte neben den vielen Möglichkeiten auch die Grenzen der KI aufzeigen.

Seite 89

2 Unterordnende Konjunktionen, Relativpronomen und einzusetzende Kommas sind markiert. Das Verb am Ende des Nebensatzes ist unterstrichen.
1 Da selbst Wissenschaftler sich in diesem Punkt nicht einig sind, ist eine genaue Definition der KI schwierig. **2** Sicher ist jedoch, dass die KI ein Teilgebiet der Informatik ist. **3** Algorithmen, die nichts anderes als Computercodes sind, werden so programmiert, dass sie eigenständig Aufgaben lösen. **4** Auch komplexere technische Geräte wie Roboter oder VR-Brillen funktionieren nur, weil sie auf einer KI basieren, die zuvor auf den Geräten installiert wurde. **5** Obwohl diese Form der Intelligenz gut arbeitet, bezeichnet man sie, da sie auf nur ein Thema oder eine Anwendung begrenzt ist, als schwache KI. **6** Eine starke KI, die über vergleichbare Fähigkeiten wie das menschliche Gehirn verfügt, indem sie selbstständig lernt und sich weiterentwickelt, gibt es bisher noch nicht.

3

Satzbaupläne	**Ziffern der Sätze**
______ Ns 1______, ______ Hs 1______, ______ Ns 2 ______, Hs 1 (Fortsetzung).	5
______ Hs ______, ______ Ns ______.	2
______ Hs ______, Ns 1 ______, ______ Ns 2 ______.	4
______ Hs 1 ______, Ns 1 ______, ______ Hs 1 (Fortsetzung) ______, ______ Ns 2 ______.	3
______ Hs 1 ______, ______ Ns 1 ______, ______ Ns 2 ______, ______ Hs 1 (Fortsetzung).	6
______ Ns ______, ______ Hs ______.	1

Das Komma bei Infinitiv- und Partizipialgruppen

Seite 90

1 **a+b** Die Infinitivgruppe ist unterstrichen, der Infinitiv mit zu ist markiert, die typischen **Einleitungswörter** und alle **hinweisenden Wörter** sind fett gedruckt.

Um euch die Anwendung von KI im Berufsleben zu verdeutlichen, möchte ich auf ein Beispiel genauer eingehen. KI gelingt **es** mittlerweile sehr gut, große Datenmengen zu analysieren und aufzubereiten. Aus diesem Grund wird sie im Journalismus **dazu** eingesetzt, Textbausteine so zusammenzusetzen, dass kurze Pressetexte zum Wetter oder zu Fußballergebnissen entstehen. Der **Versuch,** die künstlich generierten Meldungen zu erkennen, scheitert häufig, da sie sprachlich und inhaltlich bereits ein hohes Niveau erreicht haben. Der sogenannte Roboterjournalismus wird vor allem eingesetzt, **um** Journalisten von einigen Standardarbeiten zu entlasten. **Statt** Standardtexte zu formulieren, können sie sich anspruchsvolleren Aufgaben widmen.

2 Partizipialgruppen sind unterstrichen.
Auf sich allein gestellt, begeben sich Journalistinnen und Journalisten in gefährliche Situationen. Wissenschaftler und Ingenieure, intensiv an neuer Technik forschend, werden vielleicht auch irgendwann einen Roboter-Journalisten für riskante Einsätze entwickeln.

Das Komma bei Appositionen und nachgestellten Erläuterungen

Seite 91

1 Appositionen sind unterstrichen, nachgestellte Erläuterungen markiert.
Die Text generierende KI, nämlich in Form eines Softwareprogramms, kann eigenständig Daten auswerten und kurze Nachrichtenmeldungen verfassen, z.B. zu Börsenmeldungen. Den Beruf des Journalisten wird die Text generierende KI jedoch nicht gefährden, und zwar aus folgendem Grund: Komplexere journalistische Textsorten, anschauliche Reportagen oder persönlich wertende Kommentare kann die KI nicht verfassen. Dafür fehlen ihr wesentliche Kompetenzen, etwa das Sprachgefühl. Außerdem befolgt sie keine ethischen Richtlinien. Die Richtlinien, eine Art moralischer Kompass, sind im Journalismus aber unerlässlich.

2 Der erste computergenerierte Text wurde von einer Tageszeitung, der „Los Angeles Times“, veröffentlicht: Im März 2014 erschütterte ein kleines Erdbeben den amerikanischen Bundesstaat Kalifornien. Nur drei Minuten nach diesem Ereignis stellte die „LA Times“ den Artikel online, und zwar mit Daten zur Stärke des Erdbebens. Ken Schwencke, der Entwickler des Programms, taufte es auf den Namen „Quakebot“, was auf Deutsch „Erdbebenroboter“ bedeutet.

+3 Mögliche Lösungen:

A Die Text generierende KI wird heute für einfache Nachrichtenmeldungen eingesetzt, zum Beispiel zur Erstellung von Wetterberichten.

B Komplexere Aufgaben kann sie bisher jedoch noch nicht lösen, vor allem das Verfassen von sprachlich anspruchsvollen Texten wie Reportagen.

Die Zeichensetzung bei Zitaten

Seite 92

1 a + b

1 „Stilistisch ist das schon ziemlich gut, inhaltlich gibt es noch große Schwächen.“

2 Sicherlich zeige das Harry-Potter-Beispiel, „wie gut das Maschinenlernen funktioniert, wenn es um Stil, Sprache und Syntax geht“.

3 Sätze wie „Harry riss sich die Augen aus dem Kopf und warf sie tief in den Wald“ verdeutlichen dagegen die inhaltlichen Probleme. (Der Punkt hinter „Wald“ war zu viel.)

c Innerhalb des Zitates werden Auslassungen durch eckige Klammern gekennzeichnet. Geringfügige Änderungen wie die grammatische Anpassung („große[n]“) werden ebenfalls durch eckige Klammern angezeigt.

2 „Müssen wir uns wegen KI Sorgen machen?“, fragt ein Buchmessenbesucher.

Teste dich! – Zeichensetzung

Seite 93

1 a

1 KI-generierte Nachrichtentexte sind in unserem Alltag angekommen, denn Softwaresysteme erstellen immer häufiger Standardnachrichten.

2 Laut einer Agentur für Medienwirtschaft haben viele Leserinnen und Leser Zweifel an der Richtigkeit solcher Nachrichten, und zwar immerhin 57 %.

3 77 % der Befragten wünschen sich außerdem, dass KI-Nachrichten gekennzeichnet werden.

4 Kluge Textsoftware kann dennoch dabei helfen, Journalistinnen und Journalisten in ihrem Arbeitsalltag zu entlasten.

5 Kommentare, persönlich wertende Stellungnahmen, dürfen Maschinen ohnehin nicht verfassen.

b

Regel	Satznummer
Das Komma trennt eine **Infinitivgruppe** vom Hauptsatz ab.	4
Eine **Apposition** wird durch Kommas abgetrennt.	5
Das Komma trennt in der **Satzreihe** zwei selbstständige Hauptsätze.	1
Das Komma trennt im **Satzgefüge** einen Nebensatz vom Hauptsatz ab.	3
Eine **nachgestellte Erläuterung** wird durch ein Komma abgetrennt.	2

2 „Wer haftet, wenn eine Maschine Fehler macht?“, äußert ein Kritiker der KI.

Ich teste meinen Lernstand

A Texte verstehen

Seite 95

1 Richtig ist Antwort **C.** Die Antworten **A, B** und **D** sind falsch.

2 Richtig oder doch am wahrscheinlichsten ist Antwort **D:** auf einem Sparziergang in der Nähe seiner Wohnung.

3 Richtig ist Antwort **A:** Kreuzreim.

4 Richtig ist Oskars Aussage.

Seite 97

5 Richtig sind die Antworten **A** und **D.**

6 Glücksratgeber können unglücklich machen, da sie Hoffnungen wecken, die nicht immer erfüllt werden können. Menschen, denen ein Glücksratgeber nicht helfen kann, geben sich womöglich dafür persönlich die Schuld. Sie könnten das Gefühl bekommen, nun selbst mit einer angeblichen Glücksgarantie in den Händen nicht „glücksfähig“ zu sein.

7 In dieser Reihenfolge solltest du nummerieren: 3, 1, 4, 5, 6, 2.

Seite 98

8 Obwohl der Text viele Informationen über Glücksratgeber liefert, ist er im Kern ein meinungsbildender Text. Dies wird vor allem im Fazit der Autorin deutlich, in dem sie die Mehrzahl der Glücksratgeber als unwirksam beschreibt.

9 Die folgenden Grafik passt zum Text: **„Buchmarkt Absatz 2018“.**

10 **a** **A:** richtig, **B:** falsch, **C:** falsch, **D:** richtig
b 21,9 Prozent davon entfallen auf Ratgeber aus dem Bereich „Lebenshilfe und Alltag“.

B Grammatik

Seite 99

11 **a + b** Der Genitiv ist unterstrichen, der Dativ markiert und der **Akkusativ** ist **fett** gedruckt.
Mathe, Deutsch – und Glück? In einigen Bundesländern steht das Schulfach Glück auf dem regulären Stundenplan. Dazu ist es aufgrund einer Initiative des ehemaligen Schuldirektors Ernst Fritz-Schubert gekommen, der „Glück“ bereits 2007 als Wahlfach an seiner Schule einführte. Inzwischen gibt es mehr als 100 Schulen in Deutschland, die von dem klugen Konzept überzeugt sind. Kernanliegen des Faches ist es, Schülerinnen und Schülern dabei zu helfen, mit ihren Gefühlen umzugehen sowie sie jenseits der üblichen schulischen Anforderungen bei der selbstständigen Umsetzung ihrer Lebensziele zu unterstützen. Es geht im Glücksunterricht jedoch nicht nur um **Strategien** für ein **glückliches Leben,** sondern unter anderem auch um die Vermittlung aktueller Ergebnisse aus der Glücksforschung, die Glücklichsein im Kontext von Psychologie sowie Neurowissenschaften untersucht.

12 Schulen berichten, dass das Fach Glück häufig von Schülerinnen und Schülern gewählt wird.

Seite 100

13 Eine Schülerin äußert, wenn man in der Schule etwas über Glück lerne, sei man besser auf das Leben vorbereitet.

14 Mögliche Lösungen (auch andere geeignete Konjunktionen sind möglich):

A Nachdem die Lehrkräfte eine Fortbildung zum Thema „Glück" als Unterrichtsfach besucht hatten, konnten die Schülerinnen und Schüler das Fach wählen.

B Die Jugendlichen übertrugen philosophische Glückskonzepte auf ihr eigenes Leben, sobald sie sich philosophische Glückskonzepte im Unterricht erarbeitet hatten.

15 **a + b** **Adverbialsätze** sind fett gedruckt.

A Laut Studien ist Glück ein sinnvolles Fach, **weil die Jugendlichen Selbstvertrauen entwickeln.**
→ (kausal)

B **Bis an den meisten Schulen das Wahlfach „Glück" angeboten wird,** dürfte noch einige Zeit vergehen.
→ (temporal)

C Die Jugendlichen besuchen die Glücks-AG gerne, **obwohl sie einen vollen Stundenplan haben.**
→ (konzessiv)

C Rechtschreibung

Seite 101

16+17 **Was Kinder glücklich macht**

Wenn Kinder das **Sagen** hätten, würden das lästige Zimmeraufräumen und das frühzeitige **Schlafengehen** bald ein **Ende finden.** Aber auch trotz dieser kleinen Ärgernisse lässt sich dank einer Umfrage etwas sehr **Erfreuliches festhalten:** 86 % der befragten Kinder im Alter von sechs bis zwölf Jahren beschreiben sich als fröhlich und ausgeglichen. Auch wenn sie materielle Dinge zu **schätzen wissen,** sind Freunde für sie die zentrale Glücksquelle. Ebenfalls entscheidend für ihr Glücksgefühl ist das **Empfinden,** genug Freizeit zu haben. Spielzeug steht erst an dritter Stelle im Glücksranking, während Computerspiele sich **weit abgeschlagen wiederfinden.** Ein weiteres Ergebnis der Umfrage bestätigt, dass das Glück der Kinder entscheidend mit dem Familienleben **zusammenhängt.** Liebe, Anerkennung, Unterstützung sowie gemeinsame Unternehmungen werden als Glücksbringer benannt. Nicht neu, aber erstmals wissenschaftlich **untermauert** ist, dass ein Übermaß an Hausaufgaben keinen Beitrag zum **Wohlbefinden** der Kinder leistet.

D Schreiben – Materialgestützt informieren

Seite 102

18 Der folgende materialgestützte Informationstext ist eine Musterlösung.

Es brummt, blinkt und erzeugt schrille Töne, und bevor ihr überhaupt nachdenken könnt, ist die Hand am Smartphone: Wer hat mir da geschrieben? Welche Neuigkeiten gibt es? Wer hat da gerade wieder was gepostet? Solche oder ähnliche Fragen verleiten zum schnellen Griff zum Smartphone. Aber wusstet ihr, dass hinter der Neugier eine typisch menschliche Reaktion steckt? In diesem Blogeintrag möchte ich euch darüber informieren, wie das Smartphone Glücksgefühle erzeugt, welche Gefahren eine übermäßige Smartphone-Nutzung birgt und wie ihr euren Smartphone-Gebrauch mit einfachen Strategien einschränken könnt.

Darum ist dieser Informationstext gelungen:

Die **Einleitung**
- führt auf interessante Weise in Thema ein,
- benennt die Aspekte der Aufgabenstellung.

Das Internet vermittelt *laut einer Umfrage* 69 % seiner Nutzer zwischen 14 und 24 Jahren Glücksgefühle. Entsprechend häufig greift man in dieser Altersgruppe auch zum Smartphone, und zwar auf der Suche nach dem nächsten Glücksgefühl. Einhundert Mal pro Tag – das ergab eine *Studie der Universität Bonn* – entriegeln jüngere Smartphone-Nutzer ihren Bildschirm, um Ausschau nach Neuigkeiten zu halten. Dabei löst bereits die Vorfreude auf einen neuen Post auf WhatsApp, Snapchat oder Instagram Vorfreude aus. Findet sich dann aber tatsächlich eine neue Nachricht vor, wirkt das auf das Gehirn wie ein Spielgewinn. Dieses gute Gefühl, belohnt zu werden, will man immer wieder erleben, und entsprechend häufig überprüft man sein Smartphone. Nach dem gleichen Prinzip werden Nutzer auch als Produzenten von Posts belohnt, und zwar mit Hilfe von Likes. Immer wieder vergewissern sie sich, ob die Anzahl ihrer Likes steigt. Und ist dies der Fall, aktiviert sich *laut dem Psychologen Christian Montag* das Belohnungssystem im Gehirn. Die Aussage dahinter ist: Du hast viele Likes, du bist sozial anerkannt.

Wenn Social-Media-Apps auf dem Smartphone ähnlich wie Spielautomaten mit einem Belohnungssystem arbeiten, stellt sich auch die Frage nach den damit verbundenen Gefahren: Macht das Smartphone oder macht allgemeiner das Internet süchtig? Immerhin 27 % der Vielnutzer halten sich *laut einer Umfrage* für gefährdet und viele äußern den Wunsch, ihre Nutzungsfrequenz oder ihre Verweildauer zu verringern. Obwohl nach den Recherchen des *Magazins „Neun ½“* Handysucht kein erkanntes Krankheitsbild ist, weisen viele jugendliche Smartphone-Nutzer suchtähnliche Symptome auf. Sie leiden *laut „Neun ½“* z.B. an Entzugserscheinungen, wenn sie ihr Handy vergessen haben, oder vernachlässigen Pflichten und Freunde. Grund zur ernsthaften Sorge besteht aber wohl erst, wenn mehrere suchtähnliche Verhaltensweisen zusammenkommen.

Sind aber ernsthafte Gefahren durch eine übermäßige Smartphone-Nutzung möglich, so schließt sich zwingend die Frage an: Wie kann man diesen Gefahren begegnen? Die beiden folgenden Strategien werden von Forschern empfohlen: Der *Psychologe Christian Montag* rät dazu, eine Sicherungs-App mit dem Namen „screen time“ zu nutzen. Mit ihrer Hilfe kann man sich ein Zeitlimit setzen. Ist die Zeit überschritten, werden die Social-Media-Apps gesperrt. Ein *Forscher von der Baylor University in Nebraska* empfiehlt, sich Klarheit über sein tatsächliches Nutzungsverhalten zu verschaffen. Dabei helfen Apps wie „Menthal“ oder „Space“, die über Nutzungsdauer und -frequenzen sowie über Vorlieben für bestimmte Apps informieren. Auf der Basis dieser Erkenntnisse lassen sich dann Schlüsse ziehen, die nicht mehr auf vagen Gefühlen, sondern auf Fakten basieren. Das erleichtert es etwa, eine App zu löschen oder das Handy auch einmal wegzulegen.

Smartphone und Social Media sind aus dem Leben junger Leute nicht wegzudenken. Zum Problem werden sie auch erst, wenn sie zu suchtähnlichen Verhaltensweisen führen, und damit das Leben ihrer Nutzer einschränken. Spätestens wenn man bemerkt, dass man seine Pflichten vernachlässigt, sich für Freunde und Familie nicht mehr interessiert, sollte man die Notbremse ziehen. Eine erste Hilfe dabei können die oben vorgestellten Sicherungs- und Informations-Apps sein oder die Einrichtung von handyfreien Zonen. Das kann z.B. die Küche oder das Wohnzimmer sein, in dem man sich dann nicht mit dem Handy, sondern mit den Menschen unterhält, die die Räume mit einem teilen. Auch das kann durchaus zu Glücksgefühlen führen.

Der **Hauptteil**
- ist erkennbar durch Absätze gegliedert und behandelt die drei Aspekte der Aufgabenstellung schrittweise,
- gibt die Informationen verständlich, sachlich und leserfreundlich (kurze Sätze) wieder,
- *bezieht sich auf die Materialien,*
- macht Zusammenhänge durch **Überleitungen** und Satzverknüpfungen deutlich.

Der **Schluss**
- fasst die Informationen treffend zusammen,
- spricht eine persönliche Empfehlung aus.

Hinweise zur Bewertung: Gehe die folgenden Punkte nacheinander durch. Vielleicht kann dir auch eine Mitschülerin oder ein Mitschüler bei der Beurteilung helfen. Notiere dir zu jedem Bereich eine angemessene Punktzahl.

- Ist dein Text klar gegliedert? Ziehe Querlinien zwischen Einleitung, Absätzen des Hauptteils und Schluss. (2 P)
- Hast du in der **Einleitung** ins Thema eingeführt: Hast du deine Leser/-innen auf das Thema neugierig gemacht? Hast du die Aspekte der Aufgabe benannt? (3 P)
- Hast du im **Hauptteil** alle Aspekte der Aufgabenstellung bearbeitet und den jeweiligen Aspekt sachlich und gut verständlich dargestellt? Hast du dich dabei auch auf die zur Verfügung gestellten Materialien bezogen? (12 P)
- Hast du im **Schlussteil** ein Fazit gezogen (z.B. eine Empfehlung ausgesprochen oder eine Prognose gewagt)? (3 P)
- Prüfe: Hast du zwischen den einzelnen Absätzen gut übergeleitet? Hast du dank passender Satzverknüpfungen Zusammenhänge verdeutlicht? Ist dein Text insgesamt auch dank kurzer und klarer Sätze gut lesbar? (5 P)

Auswertung deiner gesamten Testergebnisse:

- Nachdem du deinen Lernstandstest mit Hilfe des Lösungsteils (► S. 45–47) korrigiert hast, hast du auf den Seiten 95 bis 102 des Arbeitsheftes bei jeder Aufgabe deine Punktzahl eingetragen.
- Rechne nun aus, wie viele Punkte du in den Bereichen A „Texte verstehen", B „Grammatik", C „Rechtschreibung" und D „Schreiben – Materialgestützt informieren" erreicht hast.

Gesamtpunktzahl für:	**deine Punktzahl**	**Höchstpunktzahl**	**Hinweise**
A Texte verstehen		29	Du solltest von den 29 Punkten mindestens 14 Punkte erreicht haben. Wenn du weniger als 14 Punkte hast, solltest du den Bereich „Texte verstehen" im Arbeitsheft noch einmal üben (► S. 30–51). Außerdem solltest du verstärkt Texte lesen. Lies Texte genau und kläre alle Begriffe, die du nicht verstehst. Fasse bei jedem Text die wesentlichen Informationen zusammen. Die W-Fragen können dir dabei helfen. Bitte auch deine Deutschlehrerin oder deinen Deutschlehrer, dir Übungen zu geben.
B Grammatik		32	Du solltest von den 32 Punkten mindestens 16 Punkte erreicht haben. Wenn du weniger als 16 Punkte hast, solltest du den Bereich „Grammatik" im Arbeitsheft noch einmal üben (► S. 52–73). Nutze auch dein Schülerbuch zum Üben.
C Rechtschreibung		21	Du solltest von den 22 Punkten mindestens 11 Punkte erreicht haben. Wenn du weniger als 11 Punkte hast, solltest du den Bereich „Rechtschreibung" im Arbeitsheft noch einmal üben (► S. 74–93). Nutze auch dein Schülerbuch zum Üben.
D Schreiben – Materialgestützt informieren		25	Du solltest von den 25 Punkten mindestens 12 Punkte erreicht haben. Wenn du weniger als 12 Punkte hast, solltest du den Bereich „Informieren" im Arbeitsheft noch einmal üben (► S. 4–11). Nutze auch dein Schülerbuch zum Üben.
den ganzen Test		107	

107–75 Punkte	74–38 Punkte	37–0 Punkte
Du liegst im guten bis sehr guten Bereich. Vielleicht siehst du dir trotzdem noch einmal die Bereiche (siehe Tabelle oben) an, in denen du dich noch verbessern kannst.	**Einiges gelingt dir gut, manches musst du aber noch einmal üben.** Prüfe mit Hilfe der Tabelle oben, in welchen Bereichen (A, B, C oder D) du wenige Punkte hast. Diese Bereiche solltest du noch einmal üben.	**Du musst vieles wiederholen und noch einmal gründlich üben.** Prüfe mit Hilfe der Tabelle oben, in welchen Bereichen (A, B, C oder D) du wenige Punkte hast. Diese Bereiche solltest du noch einmal üben. Frage auch deinen Lehrer oder deine Lehrerin, wie du vorgehen kannst, um dich zu verbessern.

Deutschbuch

Gymnasium

Berlin, Brandenburg, Mecklenburg-Vorpommern,
Sachsen, Sachsen-Anhalt, Thüringen

9

Arbeitsheft
mit interaktiven Übungen

Herausgegeben von
Andrea Wagener

Erarbeitet von
Angela Mielke, Deborah Mohr,
Christoph Fischer, Donata Greis,
Luzia Scheuringer-Hillus,
Katharina Jansen und Andrea Wagener

scook

Deine **interaktiven Übungen** findest du hier:

1. Melde dich auf scook.de an.
2. Gib den unten stehenden Zugangscode in die Box ein.
3. Hab viel Spaß mit deinen interaktiven Übungen.

Dein Zugangscode auf
www.scook.de

Die Nutzungsdauer für die Online-Übungen beträgt nach Aktivierung des Zugangscodes zwei Jahre. In dieser Zeit speichern wir deine Lernstandsdaten für dich; nach Ablauf der Nutzungsdauer werden sie gelöscht.

yp5u-5q-6rwe

Cornelsen

Inhaltsverzeichnis

Schreiben — bearbeitet am — ☺ 😐 ☹

Materialgestützt informieren ... **4**
Einen Informationstext untersuchen ... 4
Einen Informationstext verfassen ... 6

Sich bewerben ... **12**
Ein Bewerbungsschreiben untersuchen ... 12
Eine Bewerbung verfassen ... 13
Einen Lebenslauf verfassen ... 15
Einen Tagesbericht verfassen ... 16

Argumentieren und erörtern ... **18**
Eine Erörterung im Anschluss an einen Text untersuchen ... 18
Eine Erörterung im Anschluss an einen Text verfassen ... 20
Materialgestützt eine Pro-und-Kontra-Erörterung verfassen ... 24

Lesen — bearbeitet am — ☺ 😐 ☹

Eine Kurzgeschichte interpretieren ... **30**
Eine Kurzgeschichte erschließen und verstehen ... 30
Die Kurzgeschichte schriftlich interpretieren ... 34

Ein Gedicht interpretieren ... **36**
Ein Gedicht untersuchen und verstehen ... 36
Das Gedicht schriftlich interpretieren ... 39

Eine Dramenszene interpretieren ... **40**
Eine Dramenszene untersuchen und verstehen ... 40
Die Dramenszene schriftlich interpretieren ... 44

Einen argumentierenden Sachtext analysieren ... **46**
Einen Kommentar erschließen und verstehen ... 46
Eine Sachtextanalyse verfassen ... 51

Grammatik — bearbeitet am — ☺ 😐 ☹

Was kannst du schon? ... **52**

Präpositionen bestimmen den Kasus ... **54**

Auf Subjekt-Verb-Kongruenz achten ... **55**

Rund ums Verb ... **56**
Die richtigen Tempora verwenden ... 56
Der Konjunktiv I in der indirekten Rede ... 57
Mit dem Konjunktiv II Wünsche ausdrücken ... 60
Aktiv und Passiv unterscheiden ... 62
Teste dich! – Das Verb – Konjunktiv und Aktiv/Passiv ... 63

Texte mit Hilfe von Proben überarbeiten 64
Umstell-, Ersatz-, Weglass-, Erweiterungsprobe 64

Formen von Nebensätzen unterscheiden 66
Adverbialsätze 66
Subjekt- und Objektsätze 69
Relativsätze 70
das oder *dass?* – Achte auf die Wortart 71
Partizipial- und Infinitivgruppen 72
Teste dich! – Nebensätze unterscheiden 73

Rechtschreibung — bearbeitet am — ☺ 😐 ☹

Was kannst du schon? 74

Wiederholung: Rechtschreibstrategien 76

Groß- und Kleinschreibung 78
Wiederholung: Substantivierungen/Nominalisierungen 78
Schreibung von Eigennamen und Herkunftsbezeichnungen 80
Fremdwörter richtig schreiben 81
Teste dich! – Groß- und Kleinschreibung 82

Getrennt- und Zusammenschreibung 83
Getrenntschreibung – Nomen + Verb 83
Getrenntschreibung – Verb + Verb, Wortgruppen mit *sein* 84
Meist getrennt – Adjektiv + Verb 85
Meist zusammen – Adverb + Verb, Präposition + Verb 86
Teste dich! – Getrennt- oder Zusammenschreibung? 87

Zeichensetzung 88
Das Komma zwischen Sätzen (Satzreihe und Satzgefüge) 88
Das Komma bei Infinitiv- und Partizipialgruppen 90
Das Komma bei Appositionen und nachgestellten Erläuterungen 91
Die Zeichensetzung bei Zitaten 92
Teste dich! – Zeichensetzung 93

Ich teste meinen Lernstand — bearbeitet am — ☺ 😐 ☹

A Texte verstehen 94
B Grammatik 99
C Rechtschreibung 101
D Schreiben – Materialgestützt informieren 102

So arbeitest du mit der Übersicht im Inhaltsverzeichnis:
Trage in die Spalte „bearbeitet am" das Datum ein, an dem du die Übung gemacht hast.
Überprüfe deine Lösungen mit dem Lösungsheft und trage dann ein, wie dir die Übungen gelungen sind:
☺ gut gemacht 😐 das meiste richtig ☹ häufig unsicher

⊕ Dieses Symbol kennzeichnet im Arbeitsheft knifflige Aufgaben oder Aufgaben für Schnellere.

Materialgestützt informieren

Einen Informationstext untersuchen

Information **Einen Informationstext verfassen**

- In einem Informationstext fasst du knapp und gut **verständlich die wichtigsten Informationen über ein Thema** (z. B. Roboter) zusammen.
- Gliedere deinen Text in **Einleitung** (z. B. Einführung in ein Thema), **Hauptteil** (über einzelne Aspekte oder Fragen zum Thema informieren) und **Schluss** (z. B. Zusammenfassung, Ausblick). Verdeutliche diese Gliederung durch Absätze.
- Stelle die Informationen verständlich dar. **Beschreibe und erkläre** wichtige Zusammenhänge oder (Fach-)Begriffe.
- Formuliere **sachlich** und in **eigenen Worten.** Mache dir auch klar, wer deine **Adressaten** (Jugendliche, Erwachsene usw.) sind: Welches Vorwissen zum Thema haben sie? Wie musst du dich sprachlich ausdrücken?

1 a Lies das Merkwissen oben und danach den folgenden Informationstext.
b Untersuche dann mit Hilfe der Aufgaben auf Seite 5, inwiefern dieser Informationstext gelungen ist.

„Wünschen Sie mit einem Kundenberater verbunden zu werden, dann drücken Sie bitte die Eins": Diese und ähnliche Ansagen habt ihr bestimmt auch schon gehört, wenn ihr beim Kundenservice eines Online-Versandhandels angerufen habt. Doch wisst ihr auch, dass hinter diesen Ansagen keine menschlichen Service-Mitarbeiter/-innen stecken, sondern sogenannte Chatbots?

Chatbots (von engl. „to chat" = sich unterhalten und „bot" = Roboter) sind Kommunikationsroboter, die geschriebene oder gesprochene Sprache verstehen und auf diese reagieren können. Grundlage hierfür ist ein Software-System, das mit einer Texterkennung arbeitet. Es durchsucht die Kundenanfragen nach bestimmten Schlagworten und Phrasen und gleicht diese mit einer riesigen Datenbank ab, auf der eine Vielzahl passender Antworten abgespeichert wurden. Sind auf dieser Datenbank Informationen hinterlegt, die zu den Schlagworten der Kundenanfrage passen, kann der Chatbot eine Antwort liefern.

Wie sieht es mit Einsatzmöglichkeiten solcher Chatbots aus? Es gibt unzählige Bereiche, in denen Chatbots eingesetzt werden können, die häufigste Anwendung liegt aber im Bereich des Kundenservice: Im Online-Handel können Chatbots häufig wiederkehrende Kundenfragen beantworten oder bei der Buchung von Reisen, Zugfahrten, Flügen oder Hotels behilflich sein. Daneben ist es heute auch schon möglich, via Chatbot Essen zu bestellen, ein Taxi zu ordern oder Blumen zu versenden. Auch zum Sprachenlernen können Chatbots eingesetzt werden. So arbeiten einige Sprachlern-Apps bereits mit Chatbots, mit denen sich die User/-innen in der jeweiligen Fremdsprache unterhalten können. Während in Asien und Amerika die Kommunikation mit Chatbots gefragt und akzeptiert ist, stehen nach einer Umfrage des Online-Portals „Statista" die Menschen in Deutschland der Mensch-Maschine-Kommunikation skeptisch gegenüber: Rund 60 Prozent ist diese Art der Kommunikation zu unpersönlich und über 40 Prozent finden die Spracherkennung zu ungenau. Jeder Sechste gibt sogar an, sich bei der Chatbot-Kommunikation beobachtet zu fühlen.

Chatbots können bei einfachen Kundenanfragen und Bestellungen sicherlich eine große Hilfe sein, weil sie zu jeder Zeit erreichbar sind. Aber wenn es darum geht, etwas schwierigere Probleme zu lösen, sind nach wie vor menschliche Kundenberater/-innen gefragt, die eine individuelle Problemlösung anbieten können.

2 **In deinem Informationstext informierst du über Aspekte eines Themas, die in der Aufgabenstellung vorgegeben werden.**

a **Kreuze die drei Aspekte an, über die im Hauptteil des Informationstextes (▶ Z. 5–24) informiert wird.**

b **Gib mit Zeilenangaben an, in welchem Textabsatz die jeweilige Frage beantwortet wird.**

- ☐ Das sind Chatbots und so funktionieren sie. Z. ____________
- ☐ Wer programmiert Chatbots? Z. ____________
- ☐ Hier werden Chatbots überall eingesetzt. Z. ____________
- ☐ Vor- und Nachteile von Chatbots Z. ____________
- ☐ Welche Akzeptanz haben Chatbots in Deutschland? Z. ____________

3 **In einem Informationstext werden auch wichtige (Fach-)Begriffe und Sachverhalte erklärt. Kreuze an, welche Aussagen richtig sind.**

		richtig	falsch
A	Im Text wird erklärt, aus welchen Worten der Fachbegriff „Chatbot" gebildet ist.	☐	☐
B	Im Text wird dargestellt, welche Funktion Chatbots in Sprachlern-Apps übernehmen.	☐	☐
C	Im Text wird erklärt, wie Online-Handel funktioniert.	☐	☐
D	Der Text nennt Gründe, warum Chatbots in Deutschland eher unbeliebt sind.	☐	☐
E	Der Text nennt Gründe, warum Chatbots in Asien sehr gefragt sind.	☐	☐

4 **Für das Schreiben eines Informationstextes bekommst du verschiedene Materialien (z. B. Texte und Grafiken). Markiere im Mustertext (▶ Seite 4) die Passagen, in denen der Bezug auf das verwendete Material deutlich wird.**

5 **a** **An wen richtet sich der Informationstext? Kreuze die richtige Lösung an:**

☐ Erwachsene ☐ Jugendliche ☐ Fachleute aus der Informatikbranche

b **Begründe deine Entscheidung. An welcher Stelle im Text wird deutlich, wer die Adressaten sind?**

____

____

____

6 **Formuliere eine treffende Überschrift für den Informationstext. Schreibe sie auf die Zeile über dem Text auf Seite 4.**

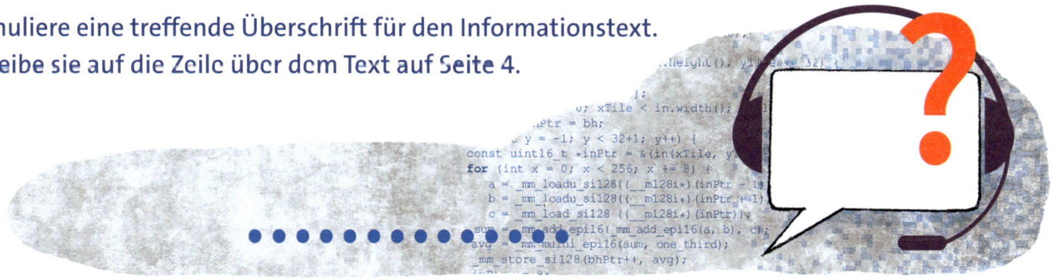

Einen Informationstext verfassen

Information **Schritt für Schritt einen Informationstext verfassen**

Beim Verfassen eines Informationstextes erhältst du verschiedene Materialien (z. B. Texte und Grafiken), die du für deinen Text verwenden kannst. Gehe so vor:

1 Kläre, was die **Aufgabenstellung** von dir verlangt: Um welches Thema geht es? Welche Aspekte sollst du berücksichtigen? Wer sind die Leser/-innen? Was bedeutet das für deinen Text?

2 Lege dir eine **Stoffsammlung** für deinen Text an: Suche aus den Materialien die Informationen heraus, die für die Bearbeitung der Aufgabe wichtig sind.

3 Schreibe den **Informationstext:** Gliedere ihn in **Einleitung** (Einführung in das Thema), Hauptteil (über Aspekte in der Aufgabenstellung informieren) und **Schluss** (Zusammenfassung, Ausblick).
   - Stelle die Informationen verständlich dar. **Beschreibe und erkläre** wichtige Zusammenhänge und (Fach-)Begriffe. Mache diese **Zusammenhänge** auch sprachlich deutlich, z. B. durch Satzverknüpfungen und Überleitungen (*weil, obwohl, daher, interessant ist*).
   - Formuliere **sachlich** und in **eigenen** Worten. Schreibe vorwiegend im **Präsens.**

1 **Lies die folgende Aufgabenstellung und markiere die Aspekte, die du in deinem Informationstext berücksichtigen musst. Ein Anfang ist schon vorgegeben.**

Während der Projektwoche „Der Mensch im Jahr 2040“ sollst du für eure Schülerzeitung einen Artikel zum Thema „Autonomes Fahren – die Fahrzeuge von morgen“ schreiben. Verfasse mit Hilfe der Materialien M1–M3 (▸ S. 6–9) einen Text, in dem du
- erläuterst, welche Vorteile das autonome Fahren laut einem Experten mit sich bringen würde,
- beschreibst, welche Schwächen und Probleme es bei selbstfahrenden Autos noch gibt,
- erklärst, welche Akzeptanz selbstfahrende Autos in der Gesellschaft haben und wie das Vertrauen in diese Technik gestärkt werden könnte.

2 **Verschaffe dir nun einen Überblick über die Materialien (▸ S. 6–9), indem du sie zügig liest.**

M1

Autonomes Fahren: Experte hält Roboterbusse für gute Idee

Selbstfahrende Autos sind das Zukunftsthema der Autobranche. Am Rande des Sparkassen-Forums sprachen wir mit Prof. Eckard Minx unter anderem über Roboterbusse beim Hessentag.

Herr Professor Minx, jeder Autohersteller, der etwas auf sich hält, beschäftigt sich längst mit selbstfahrenden Autos. Wann werden die ersten serienreifen Roboterautos durch Waldhessen fahren?

Wenn ich das so genau wüsste (*lacht*). Im Ernst: Das steht noch in den Sternen. Die Technik ist heute zwar schon so weit, dass Fahrzeuge autonom fahren, also ohne Lenkrad, ohne Pedal, ohne Fahrer, allerdings nur in bestimmten Situationen, z. B. im Bereich niedriger Geschwindigkeiten und auf abgesperrten Arealen: in Containerhäfen, im Bergbau und in der Landwirtschaft. Da der Straßenverkehr jedoch viel komplexer ist, sind noch technische und rechtliche Fragen zu klären.

Seitdem Carl Benz vor 133 Jahren das Automobil erfunden hat, haben sich die Fahrzeuge technisch immer weiterentwickelt. Eines ist aber bis heute geblieben: Am Steuer sitzt stets ein Mensch. Was spricht plötzlich dagegen?

Der Mensch ist für 90 Prozent der tödlichen Unfälle verantwortlich. Die Menschen werden immer älter. Wer alt ist, hat nicht mehr dieselbe Leistungsfähigkeit im Straßenverkehr. Viele Menschen trinken Alkohol und setzen sich trotzdem ans Steuer, andere nehmen Drogen, wieder andere fahren zu schnell oder sehr aggressiv. Das alles ist hochgradig gefährlich. Wenn es uns gelänge, von den jährlich 3215 Verkehrstoten in Deutschland mehr als 90 Prozent durch den Einsatz autonomer Systeme auszuschließen, wäre das ein entscheidender Fortschritt.

Aber wie viel sicherer kann eine von Menschen entwickelte Technik sein?

Sie kann zumindest einiges ausschließen: Sie trinkt nicht, ist nicht aggressiv und wird nicht alt. Es gibt also gute Gründe, die dafürsprechen, dass die Technik dem Menschen in vielen Situationen überlegen ist, etwa bei Routinen. Richtig ist auch, dass es noch eine große Herausforderung ist, die Technik so zu entwickeln, dass sie alle Objekte im Straßenverkehr richtig erkennt und interpretiert, sei es bei Nebel, Schnee, Regen oder Dunkelheit. Da ist der Mensch der Technik noch voraus.

Abgesehen vom Sicherheitsaspekt: Worin sehen Sie den größten gesellschaftlichen Nutzen selbstfahrender Autos?

Alle Menschen, die bisher nicht selber fahren dürfen oder können, etwa ältere, behinderte und gebrechliche Menschen, würden plötzlich mobil werden. Auch Kinder könnten solche Fahrzeuge nutzen, um sicher in die Schule zu kommen. Man könnte zudem all das tun, was wir heute während einer Zugfahrt oder einer Flugreise machen können: Zeitung lesen, fernsehen, ausruhen. Hinzu kommt, wenn alle Autos untereinander permanent kommunizieren, dass auch ein erheblicher Teil der Staus vermieden werden könnte.

In Ihrem Buch „Autonomes Fahren" schreiben Sie, selbstfahrende Autos setzten ein Ethik-Setting voraus. Was meinen Sie damit?

Computergesteuerte Autos müssen ethischen Prinzipien genügen. Niemand darf in kritischen Verkehrssituationen gegenüber anderen bevorzugt werden, egal, wie alt oder wie vermögend er ist oder welcher Nationalität er angehört. Zudem gilt: Die Vermeidung von Personenschäden hat immer Vorrang vor Sachschäden. Und wenn sich das System in einer Situation nicht entscheidungssicher ist, dann muss es sich umgehend selbst stilllegen.

Das hat im vergangenen Jahr im US-Bundesstaat Arizona tragischerweise nicht funktioniert. Ein selbstfahrendes Auto tötete bei einer Testfahrt eine Passantin, die eine Straße überqueren wollte. Hat dieser Unfall Ihre Meinung zu selbstfahrenden Autos verändert?

Nein, weil ich glaube, dass dieser Fall vielmehr zeigt, dass der maschinelle Umgang mit widersprüchlichen Situationen noch nicht ausreichend erprobt ist.

Selbstfahrende Busse – eine smarte Idee?

Wenn die Busse mit niedriger Geschwindigkeit fahren und wenn sie klar definierte Busspuren haben, ist das eine sehr gute Idee, um zu lernen, wie Verkehrsteilnehmer damit umgehen.

Ohne Fahrer?

Nein. Da es sich ja um ein erstes Experiment handelt, würde ich immer einen Fahrer in den Bus setzen. Das steigert das Sicherheitsgefühl der Menschen, hilft bei der Akzeptanz, und er kann Fragen zur Nutzung beantworten.

M2

Vertrauen wir dem Roboterauto?

Von Martin A. Bartholdi

Damit autonome Autos den Durchbruch schaffen, braucht es nicht nur funktionierende Technik und die rechtlichen Rahmenbedingungen. Wir müssen den Roboterautos auch vertrauen können. Wie lässt sich dieses Vertrauen aufbauen?

Wir steigen bedenkenlos zu einem Freund ins Auto und lassen ihn fahren. Sogar an völlig Fremde geben wir die Kontrolle kurzzeitig bereitwillig ab, wenn wir in ein Taxi oder einen Bus einsteigen. Nur bei autonomen Autos kommt das für viele noch nicht in Frage. Sie zweifeln an der Sicherheit und vertrauen der Technik nicht. Wie lässt sich das ändern? Einerseits durch Gewöhnung und andererseits durch eine gute Kommunikation.

Heute ist die Kommunikation zwischen Auto und Fahrer recht einseitig, weiß der Verkehrspsychologe und Sprecher der Schweizer Vereinigung für Verkehrspsychologie, Uwe Ewert (61). „Wir sagen dem Auto über Lenkrad und Pedale, wo es langgeht."

Aber schon heute entwickelt sich diese Kommunikation durch intelligente Sprachassistenten weiter. In Zukunft dürfte es ganz normal sein, dass wir uns mit unserem Auto unterhalten, und das schafft Vertrauen, weil wir eine Beziehung zum Auto aufbauen.

Eine Gewöhnung ans autonome Fahren brauche Zeit: „Wenn wir dem Auto die Kontrolle geben, haben wir zu Beginn noch Zweifel, ob es funktioniert und sind sehr aufmerksam", sagt Ewert. „Wenn wir aber stundenlang ohne Probleme fahren, gewöhnen wir uns an das System und vertrauen ihm zunehmend mehr." Bei komplett autonomen Autos ist das notwendig, damit wir das Fahrzeug entspannt nutzen können. Trotzdem werden nicht alle Menschen den autonomen Autos gleich leicht vertrauen.

„Studien zeigen, dass Männer der Technik eher vertrauen als Frauen", sagt Ewert. Dazu haben auch Alter und Bildung einen Einfluss. So stehen Jüngere der Technik eher offener gegenüber, ebenso Ältere, die dadurch ihre Unabhängigkeit erhalten können. „Menschen mit höherem Bildungsgrad vertrauen autonomen Autos ebenfalls eher, weil sie die technischen und rechtlichen Mechanismen dahinter besser verstehen", erklärt Ewert.

Die psychologisch größte Herausforderung am autonomen Fahren wird sein, dass wir lernen, die Verantwortung abzugeben. Das fällt uns am leichtesten, wenn wir einen Nutzen darin sehen. Sprich: Erst wenn wir das Auto nicht mehr überwachen müssen und die Zeit anderweitig zum Arbeiten, Lesen oder für sonstige Unterhaltung nutzen können.

M3

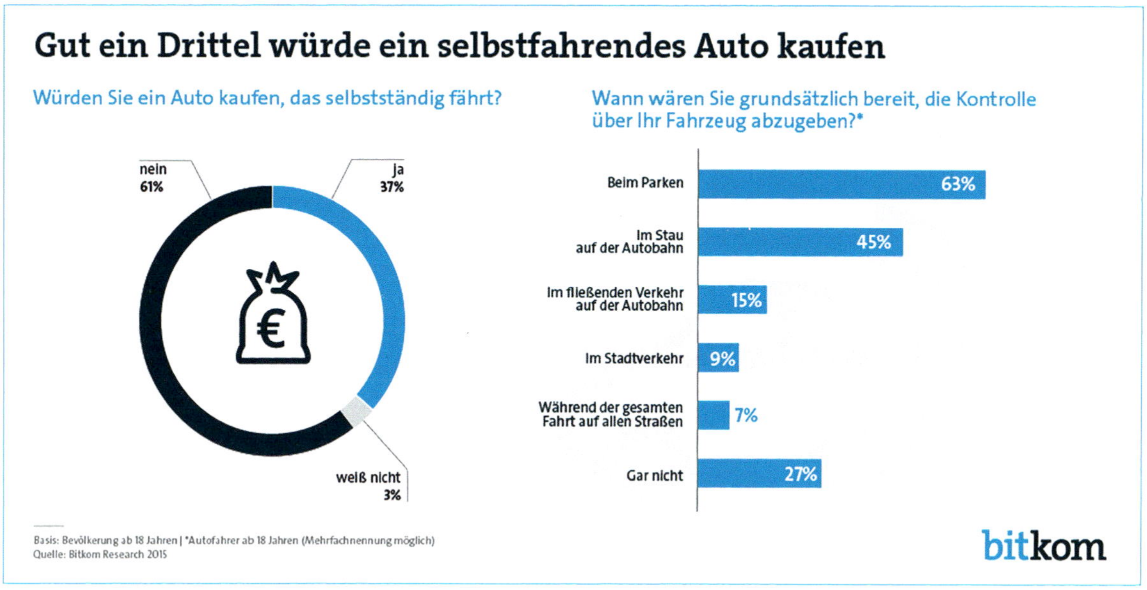

3 Markiere in den Texten (M1 und M2) mit verschiedenen Farben die Informationen, die du für deinen eigenen Text verwenden kannst. Nutze für die einzelnen Teilaufgaben unterschiedliche Farben: Einige Markierungen sind schon vorgegeben.

- Erläutere, welche Vorteile das autonome Fahren laut einem Experten mit sich bringen würden = orange.
- Beschreibe, welche Schwächen und Probleme es bei selbstfahrenden Autos noch gibt = grün.
- Erkläre, welche Akzeptanz selbstfahrende Autos in der Gesellschaft haben und wie das Vertrauen in diese Technik gestärkt werden kann = blau.

4 Werte die Grafik (▸ M3, oben) aus. Notiere die Informationen, die du für deinen Text verwenden kannst.

Die Grafik zeigt, dass Akzeptanz

5 **Ergänze im folgenden Schreibplan für den Hauptteil stichpunktartig die passenden Informationen aus den Texten (▶ M1, M2). Nutze deine Markierungen.**

1. Vorteile des autonomen Fahrens

2. Schwächen und Probleme bei selbstfahrenden Autos

3. Akzeptanz von selbstfahrenden Autos und Möglichkeiten zur Herstellung von Vertrauen

6 a Verfasse mit Hilfe deines Schreibplans (▶ S. 9) und deiner Vorarbeiten einen zusammenhängenden Informationstext zum Thema „Autonomes Fahren". Schreibe in dein Heft.

- Formuliere leserfreundlich und mache Zusammenhänge durch passende Überleitungen und Satzverknüpfungen (▶ siehe Kasten rechts) deutlich.
- Du kannst die folgenden Satzanfänge zu Hilfe nehmen. Für den Schlussteil sind dir zwei Anfänge vorgegeben.

Erstens • Zweitens • Ein anderer Punkt ist • Vor allem • Darüber hinaus • Schaut man auf • Eine Grafik zeigt • Betrachtet man • Laut / Nach Einschätzung von … • Das bedeutet • deshalb • da • weil • denn • indem • um … zu • sodass • trotzdem • obwohl • zum Beispiel

Einleitung (Einführung ins Thema)	Autos und Busse rollen fahrerlos über die Straßen, die Fahrerin schläft oder schreibt eine Mail, während das Auto sich selbst steuert. Autonomes Fahren heißt diese Technik …
Hauptteil (Über Aspekte der Aufgabenstellung zusammenhängend informieren)	Autonome Fahrzeuge brächten einige Vorteile mit sich, meinen Experten wie …, denn die Technik sei dem Menschen in vielen Bereichen überlegen. Der erste Punkt ist, dass für 90 Prozent aller tödlichen Unfälle … Trotz dieser Vorteile gibt es aber beim autonomen Fahren auch noch einige Probleme und Schwächen. Einerseits gibt es im technischen Bereich … Andererseits müssen die Fahrzeuge auch ethische Prinzipien … Wie sieht es aber mit der Akzeptanz von …
Schluss (Ausblick, Zusammenfassung)	Auch wenn es den Menschen schwerfällt, den Roboterautos zu vertrauen, bietet die Technik des autonomen Fahrens … Die Technik des autonomen Fahrens ist …, jedoch wird es noch einige Zeit dauern, bis …

b Formuliere eine treffende Überschrift für deinen Text. Schreibe in dein Heft.

⊕ **7 Dein Artikel zum autonomen Fahren soll auf der Website eurer Schülerzeitung hochladen werden. Hierbei musst du aber einige Regeln zum Datenschutz beachten.**
Markiere im folgenden Kasten die Hinweise, die du bei einer Veröffentlichung im Internet beachten musst.

- ○ Bilder (auch Texte und Musik) von fremden Urhebern dürfen nicht ohne vorherige rechtliche Klärung verwendet werden.
- ○ Wenn auf eigenen (privaten) Fotos Personen abgebildet sind, müssen diese einer Veröffentlichung zustimmen.
- ○ Fotos aus dem Internet können problemlos verwendet werden.
- ○ Ich muss zu allen Materialien (Bilder, Texte, Musik) die Quellen angeben.
- ○ Texte von Autoren und Autorinnen, die vor mehr als 70 Jahren gestorben sind, können in der Regel ohne Erlaubnis veröffentlicht werden. Ihr Urheberrechtsschutz ist abgelaufen.

Sich bewerben

Ein Bewerbungsschreiben untersuchen

Information **Ein Bewerbungsanschreiben (per Post) enthält folgende Elemente:**

- **Adressen des Absenders / der Absenderin** und **des Empfängers / der Empfängerin**
- **Ort und Datum**
- **Betreffzeile** mit dem Thema des Schreibens (fett gedruckt)
- **höfliche Anrede**
- **Bewerbungstext:** Einleitung: Wie bist du auf das Unternehmen aufmerksam geworden? Wofür bewirbst du dich? Hauptteil: aktuelle Situation (Alter, Schule, Klasse), Begründung für die Bewerbung (persönliche Fähigkeiten, Interessen); Schluss: Bitte um ein Vorstellungsgespräch
- **Grußformel** und **Unterschrift**
- **Auflistung der Anlagen,** z.B. tabellarischer Lebenslauf, Zeugnisse, Praktikumsbescheinigungen

Tarik Karaman
Mittelstraße 12a ← Adresse des Absenders
04xxx Leipzig
Tel.: 0152-xxxxxxx
E-Mail: TarikKaraman@xxx.de

Heilpädagogisches Zentrum
z.H. Frau Antje Reuter ← ______________
Bergstraße 17
04xxx Leipzig

Leipzig, 07.10.20XX

Bewerbung um ein Schülerpraktikum vom 10. bis 21.04.20XX

Sehr geehrte Frau Reuter, ← ______________

über die Plattform „Schulpraktikum" bin ich auf Sie aufmerksam geworden und möchte mich hiermit um ein Praktikum im Heilpädagogischen Zentrum in der Zeit vom 10. bis 21.04.20XX bewerben.
Seit einem Jahr betreue ich regelmäßig die beiden Kinder unserer Nachbarn, wobei eines der Kinder das Downsyndrom hat. Da diese Tätigkeit mir große Freude bereitet, ist bei mir das Interesse an einer Arbeit mit Menschen mit Behinderung entstanden. Ich bin 15 Jahre alt und besuche die 9. Klasse des Schiller-Gymnasiums in Leipzig, wo ich seit der 7. Klasse Mitglied der Schulsanitäter-AG bin. Dabei habe ich neben Kenntnissen in Erster Hilfe gelernt, einfühlsam und verantwortungsbewusst mit kranken oder verletzten Mitschülerinnen und Mitschülern umzugehen. In der Schule sind Deutsch, Musik und Kunst meine Lieblingsfächer. In meiner Freizeit spiele ich Gitarre und singe im Chor.

Über eine Einladung zu einem persönlichen Vorstellungsgespräch würde ich mich sehr freuen.

Mit freundlichen Grüßen ← ______________
Tarik Karaman

Anlagen: Lebenslauf, Zeugnis 8. Schuljahr, Bescheinigung der Schulsanitäter-AG

1 Beschrifte mit Hilfe des Merkwissens die einzelnen Elemente des Bewerbungsschreibens.

2 Markiere im Text die Stellen, in denen Tarik seine persönlichen Fähigkeiten und Interessen darstellt, grün.

Eine Bewerbung verfassen

1 Markiere in der folgenden Stellenanzeige
- wichtige Informationen zum Praktikum (Berufsbezeichnung, Dauer des Praktikums, Zeitpunkt des Praktikumsbeginns) orange,
- die genannten Anforderungen an Bewerberinnen und Bewerber grün,
- die benötigten Bewerbungsunterlagen blau,
- den/die Ansprechpartner/-in violett.

Zahntechniker (m/w/d) – Praktikumsplatz für Schülerinnen und Schüler

Du bist geduldig, gewissenhaft, technisch geschickt und verfügst über räumliches Vorstellungsvermögen? Du interessierst dich für Mathematik, Physik und Biologie?
Dann bist du bei uns genau richtig!
Wir bieten dir ein ein- bis vierwöchiges **Betriebspraktikum als Zahntechniker (m/w/d).**

Bewirb dich bitte per Post mit den folgenden Unterlagen:
- ✓ Anschreiben
- ✓ tabellarischer Lebenslauf mit Foto
- ✓ Kopie deines letzten Zeugnisses

Beginn des Praktikums: nach Absprache

Ansprechpartner:
Dentallabor Neumann
Sabine Neumann
Hauptstraße 27
1xxxx Rostock

2 Vervollständige den folgenden „Kopf" eines Bewerbungsanschreibens (► S. 12).
Achte darauf, die Adresse fehlerfrei abzuschreiben. Daten und Zeiträume kannst du erfinden.

Paula Ortega
Neuer Weg 13
1XXXX Rostock
Tel.: 0381–456XXXX
E-Mail: p.ortega@xxx.de

____

____

____

____

____

____

Bewerbung um ____________________

3 **a** **Ordne jeder Aussage rechts die passende Kompetenz (Fähigkeit) zu, indem du sie mit Linien verbindest.**
b **Markiere die beiden Aussagen, die wichtige Kompetenzen für den Beruf der Zahntechnikerin beinhalten.**

Ich habe mich entschieden, nach Englisch und Französisch als 3. Fremdsprache auch noch Spanisch zu lernen. Außerdem besuche ich mit großer Freude eine Chinesisch-AG.	technisches Verständnis
In meiner Freizeit nähe ich gern. Damit das Kleidungsstück perfekt sitzt, muss ich sehr sorgfältig arbeiten. Das dauert oft lange, aber die Mühe lohnt sich.	Fremdsprachenkenntnisse
Ich bin an meiner Schule Mitglied in der Streitschlichter-AG. Mit verschiedenen Frage- und Gesprächstechniken helfen wir unseren Mitschülerinnen und Mitschülern, Konflikte zu lösen.	Geduld und Gewissenhaftigkeit
Ich bin Mitglied in der Technik-AG unserer Schule und bereite mich gerade auf die Teilnahme bei „Jugend forscht" vor. Ich befasse mich mit der Frage, wie man mit einem 3-D-Drucker möglichst passgenaue mehrfarbige Ersatzteile herstellen kann.	Kommunikationsfähigkeit
Als Mitglied der Schülervertretung macht es mir großen Spaß, Projekte zu planen, z.B. die Projektwoche zum Thema „Schule gegen Rassismus".	Organisationstalent

4 **Formuliere für Paula einen kurzen Text, in dem sie erklärt, warum sie für ein Praktikum als Zahntechnikerin geeignet ist. Du kannst dafür deine beiden markierten Aussagen (▸ Aufgabe 3b) nutzen. Schreibe in dein Heft.**

5 **Kreuze an, welche der folgenden Schlussformulierungen für die Praktikumsbewerbung als Zahntechnikerin geeignet ist.**

- ☐ Ich wäre Ihnen unendlich dankbar, wenn Sie geneigt wären, mich persönlich kennen lernen zu wollen.
- ☐ Sehr gern würde ich mich persönlich bei Ihnen vorstellen.
- ☐ Rufen Sie mich doch mal an. Sie werden es nicht bereuen!

⊕ **6** **Erkläre, worauf man bei der Schlussformulierung achten sollte.**

Einen Lebenslauf verfassen

Information **Einen tabellarischen Lebenslauf verfassen**

Der Lebenslauf listet die wichtigsten Angaben des Bewerbers / der Bewerberin auf. Dazu gehören **persönliche Daten** (Name, Anschrift, Geburtsdatum und -ort), Informationen zur **Schulbildung,** zu **praktischen Erfahrungen** und **besonderen Kenntnissen** und zu weiteren **Interessen und Hobbys.** Abgeschlossen wird der Lebenslauf mit **Ort, Datum** und **Unterschrift.**

Lebenslauf

Persönliche Daten	Paula Ortega Neuer Weg 13 1XXXX Rostock ...
Geburtsdatum und -ort	23.10.20XX, Bad Doberan
Schulbildung	seit 08/20XX: Goethe-Gymnasium, Rostock 08/20XX – 07/20XX: Anne-Frank-Grundschule, Rostock Lieblingsfächer: ...
Praktische Erfahrungen und besondere Kenntnisse	seit 08/20XX Mitgliedschaft in der Technik-AG unserer Schule Teilnahme am Wettbewerb „Jugend forscht“
Hobbys und Interessen	...

Rostock, 23.10.20xx

Paula Ortega

Hobbys und Interessen
- Social Media
- Kleidungsstücke selbst nähen
- Serien auf Netflix schauen
- Freunde treffen
- Volleyball spielen

Lieblingsfächer:
Mathematik (gut)
Biologie (sehr gut)
Erdkunde (gut)

Mutter: 44 Jahre, evangelisch, Ärztin
Vater: 47 Jahre, katholisch, Bankkaufmann

1 Paula hat sich für ihren Lebenslauf am Computer vorher einige Notizen gemacht.

a Ein Notizzettel wird für den Lebenslauf nicht benötigt. Streiche ihn durch.

b Welche drei Hobbys sollte Paula in ihrem Lebenslauf eher nicht angeben? Streiche diese durch.

c Markiere die beiden Lieblingsfächer, die Paula in ihrem Lebenslauf angeben sollte.

2 Wähle für Paula ein geeignetes Bewerbungsfoto aus. Umkreise es und begründe deine Wahl im Heft.

3 In Deutschland ist es üblich, dem Lebenslauf ein Bewerbungsfoto hinzuzufügen. Was hältst du davon? Begründe deine Meinung im Heft.

Einen Tagesbericht verfassen

Information **Einen Tagesbericht verfassen**

Ein Tagesbericht informiert sachlich und knapp über den Ablauf eines Arbeitstages. Tagesberichte sind ein Teil der Praktikumsmappe.

- **Einleitung:** Nenne am Anfang **Arbeitsbeginn,** betreuende **Person** und/oder **Abteilung** und fasse den **Arbeitsschwerpunkt** in einem Satz zusammen.
- **Hauptteil:** Berichte in chronologischer Reihenfolge über wichtige **Aufgaben** und Tätigkeiten an diesem Tag. Beschreibe auch, welche **Arbeitsgeräte** du kennen gelernt hast.
- Schreibe in der **Ich-Form.** Verwende das **Präteritum.**
- Orientiere dich an **W-Fragen** und lass **unwichtige Informationen weg.**

1 **Paulas Notizen zu einem Praktikumstag im Dentallabor enthalten Informationen, die sie für ihren Tagesbericht nicht nutzen sollte. Streiche diese Informationen durch.**

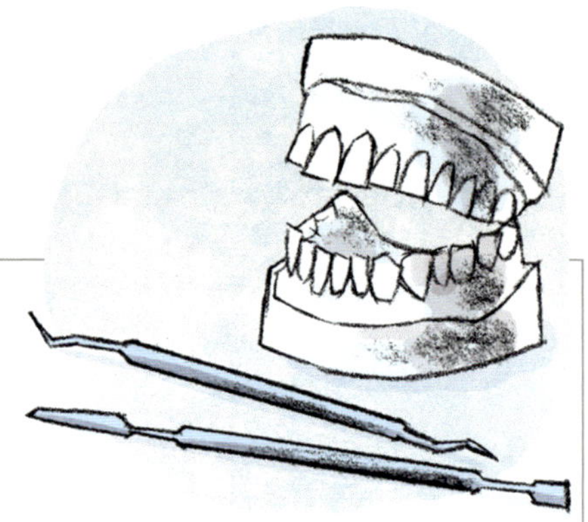

Montag, der 12.04.20XX (3. Tag)
- Arbeitsbeginn 9:00 Uhr
- zuerst langes Suchen nach Fr. Neumann (war in Labor 2)
- Schwerpunkt: Gebissabdrücke und Wachsmodelle
- Vormittag: Fr. Neumann zeigt mir Gebissabdrücke vom Zahnarzt, mischt Gips in Rüttelmaschine an (Blasen im Gips müssen verhindert werden)
- Gips mit Spachtel in Zahnkranz füllen (Ober- und Unterkiefermodelle)
- ich darf Gipsmodell herstellen, man muss sehr sorgfältig arbeiten
- Gipsmodelle mit Schleifmaschine auf die richtige Größe bringen
- Mittagspause: Wir lassen uns Pizza (Salami) liefern.
- Nachmittag: Für Zahnersatz aus Keramik wird erst ein Modell aus Wachs hergestellt.
- Wachsmodell wird Patienten eingesetzt, um Sitz und Biss zu testen.
- Fr. Neumann modelliert Backenzahn aus Wachs: Wachs über Bunsenbrenner erhitzen, Grundform modellieren, Kaufläche modellieren (sah gar nicht so schwer aus).
- erster eigener Versuch, bin total aufgeregt, alles geht schief
- zweiter Versuch: Fr. Neumann hilft mir; auch das zweite Modell ist natürlich unbrauchbar, aber ich bin stolz, dass es schon aussieht wie ein echter Zahn
- Saubermachen des Arbeitsplatzes (dauert echt lang und ist voll ätzend)
- Ende: 15:30 Uhr

2 **Umkreise in Paulas Notizen wichtige Fachbegriffe und markiere die Aspekte, die sie für eine abschließende Beurteilung (Reflexion) ihrer Praktikumserfahrung nutzen kann.**

⊕ **3** **Fotos können einen Tagesbericht anschaulicher machen. Kreuze an, welche Fotos für Paulas Tagesbericht geeignet sind.**

☐ 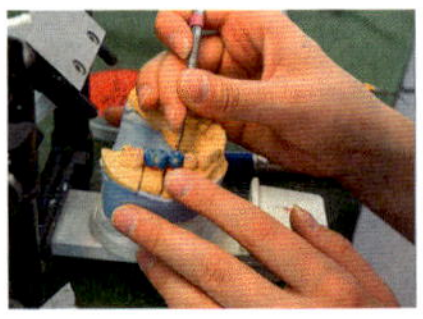

☐ 

☐ 

4 **Vervollständige den folgenden Einleitungssatz für Paulas Tagesbericht.**

Mein Praktikumstag begann um 9 Uhr im zahntechnischen Labor 2. Heute begleitete ich

____________________, die Chefin des Dentallabors, beim Erstellen von

____ und

____

5 **Mache bei den folgenden Sätzen durch passende Verknüpfungswörter die Zusammenhänge deutlich.**

Verknüpfungswörter, z.B. *weil, da* (kausal), *damit, um* (final), *bevor, nachdem* (temporal), *obwohl* (konzessiv)

Gips muss in einer Rüttelmaschine angerührt werden, ________________ sich keine Blasen bilden. ________________ meine Wachsmodelle noch nicht perfekt waren, habe ich viel gelernt. Das Wachsmodell wird auf Probe eingesetzt, ________________ den Sitz des Zahnes zu testen.

6 **Erstelle am Computer einen vollständigen Tagesbericht für Paula. Nutze die Notizen von Seite 16 und deine Ergebnisse aus den Aufgaben 4 und 5. Denke auch an die Überschrift.**

⊕ **7** **Tagesberichte sind nur ein Teil deiner Praktikumsmappe. Am Schluss sollst du deine gesamten Praktikumserfahrung kritisch beurteilen. Notiere hinter den folgenden Fragen mögliche Antworten für Paula in Stichpunkten.**

A Was hast du während deines Praktikums gelernt?

Gipsmodell von Gebiss

____

B Was hat dir großen Spaß gemacht, was weniger?

____

____

C Warum kannst du dir (nicht) vorstellen, später in dem Beruf zu arbeiten?

____

____

Argumentieren und erörtern

Eine Erörterung im Anschluss an einen Text untersuchen

Information **Erörtern im Anschluss an einen Text**

Bei der Erörterung im Anschluss an einen Text erhältst du einen Text, in dem eine strittige Frage oder ein Problem behandelt wird (z. B. einen Zeitungskommentar). Deine Aufgabe ist es, dich kritisch mit der Argumentation des Autors / der Autorin auseinanderzusetzen.

- **Einleitung:** Angaben zur Textvorlage (Titel und Autor/-in, ggf. Textquelle) und zum Thema
- **Hauptteil:** Der Hauptteil besteht aus zwei Teilen:
- **A) Zusammenfassung des Textes:** Fasse zentrale Gedankengänge zusammen, z. B. These, Fragestellung, Argumente, Beispiele, evtl. auch Schlussfolgerungen. Stelle die Intention (Aussageabsicht) des Autors / der Autor/-in dar.
- **B) Erörterung:** Setze dich kritisch mit der Position des Autors / der Autorin und seinen/ihren Argumenten auseinander. Du kannst den Argumenten zustimmen, widersprechen oder teilweise zustimmen. Je nachdem kritisierst oder bestätigst du die genannten Argumente, führst zusätzliche Argumente oder Gegenargumente an und beziehst Stellung.
- **Schluss:** Ziehe ein Fazit, indem du deinen Standpunkt zusammenfasst.

1 **Lies das Merkwissen oben und dann die folgende textgebundene Erörterung einer Schülerin aus der 9. Klasse.**

In dem Kommentar „Body Positivity in Deutschland: Nachholbedarf bei Influencern und Marken" kritisiert die Autorin Caroline Immer die fehlende Medienpräsenz von authentischen Körpern in der deutschen Werbe- und Medienlandschaft.
Für die Autorin ist es unverständlich, dass in der deutschen Medienlandschaft so wenig authentische Körper gezeigt werden, da das Interesse der User an diesem Thema nachweislich hoch ist. Als Beleg führt Immer an, dass der Begriff „Body Positivity" monatlich 14 Millionen Mal im Internet gesucht wird. Nicht nur die Beliebtheit bei den Usern mache das Thema interessant für Marken und Werbekampagnen, sondern auch der finanzielle Aspekt. So zeigte eine Studie, dass die Darstellung realistischer Körper in der Werbung zu einer positiveren Wahrnehmung der Marke und zu einem gesteigerten Kaufinteresse führt. Die Marken könnten also auch finanziell davon profitieren, sich mit dem Thema zu beschäftigen, so die Schlussfolgerung der Autorin. Die Intention der Autorin ist, sich für eine stärkere Präsenz der Body-Positivity-Bewegung in den deutschen Medien einzusetzen.
Dass das Interesse der User an dem Thema Body Positivity, so wie die Autorin behauptet, groß ist, kann ich vollkommen bestätigen. So finden sich in sozialen Medien häufig Vergleichsfotos von retuschierten und unbearbeiteten Fotos. Die User/-innen zeigen damit, dass soziale Medien wie Instagram ein vollkommen unrealistisches Körperbild vermitteln und die Realität eine andere ist. Caroline Immer führt weiterhin an, dass das Thema auch bei den Werbekunden und -kundinnen Anklang findet und sogar zu einem gesteigerten Kaufinteresse führt. Auch wenn ich der Autorin zustimme, dass Models mit Lachfalten und Normalgewicht zu mehr Werbeerfolg führen könnten, muss doch ebenfalls berücksichtigt werden, dass Werbung zumeist ein Idealbild darstellen will. Beispielsweise möchte man als Kundin mit Akne auf dem Plakat für eine Gesichtspflege kein Model mit unreiner Haut sehen. Trotzdem wäre es natürlich wünschenswert, wenn insgesamt weniger wegretuschiert, glatt gezogen und perfektioniert würde. Die Autorin kritisiert in ihrem Text besonders die deutsche Medien- und Werbelandschaft, weil diese das Thema sehr stark vernachlässige. Diese Ansicht kann ich nicht

vollkommen teilen, denn meiner Meinung nach ist auch die deutsche Medien- und Werbelandschaft in den letzten Jahren viel diverser geworden. Castingshows wie GNTM, aber auch bekannte Modelabels oder Kosmetikhersteller zeigen häufiger normalgewichtige oder Plus-Size-Models und nutzen Fotos, die weniger perfektioniert sind.

Die Body-Positivity-Bewegung rückt die Persönlichkeit und die Individualität von Menschen deutlicher in den Vordergrund und trägt dazu bei, dass wir uns so akzeptieren, wie wir sind. Von daher fordert Caroline Immer zu Recht, dass diese Bewegung in der deutschen Werbe- und Medienlandschaft eine noch größere Rolle spielen sollte.

2 a Untersuche den Aufbau der textgebundenen Erörterung (► S. 18). Ergänze die Zeilenangaben für Einleitung, Hauptteil und Schluss. TIPP: Der Hauptteil besteht aus zwei Teilen (► Merkwissen, S. 18).

- **Einleitung:** Z. 1 ______ bis Z. ______
- **1. Teil: Hauptteil** (Zusammenfassung der Argumentation): Z. ______ bis Z. ______
- **2. Teil: Hauptteil** (Erörterung mit Bezug auf die Argumente aus dem Text): Z. ______ bis Z. ______
- **Schluss (Fazit):** Z. ______ bis Z. ______

b Überprüfe die Zeilenangaben mit den Angaben im Lösungsheft, damit du besser weiterarbeiten kannst.

3 a Lies den zweiten Teil des Hauptteils (Erörterungsteil) genau. Markiere die Wendungen im Schülertext, in denen der Bezug zur Textvorlage deutlich wird. Eine Wendung ist schon markiert.

b Kreuze an: Mit welchen drei Argumenten aus dem Text setzt sich die Schülerin kritisch auseinander?

c Notiere, ob die Schülerin diesen drei Argumenten zustimmt (+), widerspricht (–) oder teilweise zustimmt (0).

- ☐ Das Interesse der User an dem Thema „Body Positivity“ ist groß. ______
- ☐ Der Begriff Body Positivity wird häufig gegoogelt. ______
- ☐ Die Werbeindustrie hat nur ein finanzielles Interesse am Thema „Body Positivity“. ______
- ☐ Body Positivity in der Werbung führt zu einem gesteigerten Kaufinteresse. ______
- ☐ Die deutsche Medienlandschaft hat beim Thema „Body Positivity“ besonders viel Nachholbedarf. ______
- ☐ Authentische Körper kommen in der deutschen Werbung nicht so gut an. ______

4 Erkläre, wie die Schülerin den Schluss ihrer Erörterung gestaltet hat. Kreuze die richtige Antwort an.

Die Schülerin zieht das Fazit, ...

- ☐ dass die Body-Positivity-Bewegung zu mehr Selbstakzeptanz führt und deshalb zu Recht in der deutschen Medienlandschaft präsenter sein sollte.
- ☐ dass die Marken mit einer Body-Positivity-Kampagne mehr Umsatz machen könnten und deshalb in der Medienlandschaft präsenter sein sollten.
- ☐ dass die Body-Positivity-Bewegung zwar wichtig ist, weil sie zu mehr Selbstakzeptanz führt, dass aber diese Bewegung in den deutschen Medien schon ausreichend präsent ist.

Eine Erörterung im Anschluss an einen Text verfassen

1. Schritt: Die Textvorlage erschließen

Information **Erörtern im Anschluss an einen Text: Die Textvorlage erschließen**

Die Erörterung im Anschluss an einen Text verlangt eine gründliche Auseinandersetzung mit der gedanklichen Struktur der Textvorlage. Die folgenden Leitfragen helfen dir dabei:

- Um welches **Thema/Problem** geht es? Welche Positionen (Thesen) werden vertreten?
- Welche **Argumente** werden für die Position genannt? Wie werden die Argumente gestützt? Werden Gegenargumente genannt?
- Enthält der Text eine **Schlussfolgerung?**
- Welche **Absicht** verfolgt der Text? Will der Autor / die Autorin zu einem Thema Stellung nehmen? Enthält der Text einen (versteckten) **Appell (eine Aufforderung)** an die Leser/-innen?

1 a Lies die folgende Aufgabenstellung genau. Markiere die Aspekte, die du in deiner Erörterung berücksichtigen musst. Ein Anfang ist vorgegeben.

- Fasse die wesentlichen Aussagen des Textes „Holt euch euren Körper zurück!" (▸ S. 20–21) von Violetta Simon zusammen und stelle die Gedankenführung (den Argumentationsaufbau) dar. Beschreibe, welche Aussageabsicht (Intention) die Autorin verfolgt.
- Erörtere unter Einbezug wichtiger Argumente aus dem Text die dargestellte Problematik zur eigenen Körperwahrnehmung.

b Lies den folgenden Kommentar einmal zügig durch.

Holt euch euren Körper zurück!

Von Violetta Simon

Das Selbstwertgefühl des modernen Menschen wird bestimmt von Influencern, Ernährungs-Gurus und Fitness-Trackern. Verlieren wir allmählich den Verstand?

Das Leben ist ein Wellnessbereich. Jedes zweite Hotel bezeichnet sich als Wohlfühl-Oase, Immobilienpreise bemessen sich am Wohlfühl-Faktor, selbst in Büros herrscht verordnete Wohlfühl-Atmosphäre. Dabei sind die meisten Menschen weit davon entfernt, sich in ihrer Haut wohlzufühlen. Oder überhaupt: sich zu fühlen. Immer mehr Menschen scheinen den Bezug zu ihrem eigenen Körper zu verlieren. Bereitwillig überlassen sie die Einschätzung von Gesundheit, Fitness, Gewicht, Körperbild modernen Hightech-Geräten. Digitalwaagen messen nicht nur das Gewicht, sondern gleich noch den Anteil an Unterhautfettgewebe. Das Vertrauen in diese Geräte ist immens. Kein Wunder: Sie beweisen uns täglich, dass sie alles Mögliche besser können als wir.

Eine Instanz gibt es, der wir uns noch bereitwilliger anvertrauen: die sozialen Medien. Dank Instagram, Facebook & Co. beruht unser Selbstbild immer häufiger auf der Wahrnehmung anderer. Maßgeblich ist nicht, wie attraktiv, fit oder gesund man sich empfindet, sondern wie glaubhaft und eindrucksvoll man dies – etwa durch Selfies oder Videos – seinem Umfeld vermittelt.

Die Frage „Bin ich schön?" wird somit immer häufiger von einer anonymen, unüberschaubaren Community beantwortet, deren Normen von Meinungsführern, sogenannten Influencern, geprägt sind. Social-Media-Trends und TV-Castingshows bestimmen mittlerweile maßgeblich, wie junge Menschen die eigene Figur wahrnehmen und bewerten. Der ständige Vergleich mit anderen, vermeintlich perfekten Menschen prägt nicht nur das eigene Schönheitsideal. Dahinter steht immer auch der Anspruch: Erst wenn ich geworden bin, was ich sein soll, darf ich mich wohlfühlen.

So viele perfekt inszenierte Körper – ganz zu schweigen von den Möglichkeiten, die Photoshop und Weichzeichner darüber hinaus bieten. Wie soll der durchschnittliche Körper da bestehen? Wie gelingt es, unter dem Druck ständiger Vergleiche und Vorgaben sich selbst stolz und selbstbewusst zu betrachten statt durch die unerbittliche Brille der Crowd[1]? Die Diskrepanz[2] zwischen dem Ich und dem medienvermittelten Schönheitsideal dominiert das eigene Körperbild.

Einer Studie der Uni Köln zufolge setzen sich bereits Kinder intensiv mit ihrer Figur und ihrem Gewicht auseinander, jeder vierte Erwachsene zwischen 18 und 39 Jahren hat schon mehrfach Diäten versucht. Der Kampf ist eröffnet – es ist ein Kampf gegen sich selbst.

Wir müssen wieder lernen, uns selbst zu vertrauen. Solange wir unser Selbstbild von Fitness-Trackern, -Gurus und -Influencern abhängig machen, haben wir weitaus mehr zu verlieren als ein paar Kilos: unseren gesunden Menschenverstand.

1 die Crowd (engl.): die Menge, die Masse

2 die Diskrepanz: Missverhältnis, Abweichung

2 a Kreuze nach dem ersten Lesen an, welche Position die Autorin vertritt.

Sie ist der Meinung, ...

☐ dass neue Technologien wie Fitness-Tracker nicht an Kinder verkauft werden sollen.

☐ dass in den sozialen Medien realistischere Körperfotos gezeigt werden sollen.

☐ dass moderne Hightech-Geräte und soziale Medien unser Selbstwertgefühl negativ beeinflussen.

☐ dass die Veröffentlichung von retuschierten Bildern in den sozialen Medien verboten werden sollte.

b Lies noch einmal die Überschrift, den Vorspann und den letzten Absatz des Textes. Kreuze dann an, welchen Appell (Aufforderung) die Autorin an ihre Leser/-innen richtet.

Sie fordert...

☐ von ihren Leserinnen und Lesern eine Ernährungsumstellung.

☐ Fitness-Gurus und -Influencer dazu auf, ein realistisches Körperbild zu bewerben.

☐ die Leser/-innen dazu auf, wieder auf sich selbst anstatt auf Influencer und Fitness-Tracker zu hören.

☐ Fitness-Influencer dazu auf, sich ihres Verstandes zu bedienen.

3 Lege dir eine Stoffsammlung für den ersten Aufgabenteil (Textzusammenfassung) an.

a Lies den Text ein zweites Mal gründlich und untersuche den Argumentationsaufbau genauer. Unterstreiche hierzu zentrale Thesen, Argumente, Beispiele und Schlussfolgerungen.

b Halte wichtige Kerngedanken zum Argumentationsaufbau des Textes fest. Schreibe in dein Heft.

These: moderne Hightech-Geräte und soziale Medien ... (vgl. Z. 1–3)
1. Argument: Menschen verlieren Bezug zu ihrem Körper durch moderne Hightech-Geräte → Beispiel: Digitalwaage (vgl. Z. 7–11)
2. Argument: Durch soziale Medien ist unser Selbstbild von der Wahrnehmung anderer abhängig. → Folge: ... (vgl. Z. 12–17)
....
Forderung/Appell: ...

2. Schritt: Sich kritisch mit dem Text auseinandersetzen

4 a Kreuze zuerst an, wie du persönlich zu der Position der Autorin stehst:

Der Position der Autorin, dass unser Selbstwertgefühl durch moderne Hightech-Geräte und soziale Medien negativ beeinflusst wird,

☐ stimme ich völlig zu. ☐ stimme ich teilweise zu. ☐ widerspreche ich vollkommen.

b Lege dir eine Stoffsammlung für den zweiten Aufgabenteil (Erörterung) an. Setze dich kritisch mit den Hauptargumenten aus dem Text auseinander. Notiere hierzu Stichworte in deinem Heft. Nutze die folgenden Anfänge von Stoffsammlungen, z. B.:

Du kannst den **Argumenten zustimmen, widersprechen** oder **teilweise zustimmen.** Je nachdem kritisierst oder bestätigst du die genannten Argumente, führst zusätzliche Argumente oder Gegenargumente an und beziehst Stellung.

Ja! Unser Selbstwertgefühl wird durch soziale Medien negativ beeinflusst.
1. Argument des Textes: Menschen verlieren Bezug zu ihrem Körper.
→ stimme zu: Schrittzähler-App lenkt vom eigenen Körpergefühl ab, Daten sind zudem unzuverlässig ...
2. Argument aus dem Text: ...
→ stimme zu: Selfies perfekt inszeniert. Jede/-r stellt sich glücklich und schön dar, um viele Likes zu bekommen ...

Nein! Unser Selbstwertgefühl wird nicht durch soziale Medien negativ beeinflusst.
1. Argument des Textes: Menschen verlieren Bezug zu ihrem Körper.
→ widerspreche ich: Geräte liefern zuverlässige Daten über Bewegungsverhalten → Körper rückt ins Bewusstsein ...
2. Argument aus dem Text: ...
→ widerspreche ich: Selfies und Videos (z. B. von Fitness-Gurus) sind Motivation ...

Ja und nein! Unser Selbstwertgefühl wird teilweise durch soziale Medien negativ beeinflusst.
1. Argument des Textes: Menschen verlieren Bezug zu ihrem Körper.
→ stimme ich teilweise zu: Körper rückt durch Fitness-Armband einerseits ins Bewusstsein, andererseits sind Daten ungenau und ...
2. Argument aus dem Text: ...
→ stimme zu: Selfies zeigen nur Schokoladenseite des Lebens ...

3. Schritt: Die Erörterung im Anschluss an einen Text ausformulieren

5 **Ergänze die folgende Einleitung, indem du die fehlenden Angaben in den Lücken ergänzt. Die Notizen im Wortspeicher helfen dir dabei.**

In dem ______________________ mit dem Titel ______________________

______________________ macht die Autorin

______________________ auf das Problem aufmerksam, dass

____

______________________.

6 **Formuliere den Hauptteil in deinem Heft.**

a **Fasse die Argumentation der Autorin knapp zusammen. Greife dazu auf den ersten Teil deiner Stoffsammlung zurück (▸ S. 21, Aufgabe 3). Du kannst die folgenden Formulierungshilfen nutzen.**

> Die Autorin vertritt in ihrem Artikel die Meinung, dass soziale Medien und ... unsere Körperwahrnehmung negativ beeinflussen. Um ihre Position zu stützen, führt sie mehrere Argumente an. Moderne Hightech-Geräte wie die Digitalwaage ... Noch mehr Einfluss auf unser Selbstbild haben laut Simon die sozialen Medien, denn hier gehe es nur noch darum, ... Die vielen perfekt inszenierten Körper beeinflussten das eigene Schönheitsideal und führten dazu, ... Die Autorin fordert ihre Leserschaft dazu auf, ... anstatt auf Influencer und Fitness-Tracker zu vertrauen.

b **Setze den Hauptteil in deinem Heft fort, indem du die Hauptargumente des Textes erörterst. Nimm dazu den zweiten Teil deiner Stoffsammlung zu Hilfe (▸ S. 22, Aufgabe 4). Du kannst die folgenden Formulierungshilfen nutzen.**

Bezug zur Textvorlage deutlich machen	Die Autorin kritisiert / führt an ... XY führt weiterhin an, dass ... Er/Sie gibt zu bedenken / argumentiert / macht deutlich ...
Eigene Argumente und Beispiele einleiten	Ich denke nicht / denke auch / denke nur zum Teil, dass ... Dieses Argument überzeugt mich / überzeugt mich nicht / kann ich nur teilweise ... Diese Ansicht kann ich vollkommen/nicht/teilweise teilen, denn ... So ... Beispielsweise ... Wenn man ... Ich habe die Erfahrung gemacht, dass ... Außerdem halte ich es für wichtig ...

c **Ziehe zum Schluss ein Fazit, in dem du deine Position deutlich machst.**

7 **Wie sollten die User mit den geschönten und perfekten Fotos in den sozialen Medien umgehen? Formuliere einige Tipps, z. B.:**

- Lass dich nicht beeindrucken von ...
- Denke immer daran, dass diese Fotos ...

Materialgestützt eine Pro-und-Kontra-Erörterung verfassen

1. Schritt: Informationen auswerten, eine Gliederung entwerfen

Information **Eine Streitfrage pro und kontra erörtern**

Bei einer Pro-und-Kontra-Erörterung (dialektische Erörterung) setzt du dich mit einer strittigen Frage (These) auseinander, indem du Pro- und Kontra-Argumente nennst und dann ein begründetes Fazit ziehst. Eine strittige Frage könnte sein: *Sollen Mädchen und Jungen in bestimmten Fächern getrennt voneinander unterrichtet werden?*

- In der **Einleitung** führst du in das Thema ein und leitest dann zum Hauptteil (Streitfrage) über.
- Im **Hauptteil** führst du **Pro- und Kontra-Argumente** (mit Beispielen) an und ziehst dann ein **Fazit,** in dem du deinen **Standpunkt deutlich** formulierst. Das Fazit ist zugleich auch der Schluss deiner Erörterung.

1 **Lies dir die folgende Aufgabenstellung durch. Markiere die Streitfrage, die du erörtern sollst, und deine Adressaten bzw. den Ort der Veröffentlichung.**

Lange Haare, viele Muskeln und ein flacher Bauch: In den sozialen Medien und der Werbung sehen die Menschen perfekt aus. Besonders bei Jugendlichen erzeugt das ein verzerrtes Körperbild und setzt viele unter Druck. In Norwegen müssen retuschierte Fotos in der Werbung und von Influencern gekennzeichnet werden. Soll es auch in Deutschland eine Kennzeichnungspflicht für retuschierte Fotos in der Werbung und von Influencern geben? Schreibe einen Beitrag für ein Jugendmagazin, in dem du erörterst, was dafür (pro) und was dagegen (kontra) spricht. Ziehe dann ein Fazit, in dem du eine Empfehlung abgibst. Nutze die folgenden Materialien (► S. 24–26), um überzeugende Argumente und Beispiele zu finden.

2 **Verschaffe dir zunächst einen Überblick über die Materialien (► S. 24–26), indem du sie zügig liest.**

M1

Retuschierte Fotos kennzeichnen

Von: Nele Sophie Karsten

In Frankreich und Norwegen müssen retuschierte Fotos gekennzeichnet werden. Das soll gegen unrealistische Schönheitsideale helfen. Aber reicht das?

In Frankreich ist die Kennzeichnung bearbeiteter Fotos seit einigen Jahren Pflicht. Nun will auch Norwegen mit einem neuen Gesetz gegen den „kroppspress“, auf Deutsch „Körperdruck“, vorgehen. Das hat das Parlament Anfang Juni mit klarer Mehrheit beschlossen. Ab Sommer 2022 müssen retuschierte Fotos in der Werbung, egal, ob von großen Konzernen oder von Influencer/-innen, gekennzeichnet werden.

Erlaubt sind dann nur noch ganzheitliche Bildbearbeitungen wie Aufhellung, Verdunklung oder Schärfung. Das Familienministerium will ein Logo entwickeln, mit dem die bearbeiteten Fotos markiert wer-

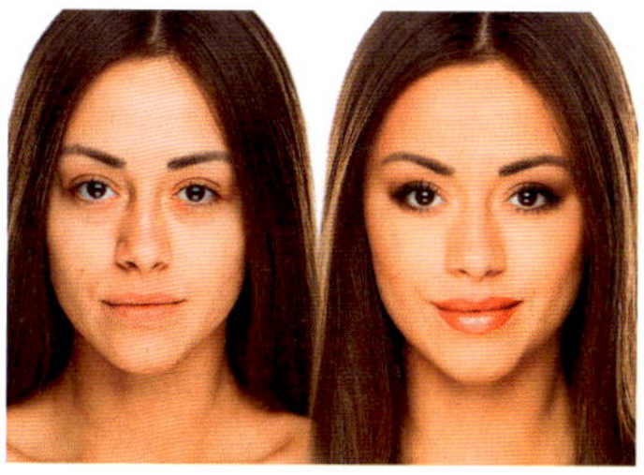

den müssen. Das Ziel der Kennzeichnungspflicht ist es, gegen körperbezogene psychische Krankheiten vorzugehen und unrealistische Schönheitsstandards aufzudecken.

In der Werbung und in unserem Instagram-Feed dominieren retuschierte Fotos. Sogenannte Beautyfilter und andere Bearbeitungsschritte machen Körper normschön: entfernen Pickel, machen Hüften schlanker und Beine länger. In Deutschland sind etwa vier von fünf Menschen mit ihrem Äußeren unzufrieden. Jede dritte Frau zwischen 11 und 21 Jahren würde kein unbearbeitetes Foto von sich hochladen.

„Die Schönheitsideale, die in den sozialen Medien präsentiert werden, sind alarmierend", sagt Melodie Michelberger, Body-Image-Aktivistin. Als Teenagerin war Michelberger umgeben von Frauenzeitschriften, die ihr das Gefühl gaben, eine Außenseiterin zu sein, weil ihr Körper nicht den Modelmaßen entsprach. „Ich dachte, mit mir stimmt etwas nicht", sagt sie. Das ständige Vergleichen mit falschen Idealen sei mit den sozialen Medien nur noch präsenter geworden. „Schöne Körper sollen dünne Körper sein und dicke Menschen gelten als Problemfall."

Studien zeigen: Der häufige Konsum retuschierter Inhalte kann Tendenzen einer Essstörung verstärken. Insbesondere Jugendliche, die viel Zeit online verbringen, leiden schnell unter den dort vorherrschenden Schönheitsidealen. Ihr Selbstbild, ihre Identität, ihr Körpergefühl entwickelt sich gerade erst. Sie sind umso empfänglicher für Einflüsse von außen. Dass diese Einflüsse die Realität, in der jeder Körper unterschiedlich ist, verzerren, ist gefährlich und setzt vor allem junge Mädchen unter Druck. Vielen gelingt es nicht, zu abstrahieren und die bearbeiteten Inhalte von der wahren Welt zu unterscheiden.

Wer das neue Gesetz bricht, muss Strafe zahlen. Jedoch wurde von den Gesetzgeber/-innen schon vor der Einführung der Pflicht eingeräumt, dass die Durchsetzung schwierig werden könnte, weil eine Bearbeitung nicht immer erkennbar [und daher schwer zu verfolgen] sei.

Ein Gesetz wie in Norwegen würde Michelberger sich auch für Deutschland wünschen. Sie ist sich aber sicher, dass es mehr brauche, um die falschen Körperideale nachhaltig zu bekämpfen, als eine Kennzeichnung.

M2

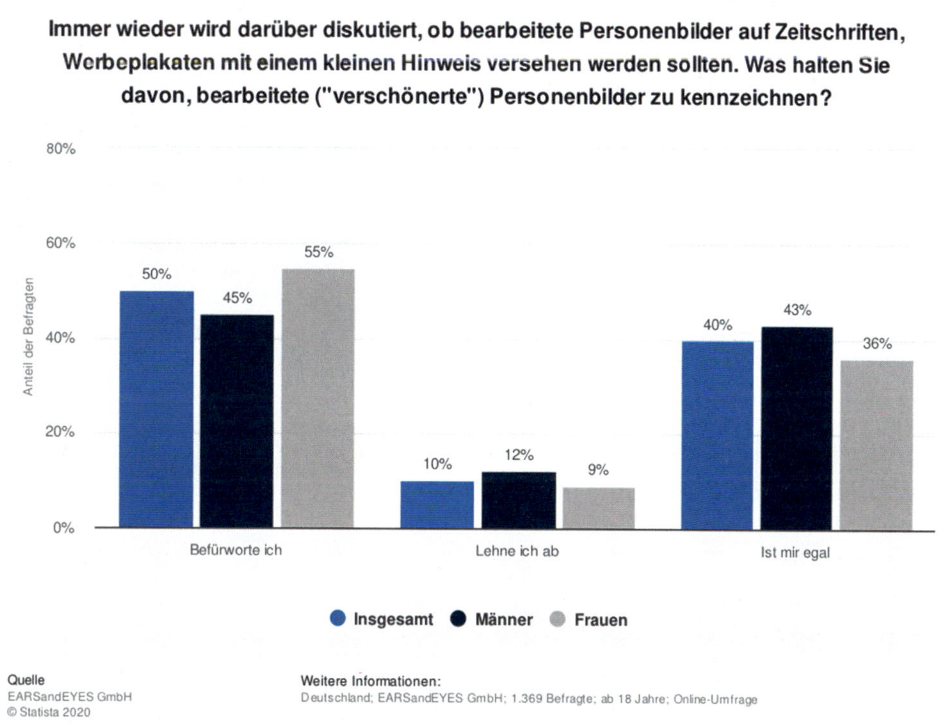

M3

„Wir können uns vor Bildwelten nicht verschließen“

Ein Gespräch mit dem Fotografen Maurice Weiss

Gesa Ufer: Das Kenntlichmachen von retuschierten Frauenkörpern – halten Sie das als Fotograf für sinnvoll?

Maurice Weiss: Modefotografie ist für viele junge Menschen ein Vorbild, und wenn das Vorbild auch rein physiologisch nicht mehr erreichbar ist, dann ist es natürlich für die jungen Frauen extrem frustrierend und auch gefährlich. Und wenn die Gesellschaft auf so ein Problem keine andere Antwort weiß, dann hoffe ich, dass so ein Gesetz die jungen Leute schützt.

Gesa Ufer: Es gibt seit Jahrzehnten Bestrebungen, auch in der Werbung, Frauenkörper realistisch abzubilden, sprich mit ein paar Gramm mehr oder mit Zellulite. Da verändert sich doch schon einiges, oder?

Maurice Weiss: Möchte ich wirklich wissen, wie der Mensch, der auf dem Foto ist, in echt ist? Gerade in der Werbung ist es ein Problem: Möchte ich eine Frau sehen oder möchten sich die Frauen selber sehen mit Zellulite? Eher nicht! Man möchte sich auch ein bisschen hineinträumen, was man sein könnte, und die Werbung sagt, wenn du dieses oder jenes Produkt verwendest, dann kannst du so schön sein wie das, was wir dir hier gerade zeigen. Das Problem ist nur, wenn man da immer in die Extreme geht: noch dünner, noch größer, es geht immer um das Mehr.

M4

Zur Kennzeichnungspflicht von retuschierten Fotos

Ein Kommentar von Fadime Incebel

Das Gesetz zur Kennzeichnungspflicht von bearbeiteten Fotos soll dazu beitragen, dass vor allem Kinder und Jugendliche weniger unter Druck geraten, wenn sie sich mit falschen, unerreichbaren Schönheitsidealen vergleichen. Eine gute Sache, ergab doch die Umfrage einer Kinderschutzorganisation, dass 43 Prozent der Kinder und Jugendlichen in Bezug auf ihr Aussehen unter Stress stehen. Einen Haken hat die Sache jedoch: Es ist nicht klar, ob mit diesem Gesetz der von den Jugendlichen empfundene „Körperbilddruck“ tatsächlich verringert werden kann. Bis heute weiß man einfach noch zu wenig über die Auswirkungen dieser aktuell beschlossenen Kennzeichnungspflicht. Außerdem kann die Kennzeichnung von retuschierten Fotos in der Werbung auch dazu führen, dass bei den Modelagenturen mehr Menschen gesucht werden, bei denen gar keine Bildbearbeitung mehr erforderlich ist. So etwas kann dann bei den Models oder bei den Personen, die eine Modelkarriere anstreben, zu einem Diätdruck und zu einer Essstörung führen. Und zuletzt: Würden diese Warnhinweise mit der Zeit nicht einfach ihre Wirkung verlieren, da wir uns an sie gewöhnen und sie schlussendlich einfach ignorieren?

3 **Lege dir eine Stoffsammlung für deine Argumentation an.**

a **Untersuche zuerst die Grafik (▶ S. 25): Wie viel Prozent der Befragten sind für, wie viele gegen eine Kennzeichnungspflicht? Wie vielen ist sie egal? Wie ist die Verteilung zwischen Männern und Frauen?**

b **Leite aus der Grafik sowohl ein Pro- als auch ein Kontra-Argument zur Frage „Kennzeichnungspflicht von bildbearbeiteten Fotos“ ab. Ergänze hierfür den folgenden Lückentext.**

In einer Umfrage zur Kennzeichnungspflicht von retuschierten Bildern wird deutlich, dass die Hälfte der Befragten ______________________________.

Besonders auffällig ist, dass beide Geschlechter hier fast identische Angaben machen: Männer befürworten die Kennzeichnungspflicht mit __________ Prozent, Frauen mit ____________________ Prozent.

Gegen die Kennzeichnungspflicht von Bildern spricht, dass sie dem Großteil der Bevölkerung egal ist oder sie diese sogar ____________________. Das ergab eine Umfrage, in der 10 Prozent aller Männer und Frauen eine Kennzeichnungspflicht ablehnen und __________ Prozent angeben, diese sei ihnen egal.

Besonders auffällig ist, dass in dieser Frage beide Geschlechter fast identische Angaben machen.

c **Lies jetzt die Texte (▶ M1, M3, M4, S. 24–26) und unterstreiche Argumente, Beispiele und Belege pro (für) und kontra (gegen) die Kennzeichnungspflicht in unterschiedlichen Farben. Ein Anfang ist vorgegeben.**

4 **Lege dir in deinem Heft – oder am Computer – eine Stoffsammlung für deine Argumentation an, in der du die Argumente, Beispiele und Belege pro und kontra einer Kennzeichnungspflicht stichpunktartig auflistest.**

Stoffsammlung: Gründe für (pro) und gegen (kontra) eine Kennzeichnungspflicht

Material	Pro-Argumente + Beispiele	Kontra-Argumente + Beispiele
M1: Retuschierte Fotos kennzeichnen	retuschierte Fotos setzen unrealistische Schönheitsideale → vier von fünf Pers. sind mit Äußerem unzufrieden, jeder dritte Jugendliche zwischen 11 und 21 Jahren würde kein unbearbeitetes Foto hochladen …	Durchsetzbarkeit und Strafverfolgung der Kennzeichnungspflicht schwierig, Bildbearbeitung schwer nachzuweisen
M2: Grafik	..	…
M3: Interview	…	…
M4: Kommentar	…	

2. Schritt: Die Gliederung entwerfen und die Erörterung schreiben

Information: **Pro-und-Kontra-Erörterung: Die Gliederung**

Die Argumente pro und kontra können unterschiedlich angeordnet werden.
1 Pro und Kontra in Blöcken: Hier werden die Pro- und Kontra-Argumente (und Beispiele) blockweise gegenübergestellt: zuerst die der Gegenposition, dann die der eigenen Position, denn so bleiben sie den Leser/-innen besser im Gedächtnis.
2 Pro und kontra im Wechsel: Hier führst du Argumente (und Beispiele) gegen und für deine Position im laufenden Wechsel an. Du musst nicht streng nach jedem Argument wechseln, sondern kannst auch zwei Pro- bzw. Kontra-Argumente aufeinander folgen lassen.

5 **Die unten stehenden Gliederungen ordnen beide die Pro- und Kontra-Argumente in Blöcken an. Entscheide, welche Position Schüler A und welche Position Schüler B vertritt. Fülle den Lückentext aus.**

Schüler ____________ ist für die Kennzeichnungspflicht, denn die Argumente für die Kennzeichnungspflicht stehen ____.

Schüler ____________ ist gegen die Kennzeichnungspflicht, denn die Argumente für die Kennzeichnungspflicht stehen ____.

Schüler A

Einleitung: Kennzeichnungspflicht von ...
Hauptteil:
I Kontra-Argumente
1. Wirksamkeit der Kennzeichnungspflicht nicht bewiesen
2. Strafverfolgung schwierig

II Pro-Argumente
1. retuschierte Fotos setzen unrealistische Schönheitsideale (Körperdruck)
2. Vorbeugung von Essstörungen und psychischen Erkrankungen

Fazit: Kennzeichnungspflicht ...

Schüler B

Einleitung: Kennzeichnungspflicht von ....
Hauptteil:
I Pro-Argumente
1. retuschierte Fotos setzen unrealistische Schönheitsideale (Körperdruck)
2. Vorbeugung von Essstörungen und psychischen Erkrankungen

II Kontra-Argumente
1. Strafverfolgung schwierig
2. Wirksamkeit der Kennzeichnungspflicht ist nicht bewiesen

Fazit: Kennzeichnungspflicht ...

6 **Erstelle selbst eine Gliederung für den Hauptteil. Nutze hierzu deine Stoffsammlung (► S. 27, Aufgabe 4).**
a Entscheide zuerst, ob du für oder gegen die Kennzeichnungspflicht argumentieren willst. Kreuze an:

☐ Ich bin für die Kennzeichnungspflicht. ☐ Ich bin gegen die Kennzeichnungspflicht.

b Erstelle mit Hilfe deiner Stoffsammlung (► S. 27) eine Gliederung. Markiere in deiner Stoffsammlung jeweils zwei Argumente für und gegen die Kennzeichnungspflicht für bearbeitete Fotos. Suche für deine Position zwei besonders überzeugende Argumente.

3. Schritt: Die Pro-und-Kontra-Erörterung ausformulieren

7 **Verfasse eine Einleitung für deinen Beitrag für das Jugendmagazin. Du kannst eine der folgenden Ideen auswählen. Schreibe in dein Heft.**

In der **Einleitung** führst du in das Thema ein und leitest dann zum Hauptteil (Streitfrage) über. Du kannst z. B. auf die **Aktualität des Themas** hinweisen oder an ein **persönliches Erlebnis** oder eine **persönliche Erfahrung** anknüpfen.

A Durchtrainierte Körper, reine Haut und ... In der Werbung und in den sozialen Netzwerken wimmelt es nur so von ... Viele Jugendliche fühlen sich dadurch ... In Norwegen ... Könnte so ein Gesetz auch bei uns ... Im Folgenden möchte ich erörtern, was für und was gegen ...

B In Frankreich und Norwegen ist das Gesetz schon verabschiedet: Hier müssen in der Werbung und in den sozialen Medien retuschierte Fotos ... Schon bald könnte es auch ... Doch was spricht eigentlich ...? Im Folgenden möchte ich die Vor- und Nachteile ...

8 **Schreibe mit Hilfe deiner Gliederung den Hauptteil deines Beitrags in dein Heft. Du kannst die folgenden Satzanfänge zu Hilfe nehmen.**

Formulierungshilfen	
Argumente	- Die Befürworter/Gegner der Kennzeichnungspflicht argumentieren, dass ... - Ein zentrales Argument für/gegen die Kennzeichnungspflicht ist, dass ... - Ein weiterer Grund für/gegen .... - Darüber hinaus ... - Außerdem kann eine Kennzeichnungspflicht (nicht) ... - Die Vorschrift hätte zur Folge / nicht zur Folge, dass ... - Entscheidend ist vor allem das Argument, nach dem ...
Belege, Beispiele, Zitate	- Eine Studie/Umfrage zeigt, dass ... - So belegen Studien / argumentieren Expert/-innen, dass... - Beispielsweise gibt es ... - Untersuchungen zeigen ... - Als Beleg lässt sich anführen, dass ...
Überleitung	- Den Vorteilen/Nachteilen, die eine Kennzeichnungspflicht hat, sind aber folgende Nachteile/Vorteile gegenüberzustellen: ...

9 **Formuliere nun den Schluss, indem du ein Fazit ziehst. Nimm die folgenden Formulierungsbausteine zu Hilfe und schreibe in dein Heft.**

- Wenn ich die Argumente für und gegen ... abwäge, komme ich zu dem Schluss ...
- Zurück zur Ausgangsfrage: Sollte man ...?
- Wenn ich ..., könnte ich mir vorstellen, dass ....

Beim **Fazit** formulierst du deine **Meinung zur Streitfrage.** Du kannst dich eindeutig dafür (pro) oder dagegen (kontra) aussprechen oder du formulierst eine Bedingung, unter der du dich für Pro oder Kontra entscheiden würdest.

Eine Kurzgeschichte interpretieren

Eine Kurzgeschichte erschließen und verstehen

Methode **Erzähltexte mit Hilfe von Leitfragen erschließen**

Thema/Inhalt:
- Worum geht es in dem Text? Gibt es **zentrale Motive** oder ein **Leitmotiv?**

Aufbau und Handlung:
- Wie sind der **Anfang** und der **Schluss** gestaltet (z. B. offen oder zu Ende erzählt)?
- Gibt es einen **Höhe- oder Wendepunkt?** Wird **Spannung** erzeugt?
- Wird **linear** (in chronologischer Folge) oder mit **Rückblenden und Vorausdeutungen** erzählt?
- **Figuren:**
  - Welche **Beziehungen** haben die Figuren untereinander?
  - Wie werden die Figuren **charakterisiert?** Erfährst du etwas über ihr Innenleben (innere Handlung: Gedanken und Gefühle) oder wird nur die äußere Handlung dargestellt?
- **Erzähler/-in:**
  - Welche **Erzählform** (Ich-, Er-/Sie-Erzähler/-in) liegt vor? Wie wirkt dies?
  - Welches **Erzählverhalten** (personal/auktorial) liegt vor? Wie wirkt dies?
- **Sprache:**
  - Gibt es Auffälligkeiten, z. B. im **Satzbau,** in der **Wortwahl** (z. B. Jugendsprache oder Bildungssprache) oder bei den **rhetorischen Mitteln** (z. B. viele sprachliche Bilder)?
- **Gestaltung von Zeit und Schauplatz:**
  - Wie ist das Verhältnis von **Erzählzeit** (Zeit deines Leseprozesses) und **erzählter Zeit** (Zeitraum der Handlung)? Wird zeitdehnend, zeitdeckend oder zeitraffend erzählt?
  - Verrät der Schauplatz etwas über den Inhalt? Hat er vielleicht **symbolische Bedeutung?**

Julia Franck: Streuselschnecke (2002)

Der Anruf kam, als ich vierzehn war. Ich wohnte seit einem Jahr nicht mehr bei meiner Mutter und meinen Schwestern, sondern bei Freunden in Berlin. Eine fremde Stimme meldete sich, der Mann nannte seinen Namen, sagte mir, er lebe in Berlin, und fragte, ob ich ihn kennen lernen wolle. Ich zögerte, ich war mir nicht sicher. Zwar hatte ich schon viel über solche Treffen gehört und mir oft vorgestellt, wie so etwas wäre, aber als es so weit war, empfand ich eher Unbehagen. Wir verabredeten uns. Er trug Jeans, Jacke und Hose. Ich hatte mich geschminkt. Er führte mich ins Café Richter am Hindemithplatz und wir gingen ins Kino, ein Film von Rohmer[1]. Unsympathisch war er nicht, eher schüchtern. Er nahm mich mit ins Restaurant und stellte mich seinen Freunden vor. Ein feines, ironisches Lächeln zog er zwischen sich und die anderen Menschen. Ich ahnte, was das Lächeln verriet. Einige Male durfte ich ihn bei seiner Arbeit besuchen. Er schrieb Drehbücher und führte Regie bei Filmen. Ich fragte mich, ob er mir Geld geben würde, wenn wir uns treffen, aber er gab mir keins, und ich traute mich nicht, danach zu fragen. Schlimm war das nicht, schließlich kannte ich ihn kaum, was sollte ich da schon verlangen? Außerdem konnte ich für mich selbst sorgen, ich ging zur Schule und putzen und arbeitete als Kindermädchen.

unmittelbarer Einstieg

Ich-Erzählerin

Rückblende

Date / kurze Sätze

1 Éric Rohmer: Franz. Regisseur, der in seinen Filmen die Liebe thematisiert.

Bald würde ich alt genug sein, um als Kellnerin zu arbeiten, und vielleicht wurde ja auch noch eines Tages etwas Richtiges aus mir.

Zwei Jahre später, der Mann und ich waren uns noch immer etwas fremd, sagte er mir, er sei krank. Er starb ein Jahr lang, ich besuchte ihn im Krankenhaus und fragte, was er sich wünsche. Er sagte mir, er habe Angst vor dem Tod und wolle es so schnell wie möglich hinter sich bringen. Er fragte mich, ob ich ihm Morphium[2] besorgen könne. Ich dachte nach, ich hatte einige Freunde, die Drogen nahmen, aber keinen, der sich mit Morphium auskannte. Auch war ich mir nicht sicher, ob die im Krankenhaus herausfinden wollten und würden, woher es kam. Ich vergaß seine Bitte. Manchmal brachte ich ihm Blumen. Er fragte nach dem Morphium und ich fragte ihn, ob er sich Kuchen wünsche, schließlich wusste ich, wie gerne er Torte aß. Er sagte, die einfachen Dinge seien ihm jetzt die liebsten – er wolle nur Streuselschnecken, nichts sonst. Ich ging nach Hause und buk Streuselschnecken, zwei Bleche voll. Sie waren noch warm, als ich sie ins Krankenhaus brachte. Er sagte, er hätte gerne mit mir gelebt, es zumindest gern versucht, er habe immer gedacht, dafür sei noch Zeit, eines Tages – aber jetzt sei es zu spät. Kurz nach meinem siebzehnten Geburtstag war er tot. Meine kleine Schwester kam nach Berlin, wir gingen gemeinsam zur Beerdigung. Meine Mutter kam nicht. Ich nehme an, sie war mit anderem beschäftigt, außerdem hatte sie meinen Vater zu wenig gekannt und nicht geliebt.

2 Morphium: starkes Schmerzmittel

1 **Notiere deine ersten Eindrücke von dieser Kurzgeschichte in Stichworten.**

2 **Worum geht es in dieser Geschichte? Bilde eine treffende Deutungsthese, indem du den richtigen Satzanfang (links) mit der richtigen Fortsetzung (rechts) verknüpfst. Ziehe eine Verbindungslinie. TIPP: Überlege, welche Figur im Mittelpunkt der Handlung steht.**

A In der Geschichte geht es um einen Vater, der seine Tochter erst spät kennen lernen will und ihr	D nach anfänglicher Distanz während seiner tödlichen Krankheit näherkommt.
B Die Geschichte handelt von einem Mädchen, das seinen Vater erst spät kennen lernt und ihm	E zwar beisteht, aber bis zuletzt völlig fremd bleibt.
C Die Geschichte thematisiert, wie ein Vater und seine Tochter sich spät kennen lernen und er ihr	F dann ausmalt, wie ein gemeinsames Familienleben hätte aussehen können.

3 a Lies die Geschichte noch einmal gründlich:
- Unterstreiche – wie in den ersten Zeilen bereits vorgemacht – weitere wichtige Textstellen.
- Markiere Informationen (Eigenschaften, Gefühle, Lebensumstände) über die Tochter in Orange und über den Vater in Blau.
- Umkreise den Höhe- und Wendepunkt.

b Nutze die Randspalte für Anmerkungen zu Inhalt und Form.

4 a Trage die zentralen Handlungsschritte der Geschichte mit Zeilenangaben in den Zeitstrahl ein.

14 Jahre	14–16 Jahre
Anruf und erstes Treffen (Z. 1–)	

16–17 Jahre	17 Jahre

b Welche Aussagen zu Zeitgestaltung und Aufbau treffen zu? Kreuze die beiden richtigen Antworten an.

A ☐ Die Geschichte wird zeitraffend erzählt.
B ☐ Die Geschichte wird zeitdehnend erzählt.
C ☐ Die Geschichte ist eine Rückblende.
D ☐ Die Geschichte enthält Vorausdeutungen.

5 Charakterisiere die Ich-Erzählerin und ihren Vater. Sieh dir dazu deine Markierungen im Text an (▸ Aufgabe 3 a) und notiere Stichworte in den Listen.

Ich-Erzählerin

selbstständig (mit 14 Jahren ausgezogen, Z. 1–3), ____________

Vater (auch in der Wahrnehmung der Ich-Erzählerin)

fremd (Z. 3), ____________

6 Untersuche, wie sich das Verhältnis der beiden Figuren zueinander entwickelt:
- Ergänze in den Sprechblasen in direkter Rede, was der Vater sagt. Die Zeilenangaben helfen dir.
- Formuliere rechts in Stichworten, was in der Tochter dabei vorgeht bzw. vorgehen könnte.

„Willst du ______ ?" (Z. 5–6)	zuerst ______
„Ich hätte ______ ." (Z. 43)	am Ende ______

7 Stimmst du der folgenden Aussage zu einem Schauplatz der Geschichte zu? Erläutere in deinem Heft.

> Erst im Krankenhaus wird die Beziehung eng und vertraut.

8 Untersuche die Erzählweise und ihre Wirkung.

a Welche Aussagen zur Erzählweise treffen zu? Kreuze die richtigen Antworten an.

☐ personales Erzählen ☐ auktoriales Erzählen ☐ Er-/Sie-Form ☐ Ich-Form

b Erläutere in deinem Heft, wie die Erzählweise auf dich wirkt, z. B.:
Ich bin nah bei der Ich-Erzählerin und erhalte ... Was hingegen genau in dem Vater vorgeht, ...

9 Untersuche die sprachliche Gestaltung und ihre Wirkung. Kreuze die Antwort an, die nicht zutrifft:

A ☐ Sprache und Stil sind eher schlicht und nüchtern; die parataktischen Sätze wirken informativ.

B ☐ Die Sprache ist komplex, um die schwierigen Familienverhältnisse zu veranschaulichen.

C ☐ Die Wortwahl („der Mann", „solche Treffen" usw.) führt die Leser/-innen absichtlich in die Irre bzw. verheimlicht bewusst, dass es sich um den Vater handelt.

10 Welche typischen Merkmale einer Kurzgeschichte findest du in dieser Geschichte?
Notiere Stichworte zu den sechs fett gedruckten Merkmalen in der Information rechts. Schreibe in dein Heft.

Merkmale von Kurzgeschichten
Kurzgeschichten sind von geringem Umfang. Meist steht ein **entscheidender Moment im Leben (1)** einer Figur im Zentrum. Dabei entwickelt sich die Handlung rasch auf einen **Höhe- oder Wendepunkt (2)** zu. Alles steht im Zeichen der Kürze: Die **Geschichte beginnt unmittelbar (3),** der **Schluss ist offen (4)** und die **Sprache (5)** ist meist eher einfach, z. B. in der Ausdrucksweise und im Satzbau.
In einigen Kurzgeschichten gibt es auch ein **zentrales Bild oder ein Leitmotiv (6),** das für das Verständnis der Geschichte von besonderer Bedeutung ist.

Die Kurzgeschichte schriftlich interpretieren

Information **Einen epischen Text interpretieren**

Bevor du einen epischen Text interpretierst, musst du ihn genau untersuchen. Je nach Aufgabenstellung untersuchst du Handlung, Figuren, Sprache, Motive und Erzählweise.

- In der **Einleitung** nennst du den Namen des Autors / der Autorin, den Titel, die Textsorte (z. B. Kurzgeschichte, Novelle) und das Thema bzw. die Kernaussage des Textes.
- Im **Hauptteil** legst du die Ergebnisse deiner Textuntersuchung dar und belegst sie mit Textbeispielen. Je nach Aufgabenstellung wird Folgendes entfaltet:
  - Inhalt und Aufbau der Geschichte (▸ S. 31–32, Aufgaben 2–4),
  - Figuren und ihre Beziehungen zueinander (▸ S. 32–33, Aufgaben 5–6),
  - Erzähler/Erzählweise, sprachliche Gestaltung, Zeitgestaltung und Schauplatz (▸ S. 33, Aufgaben 7–9) und zentrale Bilder bzw. Leitmotive (▸ S. 33, Aufgabe 10),
  - eventuell Besonderes im Hinblick auf die Textsorte, z. B. die Kurzgeschichte (▸ S. 33, Aufgabe 10).
- Im **Schluss** kannst du kurz Stellung zum Text nehmen (z. B. zum Thema, zum zentralen Problem oder zur Aussageabsicht) oder eine persönliche Bewertung des Textes abgeben.

1 **Formuliere in deinem Heft eine vollständige Einleitung für deine Interpretation. Nutze dazu auch dein Ergebnis aus Aufgabe 2 (▸ S. 31), z. B.:** Die ... „..." von ... handelt von ...

2 **Lege für den Hauptteil deiner Interpretation einen Schreibplan in Stichworten an. Nutze dazu deine Ergebnisse aus den Aufgaben 3 bis 10 (▸ S. 32–33).**

kurze Zusammenfassung des Inhalts	14-Jährige
Figuren und ihre Beziehungen	zuerst dann
Erzählweise und sprachliche Gestaltung	
Zeitgestaltung und Schauplatz	Zeit: starke wichtigster Schauplatz:
Merkmale der Textsorte Kurzgeschichte	

Information **Den Hauptteil der Interpretation sprachlich gestalten**

- Mache Zusammenhänge der Handlung (z. B. zeitliche) durch passende **Satzanfänge** und **Satzverknüpfungen** deutlich, z. B.: *zuerst, erst, als, weil, denn, obwohl, allerdings, stattdessen, dass.*
- Schreibe **sachlich** und **nüchtern,** vermeide ausschmückende Formulierungen.
- Schreibe im **Präsens** (bei Vorzeitigkeit im Perfekt).
- Belege deine Beobachtungen am Text durch **Zitate.**

3 **Verfasse auf Grundlage deines Schreibplans den Hauptteil deiner Interpretation. Arbeite im Heft.**

a Beginne mit einer knappen Zusammenfassung des Inhalts. Nutze dazu den folgenden Anfang:
Eine Ich-Erzählerin erzählt im Rückblick von den letzten drei Jahren ihres Lebens.
Zu Beginn der Geschichte ... Eines Tages ...

b Erläutere, wie sich die Beziehung der Figuren entwickelt. Nutze dafür die folgenden Formulierungshilfen und stütze deine Aussagen mit Textbelegen (Zitaten):
Die Ich-Erzählerin lernt ihren Vater im Alter von ... Daher ist er ihr zunächst ... („eine fremde ...", Z. 3).
Obwohl sie sich im Laufe von zwei Jahren häufig ..., kommen sie sich kaum ... (vgl. Z. ...).
Dass die Ich-Erzählerin ihren Vater wiederholt als „..." bezeichnet (Z. ..., ..., ...), unterstreicht ...
Erst als der Vater schwer ... und im ... liegt, entwickelt sich ...
Durch das Motiv der ... wird die Zuneigung der Tochter hervorgehoben („Sie waren noch ...", Z. ...).
Dem entspricht die letzte Aussage des Vaters, er habe ... (vgl. Z. ...).
Beiden ist es nach den beschriebenen Startschwierigkeiten also gelungen, ...

c Beschreibe die Erzählweise und erkläre, wie sie die Wahrnehmung der Leser/-innen beeinflusst und auch den Wendepunkt der Geschichte ermöglicht. Übertrage dafür den folgenden Absatz richtig in dein Heft.

Eine Ich-Erzählerin / Er-Erzählerin berichtet von den wenigen Jahren, die sie mit ihrem Vater erlebt. Durch die auktoriale/personale Perspektive sehen die Leser/-innen die Ereignisse nicht/nur durch die Augen der Erzählerin. Die schnelle/langsame Annäherung an ihren Vater verdeutlicht die Ich-Erzählerin, indem sie bis fast zum Schluss nur von einem „Mann" spricht. Die Leser/-innen werden entsprechend bis zum erwartbaren/überraschenden Wendepunkt über die wahre Identität des „Mannes" im Dunkeln gelassen.

d Erläutere die Zeitgestaltung und die Bedeutung der Schauplätze. Ergänze dazu die folgenden Sätze.
- Die Erzählerin berichtet rückblickend über einen Zeitraum von drei Jahren. Die Zeitgestaltung ist daher ...
- Den beliebigen Treffpunkten in der Stadt (Restaurant, Kino etc.) steht das Krankenhaus gegenüber. Diesem Schauplatz, an dem es keine Ausflüchte mehr gibt, kommt eine besondere Bedeutung zu, weil ...

e Benenne mit Hilfe von Aufgabe 10 (▶ S. 33) drei typische Merkmale dieser Kurzgeschichte.

4 **Bewerte am Schluss das Verhalten der Ich-Erzählerin:**
- **Scheint dir ihre schrittweise Annäherung an den „fremden" Vater nachvollziehbar? Begründe und werte.**
- **Inwiefern ist ihr knappes und überraschendes Fazit gegenüber der Mutter verständlich?**

⊕ **5** **a Experimentiere mit der Erzählweise: Formuliere im Heft die ersten Sätze der Geschichte so um, dass die Leser/-innen nicht in die Irre geführt werden. Erzähle auktorial und in der Sie-Form, z. B.:**
Der unerwartete Anruf ihres Vaters kam, als ... Schon mit 13 ...

b Welche Erzählweise erscheint dir reizvoller? Begründe deine Antwort in deinem Heft.

Ein Gedicht interpretieren

Ein Gedicht untersuchen und verstehen

Methode **Talking to the Text – Erste Annäherung an ein Gedicht**

Bevor du ein Gedicht interpretierst, musst du es genau untersuchen. Im ersten Schritt der Untersuchung kannst du die Methode **Talking to the Text** anwenden. Dabei hältst du im Text und in der Randspalte alles fest, was dir zu **Inhalt, Form und Sprache** auffällt. Nutze dazu:

- knappe **Notizen** (z. B. Fachbegriffe, Deutungsideen, Fragen),
- verschiedenfarbige **Markierungen** (z. B. für verschiedene rhetorische Mittel),
- **Buchstaben** und **Zeichen** (z. B. für den Reim = abab, das Metrum = xx́ und Wichtiges = !).

TIPP: Achte auf den **Titel.** Gibt er dir zusätzliche Informationen oder einen Deutungshinweis?

1 Lies das Gedicht von Erich Kästner aufmerksam und notiere deine ersten Leseeindrücke im Heft.

2 Nähere dich dem Gedicht mit der Methode „Talking to the Text". Ergänze weitere Notizen.

Erich Kästner: Er weiß nicht, ob er sie liebt (1929)

Soll man sein Herz bestürmen: „Herz, sprich lauter!" a
da es auf einmal leise mit uns spricht? b
Einst sprach es laut zu uns. Das klang vertrauter.
Nun flüstert's nur. Und man versteht es nicht.

Was will das Herz? Man denkt: Wenn es das wüsste,
dann wär es laut, damit man es versteht.
Dann riefe es, bis man ihm folgen müsste!
Was will das Herz, dass es so leise geht?

Das Allerschönste, was sich Kinder wünschen,
das wagt sich kaum aus ihrem Mund hervor.
Das Allerschönste, was sich Kinder wünschen,
das flüstern sie der Mutter bloß ins Ohr.

Ist so das Herz, dass es sich schämt zu rufen?
Will es das Schönste haben? Ruft es Nein?
Man soll den Mächten, die das Herz erschufen,
nicht dankbar sein.

Thema: Liebe
Selbstgespräch?
Fragesatz
Gegensätze:
Wiederholung

Methode **Leitfragen zur Gedichtuntersuchung I: Inhalt und Sprechsituation untersuchen**

Im Anschluss an deine Textannäherung (▶ S. 36) solltest du das Gedicht genauer untersuchen. Dabei helfen dir die Leitfragen auf dieser und der nächsten Seite.

1 Thema, Inhalt, Aufbau
- Worum geht es in dem Gedicht? Geht es z. B. um Gefühle, die Natur oder die Politik?
- Ist eine Handlung erkennbar? Wird eine bestimmte Situation beschrieben?

2 Die Sprechsituation
- Tritt ein lyrisches Ich/Wir in Erscheinung oder ist der lyrische Sprecher nicht im Text greifbar?
- Wird eine bestimmte Haltung, Stimmung oder Position erkennbar?
- Gibt es einen Adressaten oder eine Adressatin? Wird jemand / ein Du direkt angesprochen?

3 **Erschließe den Inhalt des Gedichts genauer.**

a Umkreise eine Formulierung, die das Thema genau trifft.

Vergänglichkeit der Liebe

Schüchternheit, jemandem seine Liebe zu gestehen

Verunsicherung durch unklare Gefühle

Erinnerungen an die Kindheit

Selbstvorwürfe wegen Entscheidungsschwäche

b Ordne den Strophen die Zusammenfassungen rechts richtig zu, indem du Verbindungslinien ziehst.

1. Strophe	A Zweimal wird die zentrale Frage gestellt, was das Herz wolle.
2. Strophe	B Der Sprecher stellt fest, dass er sich seiner Gefühle nicht sicher ist.
3. Strophe	C Das Herz ist schwer zu deuten und für den Sprecher daher eine Fehlkonstruktion.
4. Strophe	D Eine Kindheitserfahrung legt nahe, dass das Herz bei wichtigen Wünschen leise spricht.

4 **Untersuche die Sprechsituation genauer. Kreuze Erklärungen und Deutungen an, die dir richtig oder nachvollziehbar erscheinen.**

A ☐ Der lyrische Sprecher verbirgt sich hinter dem unbestimmten Pronomen „man“.

B ☐ Eine Geliebte wird mehrfach direkt angesprochen. Sie ist die Adressatin des Gedichts.

C ☐ Der Titel legt nahe, dass aus der Perspektive eines Mannes gesprochen wird.

D ☐ Der lyrische Sprecher hört in sich hinein, weil er sich seiner Gefühle nicht sicher ist. Durch die Fragen, die an niemand Bestimmten gerichtet sind, wirkt das Gedicht wie ein Selbstgespräch.

Methode **Leitfragen zur Gedichtinterpretation II: Formale und sprachliche Mittel untersuchen**

3 Formaler Aufbau
- Ist das Gedicht in **Strophen** gegliedert? Sind die Strophen gleich gebaut?
- Werden **Verse** wiederholt? Gibt es einen Refrain? Kommen auffällige **Zeilensprünge** vor?
- Ist das Gedicht reimlos? Liegt ein **Reimschema** vor?
- Gibt es ein durchgängiges **Metrum?**

4 Sprachliche und rhetorische Mittel
- Werden **sprachliche Bilder** (Vergleiche, Metaphern, Personifikationen) verwendet?
- Werden **Wörter oder Sätze am Satz- oder Versanfang wiederholt** (Anapher)?
- Gibt es **Wortneuschöpfungen** (Neologismen)?
- Dominiert eine **bestimmte Wortart?**

Es reicht nicht, die formalen und sprachlichen Eigenschaften eines Gedichts nur zu benennen. Du musst sie mit Blick auf den Inhalt des Textes auch **deuten,** d. h. in ihrer **Wirkungsabsicht erklären.**

5 **Bestimme die formalen Gestaltungsmittel des Gedichts und deute sie.**

a **Bestimme die Reimform. Ergänze dazu die Buchstabenfolge neben dem Gedicht (▸ S. 36) und kreuze den richtigen Fachbegriff an.**

☐ Paarreim (aabb) ☐ Kreuzreim (abab) ☐ umarmender Reim (abba)

b **Bestimme das Metrum. Setze dafür im Gedicht (▸ S. 36) durchgängig Betonungszeichen und kreuze den richtigen Fachbegriff an.**

☐ Trochäus (x́x) ☐ Daktylus (x́xx) ☐ Jambus (xx́) ☐ Anapäst (xxx́)

c **Streiche in der folgenden Deutung von Reim und Metrum die falschen Aussagen durch.**

Die Reimform betont mit ihrem ständigen Wechsel die Gefühlsschwankungen / die klaren Gefühle des lyrischen Sprechers. Dagegen bewirkt das Metrum eine große Dynamik / eine gewisse Monotonie, die die Ratlosigkeit / die Entscheidungsfreude des lyrischen Sprechers hervorhebt.

6 **Welche Deutungen zu Form und Sprache treffen zu? Lies im Gedicht nach und kreuze an.**

A ☐ Das Herz wird durchgängig personifiziert. Der Sprecher wartet darauf, dass es zu ihm spricht (vgl. V. 1) und ihm seine Zweifel nimmt.

B ☐ Alle Fragen des Sprechers wenden sich direkt an das Herz (V. 1, 5 und 8), weil es im Mittelpunkt des Gedichts steht.

C ☐ Durch die Wiederholung wird die Bedeutung der zentralen Frage „Was will das Herz?“ (V. 5 und 8) zusätzlich hervorgehoben.

D ☐ Die Gegensatzpaare „leise/laut“ (V. 2 und 3) und „einst/nun“ (V. 3 und 4) veranschaulichen, dass sich die Gefühle des Sprechers verändert haben.

E ☐ Die dritte Strophe nutzt Metaphern, um die Entscheidungsschwäche als allgemein menschliches Problem zu schildern.

F ☐ Der Jambus im letzten Vers bricht nach zwei Hebungen ab, als lohne es sich nicht weiterzusprechen. Das Fazit des Sprechers fällt entsprechend resignativ aus.

Das Gedicht schriftlich interpretieren

Methode **Eine Gedichtinterpretation schreiben**

- In der **Einleitung** nennst du die Art des Textes (z. B. Gedicht oder genauer: Sonett), den Titel, die Autorin / den Autor, das Entstehungsjahr und das Thema.
- Im **Hauptteil** gibst du die Ergebnisse deiner Untersuchung (▶ S. 36–38) geordnet wieder:
  - Fasse den Inhalt strophenweise zusammen.
  - Bestimme die Sprechsituation: Gibt es ein lyrisches Ich oder einen Adressaten?
  - Benenne formale und sprachliche Mittel und deute sie, indem du ihre Wirkung erläuterst.
  - Ordne den Text in seine literarische Epoche ein oder setze den Text in Beziehung zu anderen Gedichten mit dem gleichen Motiv (z. B. Liebe, Natur, Politik).
- Gehe zum **Schluss** auf die Gesamtwirkung des Textes ein oder nimm Stellung.
- **Belege deine Aussagen** zum Text mit Textstellen und zitiere dabei korrekt.

1 Formuliere eine vollständige **Einleitung** in deinem Heft. Setze dafür den folgenden Anfang fort:
Erich Kästner thematisiert in seinem 1929 erschienenen Gedicht ...

2 Verfasse auf Grundlage deiner Vorarbeiten den **Hauptteil** deiner Interpretation in deinem Heft.
TIPP: Du kannst das Merkwissen oben als Schreibplan nutzen.

a Nutze deine Ergebnisse aus Aufgabe 3 (▶ S. 37) und fasse den Inhalt strophenweise zusammen. Die folgenden Formulierungen helfen dir.

> Das Gedicht beginnt mit / setzt ein mit ...
> Daraufhin / Anschließend / Im Anschluss ...
> In der zweiten/dritten/vierten Strophe ...
> Abschließend / In der Schlussstrophe ...

b Nutze deine Ergebnisse aus Aufgabe 4 (▶ S. 37), um die Sprechsituation darzustellen, z. B.:
Der lyrische Sprecher, den die Leser/-innen sich aufgrund des Titels als ... vorstellen können, verbirgt sich hinter ... (V. ...). Aufgrund der Fragen, die an niemand Bestimmten gerichtet sind, wirkt ...

c Deute formale und sprachliche Mittel mit Bezug zum Inhalt. Greife dabei auf die Aufgaben 5 und 6 (▶ S. 38) zurück und nutze die Formulierungshilfen. Belege deine Aussagen mit Textstellen.
Das Gedicht besteht aus vier ... mit je vier ..., die durch einen ...reim miteinander verbunden sind. Das Metrum ist ... Während der ...reim ... Dazu passt, dass der letzte Vers nach ... Sprachlich fällt auf, ...

d Ordne das Gedicht mit Hilfe der Information rechts zeitlich und in Bezug auf das Motiv der Liebe in die Epoche der Neuen Sachlichkeit ein.

> In der **Neuen Sachlichkeit** (ca. 1918–1933) geht es um eine realistische Darstellung der Wirklichkeit. Auch die Liebe wird nüchtern und oft illusionslos beschrieben.

3 Fasse zum **Schluss** die wesentlichen Ergebnisse in deinem Heft zusammen und nimm Stellung, z. B.:
Wie beantwortet das Gedicht seine selbst gestellte Frage: „Was will das Herz?" Die Antwortet lautet, ...
Diese Einstellung des lyrischen Sprechers zur Liebe kann ich nachvollziehen / nicht nachvollziehen, weil ...

⊕ **4** Schreibe im Heft aus der Perspektive des Herzens einen Brief an den lyrischen Sprecher des Gedichts, z. B.:
Lieber Mensch, ich weiß, du bist unzufrieden mit mir, weil ... Aber ...

Eine Dramenszene interpretieren

Eine Dramenszene untersuchen und verstehen

Methode **Eine Dramenszene untersuchen**

Die folgenden Untersuchungsschwerpunkte helfen dir dabei, eine Dramenszene genau zu verstehen:

1 **Stellung der Szene im Handlungsverlauf** (sofern das gesamte Drama bekannt ist):
- Wo steht die Szene im Handlungsverlauf? Was ist ihr vorausgegangen, was folgt ihr?

2 **Inhalt und Thema der Szene**
- Was geschieht in der Szene und im Verlauf des Gesprächs? Welche Figuren treten auf?

3 **Figuren- und Gesprächsanalyse**
- Wie stehen die Figuren zueinander **(Figurenkonstellation)?** Welche **Absichten** verfolgen sie?
- Wie verhalten sich die Figuren? Verändert sich ihr **Verhalten** im Laufe des Gesprächs?
- Welche **Gedanken und Gefühle** werden deutlich? Achte z. B. auf Regieanweisungen.
- Wie sind die **Redeanteile** der Figuren verteilt? Wer ergreift die Initiative, wer reagiert?
- Was zeichnet die **Sprache** einer Figur aus (Sprachstil, Wortwahl, rhetorische Mittel)?

TIPP: Lies die **Regieanweisungen** aufmerksam.

1 Lies die Szene und markiere dabei wichtige Textstellen.

Frank Wedekind

Frühlings Erwachen. Eine Kindertragödie (1891, Uraufführung 1906), 3. Akt, 3. Szene

Das Drama spielt am Ende des 19. Jahrhunderts. Hauptfiguren sind die 14-jährigen Jugendlichen Melchior Gabor, Moritz Stiefel und Wendla Bergmann, die später an den Folgen einer Abtreibung sterben wird. Nachdem sich Moritz wegen seiner drohenden Nichtversetzung das Leben genommen hat, findet man bei ihm ein bebildertes Schriftstück mit sexuellem Inhalt, das sein Freund Melchior verfasst hat. Melchior muss daraufhin die Schule verlassen. Melchiors Eltern überlegen, was zu tun ist.

Frau Gabor: ... Man hatte einen Sündenbock nötig. Man durfte die überall laut werdenden Anschuldigungen nicht auf sich beruhen lassen. Und nun mein Kind das Unglück gehabt, den Zöpfen[1] im richtigen Moment in den Schuss zu laufen, nun soll ich, die eigene Mutter, das Werk seiner Henker vollenden helfen? – Bewahre mich Gott davor!

Herr Gabor: – Ich habe deine geistvolle Erziehungsmethode vierzehn Jahre schweigend mit angesehn. Sie widersprach meinen Begriffen. Ich hatte von jeher der Überzeugung gelebt, ein Kind sei kein Spielzeug; ein Kind habe Anspruch auf unsern heiligsten Ernst. Aber ich sagte mir, wenn der Geist und die Grazie des einen die ernsten Grundsätze eines andern zu ersetzen imstande sind, so mögen sie den ernsten Grundsätzen vorzuziehen sein. – – Ich mache dir keinen Vorwurf, Fanny. Aber vertritt mir den Weg nicht, wenn ich dein und mein Unrecht an dem Jungen gutzumachen suche!

Frau Gabor: Ich vertrete dir den Weg, solange ein Tropfen warmen Blutes in mir wallt! In der Korrektionsanstalt[2] ist mein Kind verloren. Eine Verbrechernatur mag sich in solchen Instituten bessern lassen. Ich weiß es nicht. Ein gut gearteter Mensch wird so gewiss zum Verbrecher darin, wie die Pflanze verkommt, der du Luft und Sonne entziehst. [...] Du magst theoretisch vollkommen im Rechte sein. Aber ich kann mir mein einziges Kind nicht gewaltsam in den Tod jagen lassen!

Herr Gabor: Das hängt nicht von uns ab, Fanny. – Das ist ein Risiko, das wir mit unserem Glück auf uns genommen. Wer zu schwach für den Marsch ist, bleibt am Wege. Und es ist schließlich das Schlimmste nicht, wenn das Unausbleibliche zeitig kommt. Möge uns der Himmel davor behüten! Unsere Pflicht ist es, den Wankenden zu festigen, solange die Vernunft Mittel weiß. – Dass man ihn aus der Schule gejagt, ist nicht seine Schuld. Wenn man ihn *nicht* aus der Schule gejagt hätte, es wäre auch seine Schuld nicht! – Du bist zu leichtherzig. Du erblickst vorwitzige Tändelei[3], wo es sich um Grundschäden des Charakters handelt. Ihr Frauen seid nicht berufen, über solche Dinge zu urteilen. Wer *das* schreiben kann, was Melchior schreibt, der muss im innersten Kern seines

Wesens angefault sein. Das Mark ist ergriffen. Eine halbwegs gesunde Natur lässt sich zu so etwas nicht herbei. Wir sind alle keine Heiligen; jeder von uns irrt vom schnurgeraden Pfad ab. Seine Schrift hingegen vertritt das *Prinzip*. Seine Schrift entspricht keinem zufälligen gelegentlichen Fehltritt; sie dokumentiert mit Schauder erregender Deutlichkeit den aufrichtig gehegten *Vorsatz*, jene natürliche Veranlagung, jenen Hang zum *Unmoralischen*, weil es das Unmoralische ist. Seine Schrift manifestiert[4] jene exzeptionelle[5] geistige Korruption[6], die wir Juristen mit dem Ausdruck „moralischer Irrsinn" bezeichnen. – Ob sich gegen seinen Zustand etwas ausrichten lässt, vermag ich nicht zu sagen. *Wenn* wir uns einen Hoffnungsschimmer bewahren wollen, und in erster Linie unser fleckenloses Gewissen als die Eltern des Betreffenden, so ist es Zeit für uns, mit Entschiedenheit und mit allem Ernste ans Werk zu gehen. [...]

Frau Gabor: Hilf mir Gott, wie lässt sich dagegen aufkommen! – Man muss ein *Mann* sein, um so sprechen zu können! [...] Was schreibt er denn in aller Welt! Ist's denn nicht der eklatanteste Beweis für seine Harmlosigkeit, für seine Dummheit, für seine kindliche Unberührtheit, dass er so etwas schreiben kann! – Man muss keine Ahnung von Menschenkenntnis besitzen – man muss ein vollständig entseelter Bürokrat oder ganz nur Beschränktheit sein, um hier moralische Korruption zu wittern! – – Sag, was du willst. Wenn du Melchior in die Korrektionsanstalt bringst, dann sind *wir* geschieden! Und dann lass mich sehen, ob ich nicht irgendwo in der Welt Hilfe und Mittel finde, mein Kind seinem Untergange zu entreißen.

Herr Gabor: Du wirst dich dreinschicken[7] müssen – wenn nicht heute, dann morgen. [...]

Frau Gabor: Ich sehe ihn nicht wieder; ich sehe ihn nicht wieder. Er erträgt das Gemeine nicht. Er findet sich nicht ab mit dem Schmutz. Er zerbricht den Zwang; das entsetzlichste Beispiel schwebt ihm vor Augen! – Und sehe ich ihn wieder – Gott, Gott, dieses frühlingsfrohe Herz – sein helles Lachen – alles, alles – seine kindliche Entschlossenheit, mutig zu kämpfen für Gut und Recht – o dieser Morgenhimmel [...]. Verfahre mit mir, wie du willst! *Ich* trage die Schuld. – Aber lass deine fürchterliche Hand von dem Kind weg.

Herr Gabor: Er hat sich vergangen!

Frau Gabor: *Er hat sich nicht vergangen!*

Herr Gabor: Er hat sich vergangen! – – – Ich hätte alles darum gegeben, es deiner grenzenlosen Liebe ersparen zu dürfen. – – Heute Morgen kommt eine Frau zu mir, vergeistert, kaum ihrer Sprache mächtig, mit *diesem* Brief in der Hand – einem Brief an ihre fünfzehnjährige Tochter. Aus dummer Neugierde habe sie ihn erbrochen; das Mädchen war nicht zu Haus. – In dem Briefe erklärte Melchior dem fünfzehnjährigen Kind, dass ihm seine Handlungsweise keine Ruhe lasse, er habe sich an ihr versündigt usw. usw., werde indessen natürlich für alles einstehen. Sie möge sich nicht grämen, auch wenn sie Folgen spüre [...] – und was des unsinnigen Gewäsches mehr ist.

Frau Gabor: Unmöglich!!

Herr Gabor: [...] Ich habe mit dem Jungen noch nicht gesprochen – aber sieh bitte die Hand! Sieh die Schreibweise!

Frau Gabor: Ein unerhörtes, schamloses Bubenstück!

Herr Gabor: Das fürchte ich!

Frau Gabor: Nein, nein – nie und nimmer!

Herr Gabor: Umso besser wird es für uns sein. – Die Frau fragt mich händeringend, was sie tun solle. Ich sagte ihr, sie solle ihre fünfzehnjährige Tochter nicht auf Heuböden herumklettern lassen. Den Brief hat sie mir glücklicherweise dagelassen. – Schicken wir Melchior nun auf ein anderes Gymnasium, wo er nicht einmal unter elterlicher Aufsicht steht, so haben wir in drei Wochen den nämlichen Fall – neue Relegation[8] – sein frühlingsfreudiges Herz gewöhnt sich nachgerade daran. – Sag mir, Fanny, wo soll ich hin mit dem Jungen?!

Frau Gabor: – In die Korrektionsanstalt –

Herr Gabor: In die ...?

Frau Gabor: ... Korrektionsanstalt!

Herr Gabor: Er findet dort in erster Linie, was ihm zu Hause ungerechterweise vorenthalten wurde: eherne Disziplin, Grundsätze und einen moralischen Zwang, dem er sich unter allen Umständen zu fügen hat.

---

1 die Zöpfe: hier: Menschen mit veralteten Vorstellungen
2 die Korrektionsanstalt: Erziehungsheim
3 die Tändelei: Spielerei
4 manifestieren: zum Ausdruck bringen, offenbaren
5 exzeptionell: außergewöhnlich
6 die Korruption, hier: Verderbnis, Verwahrlosung
7 sich dreinschicken: sich damit abfinden
8 die Relegation: Schulverweis

2 **Beschreibe knapp den Standort der Szene im Handlungsverlauf.**

Der Szene geht ______________________________ (III,2) und

______________________________ (III, 1) voraus.

In der Szene danach ______________________________

____

____

3 **a** **Herr und Frau Gabor beurteilen in der Szene ihren Sohn Melchior zunächst sehr unterschiedlich und verfolgen im Gespräch jeweils unterschiedliche Absichten. Kreuze die beiden zutreffenden Aussagen an.**

A ☐ Frau Gabor betont Melchiors kindliche Unschuld und möchte ihn vor der Korrektionsanstalt bewahren.

B ☐ Frau Gabor verurteilt die von Melchior verfasste Schrift und möchte ihren Mann von der Rechtmäßigkeit des Schulverweises überzeugen.

C ☐ Herr Gabor verteidigt Melchiors Schrift und möchte seine Frau zu einem milderen Urteil bewegen.

D ☐ Herr Gabor sieht in Melchior eine Veranlagung zum Unmoralischen und möchte seine Frau überzeugen, dass die Unterbringung in einer Korrektionsanstalt für ihn das Beste ist.

b **Das Gespräch zwischen Herrn und Frau Gabor nimmt eine überraschende Wendung. Markiere den Wendepunkt in der Szene (▶ S. 40 f.).**

4 **Im Gespräch werden unterschiedliche Argumente angeführt.**
a **Ordne jedes der Argumente A bis G einer der beiden Figuren zu, indem du eine Linie ziehst.**
b **Belege jedes Argument am Text: Notiere die Zeilenangabe.**

A Melchiors Handeln war kein einzelner, versehentlicher Fehler. Er hat einen durch und durch schlechten Charakter (vgl. Z. ________).

B Melchiors Erziehung war zu wenig von klaren Regeln und Vorschriften geprägt (vgl. Z. ________).

C Eine Korrektionsanstalt zerstört gute Menschen wie Melchior (vgl. Z. ________).

D Die Lehrer suchen nur einen Schuldigen, um von eigenem Unrecht abzulenken (vgl. Z. ________).

Herr Gabor

Frau Gabor

E Melchiors Abhandlung zeigt, wie unschuldig er eigentlich denkt (vgl. Z. ________).

F Es ist notwendig, mit großer Strenge auf Melchior einzuwirken (vgl. Z. ________).

G In einer Korrektionsanstalt ist eine Selbsttötung Melchiors zu befürchten (vgl. Z. ________).

5 **Wie bewirkt Herr Gabor die Meinungsänderung seiner Frau? Kreuze bei jeder Aussage an, ob sie zutrifft oder nicht.**

	trifft zu	trifft nicht zu
A Herr Gabor deckt eine zurückgehaltene Information auf.	☐	☐
B Herr Gabor erfindet weitere Belege für ein Fehlverhalten Melchiors.	☐	☐
C Herr Gabor entwirft ein Schreckensbild von Melchiors Zukunft.	☐	☐
D Herr Gabor versucht mit neuen Fakten, Melchiors Charakterlosigkeit zu erhärten.	☐	☐
E Herr Gabor verbietet seiner Frau, 15-Jährige auf einen Heuboden zu lassen.	☐	☐

6 a **Beschreibe im Heft das Gesprächsverhalten der beiden Figuren: Wie sind die Redeanteile verteilt? Sind beide Gesprächsteilnehmer gleichberechtigt oder verhält sich einer dominant? Wird offen miteinander geredet? Gib Textbelege an.**

b **„Ihr Frauen seid nicht berufen, über solche Dinge zu urteilen." (Z. 44 f.) – Erläutere, inwieweit diese Aussage von Herrn Gabor, die typisch ist für das Verständnis der Geschlechterrollen um 1900, zu seinem Gesprächsverhalten passt. Schreibe in dein Heft, z. B.:**

Die **Geschlechterrollen um 1900** sind stereotyp: Eine Frau hat sich passiv zu verhalten. Ihre wesentliche Rolle ist die der Mutter und Ehefrau unter dem Schutz des aktiven, starken Mannes, der als Familienoberhaupt alle Entscheidungen trifft.

In dieser Aussage klingt ein Verständnis der Geschlechterrollen an, wie es für die Zeit um 1900 typisch ist: Der Mann ..., während die Frau ... Herr Gabors Gesprächsverhalten ...

7 a **Untersuche die Sprache von Herrn Gabor: Markiere in der Szene (▸ S. 40 f.) sprachlich Auffälliges.**
b **Streiche im Beispieltext falsche Angaben und trage Zeilenangaben für Textbelege ein.**

> Herr Gabor argumentiert sehr sachlich / emotional, z. B. wenn er darlegt, wie Melchiors Einstellung von „Juristen" (Z. ______) bezeichnet werde (vgl. Z. ______ – ______). Gelegentlich formuliert er sehr ironisch / pathetisch, spricht z. B. über „unsern heiligsten Ernst" (Z. ______) und die Pflicht, „den Wankenden zu festigen" (Z. ______). Herr Gabor verwendet Fremdwörter / Alltagsbegriffe, z. B. „exzeptionelle geistige Korruption" (Z. ______). Darin zeigt sich ...

8 a **Untersuche die Sprache von Frau Gabor und markiere mit einer anderen Farbe sprachlich Auffälliges.**
b **Kreuze an, welche der unten genannten sprachlichen Mittel du im Text nachweisen kannst.**

A ☐ Metapher B ☐ Parallelismus C ☐ Aufzählung
D ☐ Ausruf E ☐ rhetorische Frage

c **Notiere im Heft beispielhaft Textbelege für die sprachlichen Mittel, die du angekreuzt hast.**
d **Beschreibe im Heft ihre Wirkung. Die angebotenen Formulierungen helfen dir.**

Emotionalität • Betroffenheit • übertreibend • mit Nachdruck • bildhaft • sich abgrenzen • anschaulich • Verzweiflung • innere Erregung • empört • aufgeregt

Die Dramenszene schriftlich interpretieren

Methode **Schreibplan für die Interpretation einer Dramenszene**

- In der **Einleitung** nennst du Szene und Akt (z. B. in der 3. Szene des 3. Akts), die Art des Textes (z. B. Drama oder genauer: Tragödie, Komödie), den Titel des Stücks, den Namen des Autors / der Autorin, das Jahr der Erstveröffentlichung bzw. der Erstaufführung und das Thema der Szene.
- Im **Hauptteil** ordnest du die Szene knapp in den Handlungsverlauf ein, gibst den Inhalt der Szene kurz mit eigenen Worten wieder und verfasst schließlich eine Interpretation der Figurenbeziehung und des Dialogs. Dabei nimmst du das Verhalten der Figuren im Verlauf des Gesprächs und die Sprache besonders in den Blick. Belege deine Aussagen mit Zitaten.
- Ziehe zum **Schluss** ein Fazit, beurteile die Szene oder bewerte das Verhalten der Figuren.

1 **a Welcher Satz beschreibt am besten, worum es in der Szene geht? Kreuze an.**

A ☐ Die Szene kontrastiert Argumente für und gegen Melchiors Einweisung in eine Korrektionsanstalt.

B ☐ Die Szene zeigt Herrn Gabors Dominanz sowie sein unmenschliches Denken und Verhalten.

C ☐ Die Szene verdeutlicht in Form eines elterlichen Streitgesprächs Herrn und Frau Gabors Unfähigkeit, mit Melchiors Notsituation angemessen umzugehen.

D ☐ Die Szene wirft die Frage auf, ob Melchiors Verhalten moralisch verwerflich ist.

b Formuliere in deinem Heft die Einleitung deiner Interpretation, z. B.:

Die dritte Szene des dritten Akts von Frank Wedekinds Kindertragödie „...“, die 1891 veröffentlicht und ... uraufgeführt wurde, besteht aus ... und ...

2 **a Ordne zu Beginn des Hauptteils die Szene in den Handlungsverlauf des Dramas ein. Nutze dazu die Informationen aus dem Vorspanntext (▸ S. 40) und deine Ergebnisse aus Aufgabe 2 von Seite 42. Schreibe in dein Heft, z. B.:**

Die Szene bildet den Dreh- und Angelpunkt des ... Akts. Zu dessen Beginn wird ...
Nach Moritz' Beerdigung und ... beraten Herr und Frau Gabor ...

b Fasse anschließend die Handlung der Szene im Heft kurz zusammen. Nutze dafür deine Ergebnisse aus Aufgabe 3 (▸ S. 42) und geeignete Satzanfänge aus dem Wortspeicher.
TIPP: Schreibe im Präsens (Vorzeitigkeit = Perfekt).

Zu Beginn der Szene • Anschließend • Seinen Wendepunkt erreicht das Streitgespräch • Daraufhin • Die Szene endet • Als • Dennoch • Nachdem

3 **Markiere in dem folgenden Auszug aus einer Interpretation Textstellen, in denen der Dialog gedeutet wird.**
TIPP: Deutungen erklären, stellen Zusammenhänge her, ziehen Schlussfolgerungen.

Zuerst verteidigt Frau Gabor Melchior gegen die kompromisslose Haltung ihres Mannes, weil sie von der kindlichen Unschuld ihres Sohnes überzeugt ist. Doch als sie von Melchiors Brief an Wendla erfährt, fühlt sie sich von Melchiors Verhalten hintergangen und schwenkt deshalb auf die Position ihres Mannes um.

Methode **Möglichkeiten der Redewiedergabe**

Die Figurenrede kann wiedergegeben werden als ...
- **wörtliches Zitat,** z. B.:
  Herr Gabor eröffnet seiner Frau, dass Melchior „sich vergangen" (Z. 94) hat.
- **indirekte Rede mit Konjunktiv** (▸ S. 57), z. B.:
  Herr Gabor eröffnet seiner Frau, Melchior habe sich vergangen (vgl. Z. 94).
- **Paraphrase** (= Wiedergabe mit eigenen Worten), z. B.:
  Herr Gabor enthüllt seiner Frau Melchiors sexuellen Kontakt mit einem Mädchen (vgl. Z. 94).

4 **Nutze verschiedene Formen der Redewiedergabe. Achte jeweils auf korrekte Zeilenangaben.**

a Belege die deutende Aussage mit Hilfe des angegebenen Zitats. Zitiere wörtlich.

A Frau Gabor zweifelt an den Methoden einer Erziehungsanstalt.

→ „In der Korrektionsanstalt ist mein Kind verloren." (Z. 22 f.)

Es wird deutlich, dass Frau Gabor ______

______, als sie ausruft ______

______

b Gib Herrn Gabors Äußerung in der indirekten Rede mit Konjunktiv wieder.
TIPP: Achte auf die korrekte Wahl der Pronomen.

B „Du wirst dich dreinschicken müssen […]." (Z. 81 f.)

Herr Gabor macht seiner Frau klar, ______

______

c Paraphrasiere die folgende Textstelle knapp und mit eigenen Worten.

C „Er findet dort […], was ihm zu Hause ungerechterweise vorenthalten wurde: eherne Disziplin, Grundsätze und einen moralischen Zwang, dem er sich unter allen Umständen zu fügen hat." (Z. 133–137)

______

______

5 **Setze deinen Hauptteil im Heft fort, indem du den Gesprächsverlauf genauer untersuchst sowie die Beziehung der Figuren und ihr Gesprächsverhalten interpretierst. Gehe dabei auch auf sprachliche Auffälligkeiten ein und arbeite mit Textbelegen.**
TIPP: Deine Vorarbeiten aus den Aufgaben 5, 6, 7 und 8 (▸ S. 42 f.) helfen dir.

6 **Formuliere in deinem Heft einen Schluss. Gehe dabei auf die Funktion der Szene im Ganzen ein, z. B.:**
In dieser Szene wird deutlich, dass die Eltern ihren Sohn Melchior ... Selbst Frau Gabor ...

⊕ **7** **In der 3. Szene des 3. Akts verzichtet Wedekind auf das komisch-satirische Element, das bei allem Ernst ansonsten für „Frühlings Erwachen" charakteristisch ist. Stelle Vermutungen an, warum das so ist.**

Einen argumentierenden Sachtext analysieren

Einen Kommentar erschließen und verstehen

Information **Einen argumentierenden Sachtext erschließen I: Die Lesemethode**

Bevor du einen argumentierenden Sachtext, z. B. einen Kommentar, schriftlich analysieren kannst, solltest du ihn sorgfältig erschließen. Die ersten Schritte der **Lesemethode** helfen dir dabei, ein grundsätzliches Verständnis zu entwickeln.

1 **Schritt: Verschaffe dir einen Überblick**
- Orientiere dich im Text, indem du die Überschriften und die Anfänge der Absätze liest.
- Betrachte, falls vorhanden, Bilder und Diagramme.
- Überlege, worum es geht und welche Position der Autor / die Autorin zum Thema einnimmt.

2 **Schritt: Lies den Text zügig und bilde „Verstehensinseln“**
- Unterstreiche mit Bleistift, was du wichtig findest.
- Mache dir klar, was du nach deiner ersten Lektüre bereits verstanden hast.

3 **Schritt: Lies den Text Absatz für Absatz intensiv**
- Kläre die Bedeutung schwieriger Wörter.
- Fasse die Absätze jeweils in Form einer Zwischenüberschrift zusammen.
- Markiere im Text Schlüsselwörter oder -formulierungen, die zu den Zwischenüberschrift passen.

Bei einem argumentierenden Text erschließt du im Anschluss auch den **Argumentationsaufbau** bzw. die Gedankenführung (▸ S. 49) und die **Sprache** (▸ S. 50).

1 a Orientiere dich in dem folgenden Kommentar. Lies dazu die Überschrift und die ersten Zeilen der Absätze und betrachte die Karikaturen. Kreuze dann an, worum es in diesem Kommentar geht.

☐ **A** Es geht im Kern um die Rettung der Buchbranche.

☐ **B** Es geht um eine ernste Notlage der Buchbranche und ihre Gründe.

☐ **C** Es geht um die psychischen Gefahren, die von einem umfangreichen Serienkonsum ausgehen.

b Schreibe aus dem Vorspann zwei Gründe für die Krise der Buchbranche heraus.

____

____

Die Buchbranche steckt in einer existenziellen Krise (2018)

Netflix-Serien sind oft literarischer als ein Roman, die Sehnsucht nach Kurztexten ist groß. Es liegt ein Schatten über dem Start der Buchmesse.

Ein Kommentar von **Gerrit Bartels**

Die Frankfurter Buchmesse ist eröffnet und alles wird dort bis kommenden Sonntag sein wie immer: Viel los auf dem Messegelände, überall Bücher, überall Lesungen, überall Menschen, die über Bücher debattieren. Business as usual könnte man meinen. Doch nur dem Anschein nach.

Denn erstmals seit vielen, vielen Jahren, vielleicht überhaupt zum allerersten Mal, steckt die Branche in einer Krise. Und eben nicht in einer, die aus Geschäftsgründen so bezeichnet wurde, wie so oft in der Vergangenheit, um die Bedeutung des Buches in schönen Reden umso besser herausstreichen zu können, sondern in einer ernsthaften, ja, existenziellen Krise. Der Buchmarkt hat über einen Zeitraum von knapp fünf Jahren mehr als sechs Millionen Buchkäufer und Buchkäuferinnen verloren. Das hat ihm ökonomisch bislang wenig ausgemacht, weil das verbliebene Lesepublikum mehr Bücher gekauft hat, weil es in Deutschland noch eine Buchpreisbindung gibt und Bücher im Schnitt sogar ein bisschen teurer geworden sind. Dramatisch ist dieser Rückgang deshalb, weil es dieses Mal an die Substanz geht, an das, was den Buchmarkt in seinem Innersten ausmacht, ans Lesen, die Freude am Lesen, am langen, intensiven Lesen.

In der Branche ist man sich relativ einig, was die Gründe angeht, aus denen weniger oft zum Buch gegriffen, weniger gelesen wird. Zum einen wegen der schnellen sozialen Medien, des Smartphones, mit dem sich gerade bei Langeweile die Zeit noch besser vertreiben lässt als beispielsweise mit einem Unterhaltungsroman, und sei dieser ein E-Book. Außerdem sind da Streamingdienste wie Netflix, die haufenweise Serien produzieren – und so manche davon ist besser, literarischer als ein Roman. Aber nicht nur das: Wer fünf Staffeln „Breaking Bad" oder drei Staffeln „Narcos" schaut, braucht Zeit, und diese Zeit wird in der digitalen Multitasking-Gesellschaft immer knapper.

Ob es wirklich damit getan ist, das Buch, das Lesen mehr zu inszenieren, zu eventisieren, um die Leserschaft zurückzugewinnen? Mit besseren Kauferlebnissen, mit Lesen in Fitness-Clubs, Beachclubs, in Buchhandlungen oder Speed-Dating zu Bücherthemen, wie es der Börsenverein in einem mit dem Buchhandel und den Verlagen erarbeiteten Dossier vorgeschlagen hat? All das klingt nicht nach der Vertiefung, die das Vertiefungsmedium Buch eigentlich braucht.

Krisenverschärfend wirkt überdies, dass im Moment auch literarische Institutionen kein Vertrauen schaffen: Man denke an den Rowohlt Verlag, eine der ersten Adressen in Deutschland für anspruchsvolle Literatur. Der hat doch ziemlich holterdiepolter seine verlegerische Geschäftsführerin ausgetauscht, ohne wirklich erkennbare Not. Und noch symbolhafter wirkt es, dass dieses Jahr kein Literaturnobelpreis vergeben worden ist, weil die den Preis vergebende Akademie sich untereinander komplett überworfen hat und sich zu keinem Neuanfang imstande sieht. Wer es bisher nicht getan hat, wird sicher auch in Zukunft keine mit dem Literaturnobelpreis geadelten Bücher lesen.

Alle Anzeichen jedenfalls deuten darauf hin, dass die Buchbranche sich in einer manifesten Krise einrichten muss – da kann es auf der Frankfurter Buchmesse noch so bunt und vielfältig zugehen.

2 **a** Lies den Text zügig durch und unterstreiche mit Bleistift, was dir wichtig erscheint.
b Halte zwei wichtige Aussagen fest, die du nach der ersten Lektüre verstanden hast.

3 Lies den Text nun Absatz für Absatz intensiv.
a Erkläre die folgenden Begriffe aus dem Textzusammenhang. Ziehe Verbindungslinien.

A existenziell (Überschrift)	1 offenkundig, eindeutig erkennbar
B Buchpreisbindung (Z. 17)	2 mehrere Tätigkeiten gleichzeitig verrichten
C Multitasking (Z. 27)	3 Sammlung verschiedener Schriftstücke zu einem Thema
D eventisieren (Z. 28)	4 ein überall gültiger, festgelegter Preis
E Dossier (Z. 31)	5 das Dasein betreffend, (über)lebenswichtig
F manifest (Z. 55)	6 werbende Erlebnismomente schaffen

b Nummeriere die folgenden Zwischenüberschriften für die Absätze in der richtigen Reihenfolge.

- [ ] Vertrauensschwund in Institutionen
- [ ] Konkurrenz durch andere Medien
- [1] Buchmesse spiegelt Normalität nur vor
- [ ] Eventisierung hilft der Literatur nicht wirklich
- [ ] Bedrohlicher Verlust an Käufern und Lesern
- [ ] Fazit: Offenkundige Krise

c Markiere im Text Schlüsselwörter, die zu den Zwischenüberschriften passen. Gehe sehr sparsam vor.
TIPP: Für den ersten Absatz ist das bereits gemacht.

4 Überprüfe dein Textverständnis, indem du die folgende Aussage erklärst.

„All das klingt nicht nach der Vertiefung, die das Vertiefungsmedium Buch eigentlich braucht" (Z. 31–32).

Für den Autor ist das Buch ein Medium, das

Information **Einen argumentierenden Sachtext erschließen II: Der Argumentationsaufbau**

In argumentierenden Texten vertreten Autorinnen und Autoren einen bestimmten Standpunkt, von dem sie ihre Leserschaft überzeugen wollen. Dafür nutzen sie mal offen und mal versteckter bestimmte Strategien der **Leserlenkung.** Neben den **sprachlichen Mitteln** (▶ S. 50) spielt dabei vor allem die **Gedankenführung** bzw. der **Argumentationsaufbau** eine wichtige Rolle.
Die folgenden Leitfragen helfen dir dabei, den Argumentationsaufbau zu verstehen:

- Welche **These** oder Position vertritt der Autor oder die Autorin?
- Wird eine **Antithese** oder eine Gegenposition benannt?
- Wird die eigene These durch **Argumente** begründet und werden **Gegenargumente** entkräftet?
- Wird ein **Fazit** oder eine Schlussfolgerung gezogen?
- In welcher **Reihenfolge** werden These, Antithese und Fazit bzw. die Argumente angeführt?
- Welche **Funktion** haben die einzelnen Absätze?

5 **a** **Lies den Text noch einmal durch und gliedere ihn grob in These, Antithese und Fazit. Kreuze dann an, wie der Text aufgebaut ist.**

☐ These – Antithese – Fazit ☐ Antithese – These – Fazit ☐ Fazit – These – Antithese

b **Begründe kurz, warum dieser Aufbau des Textes im Sinne der Leserlenkung strategisch klug ist.**
TIPP: Denke daran, wie du deine eigenen Argumentationsaufsätze geschickt aufbaust.

____

____

6 **Beschreibe, welche Funktion die einzelnen Absätze haben. Ergänze dafür die folgenden Formulierungen an den richtigen Stellen.**

durch weitere Argumente gestützt • auf neue Medien zurückgeführt • als oberflächlich entlarvt • aufgestellt und als existenziell bewertet • entsprechend der These gezogen • benannt und bezweifelt

A	B	C
Antithese wird __________	These wird __________	Krise wird __________

D	E	F
Gegenargument wird __________	These wird __________	Fazit wird __________

Information **Einen argumentierenden Sachtext erschließen III: Sprachliche Mittel**

Auch mit Hilfe gezielt eingesetzter **sprachlicher Mittel** können Autorinnen und Autoren ihre **eigene Position untermauern** und ihre **Leserschaft beeinflussen.** Achte auf

- die **Wortwahl:** Gibt es auf- oder abwertende Formulierungen? Gibt es eine Wortwahl, mit der die Autorin oder der Autor ihre/seine Position stützt oder als dringlich darstellt?
- den **Sprachstil:** Ist der Tonfall z. B. provokant, sachlich, umgangs- oder fachsprachlich?
- **rhetorische Mittel:** Wird z. B. mit rhetorischen Fragen, Ironie, Übertreibungen oder mit auffälligen Wiederholungen gearbeitet?
- **Leseransprache:** Werden Leserinnen und Leser direkt angesprochen, z. B. durch eine rhetorische Frage oder einen Appell?

7 **a** **Welche Formulierungen stärken die Position des Autors, dass es sich um eine schwere Krise handelt? Welche Formulierungen werten die Gegenposition ab? Ordne zu und schreibe auf die Linien.**
TIPP: Überprüfe deine Zuordnungen mit Hilfe des Textes.

Business as usual (Z. 8) • schönen Reden (Z. 13) • ernsthaften (Z. 14) • existenziellen (Z. 14) dramatisch (Z. 18) • Beachclubs (Z. 29) • krisenverschärfend (Z. 33) • manifesten (Z. 55)

Autorenposition stärkend: ______________________

____

Gegenposition abwertend: ______________________

____

b **Der Autor nutzt immer wieder das Wort „Krise“. Erläutere, was er damit erreichen will.**

____

____

8 **Benenne die beiden rhetorischen Mittel A und B und erkläre ihre Wirkungsabsicht.**

A „Denn erstmals seit vielen, vielen Jahren …“ (Z. 10) Mittel: ______________________

Wirkungsabsicht: ______________________

B „Ob es wirklich damit getan ist, das Buch, das Lesen mehr zu inszenieren, zu eventisieren, um die Leserschaft zurückzugewinnen?“ (Z. 28–29) Mittel: ______________________

Wirkungsabsicht: ______________________

____

Eine Sachtextanalyse verfassen

Information **Eine Sachtextanalyse verfassen**

Je nach Aufgabenstellung untersuchst du bei einer Sachtextanalyse den Inhalt, die Gedankenführung (Argumentationsaufbau), die Sprache und die Intention (Aussageabsicht) des Textes.

- In der **Einleitung** nennst du die Textsorte, ggf. das Entstehungsjahr, den Titel, den Namen der Autorin / des Autors und machst Angaben zum Thema bzw. zur Kernaussage des Textes.
- Im **Hauptteil** fasst du die wesentlichen Aussagen des Textes knapp zusammen, erläuterst dabei die Gedankenführung (den Argumentationsaufbau) und gehst auch auf die Sprache ein. Belege deine Untersuchungsergebnisse mit Textbeispielen und zitiere korrekt.
- Zum **Schluss** nimmst du Stellung zum Thema, äußerst einen weiterführenden Gedanken oder ziehst ein Fazit.

Formuliere **sachlich** und verwende das **Präsens.** Gib Aussagen in der indirekten Rede im Konjunktiv wieder.

1 **Formuliere im Heft eine vollständige Einleitung. Beginne z. B. so:**
In seinem Kommentar „..." aus dem Jahr ... setzt der Autor ... sich mit dem Zustand der ... auseinander.

2 **Verfasse auf Grundlage deiner Vorarbeiten den Hauptteil deiner Sachtextanalyse in deinem Heft.**

a **Fasse die Kernaussagen des Textes so zusammen, dass die Gedankenführung klar wird, und gehe auch darauf ein, wie der Autor seine Position sprachlich stützt. Nutze den Textanfang und die Tipps rechts.**

Der Autor eröffnet seinen Kommentar mit der Antithese. Sie lautet, in der Buchbranche sei alles beim Alten, es herrsche „Business as usual" (Z. 8). Dieser Aussage stellt der Autor im zweiten Absatz seine eigene These und Position direkt gegenüber: „Denn ..." (Z. 10–12). Die Dringlichkeit seiner Position unterstreicht er mit Adjektiven wie „..." (Z. ...) und „..." (Z. ...). Seiner Ansicht nach haben nämlich viele Menschen die Lust am Lesen und vor allem am ausdauernden Lesen, z. B. von Romanen, verloren (vgl. Z. ...). Daraufhin erläutert er im dritten Absatz ...

Tipps für das Schreiben:
- Orientierung: Ziehe für deine Leser/-innen einen roten Faden durch deinen Text.
- Verknüpfung: Mache klar, wie deine Gedanken und Sätze zusammenhängen.
- Deutung: Wiederhole den Text nicht einfach, sondern erkläre ihn auch: Welche Funktion hat ein Abschnitt oder die Wortwahl?

b **Stelle am Ende deines Hauptteils die Wirkungsabsicht (die Intention) des Autors kurz dar, z. B.:**
Der Autor möchte mit seinem Kommentar ... bewirken, dass ...

3 **Teilst du die Sorgen des Autors in Bezug auf den Leserschwund? Nimm zum Schluss Stellung, z. B.:**
Ich teile die Position des Autors / teile die Position des Autors nicht, weil ...

⊕ **4** **Formuliere einen weiterführenden Gedanken zur Zukunft des Lesens. Schreibe in dein Heft.**

Grammatik

Was kannst du schon?

1 a Schreibe die Wortgruppen in Klammern im richtigen Kasus in die Lücken. (6 Punkte)
b Markiere den Kasus der eingesetzten Wortgruppen wie folgt:
Genitiv = gelb, Dativ = blau, Akkusativ = grün. (6 Punkte)

Sie klettern an ______________________ (steile Eiswände) empor oder tauchen ohne Sauerstoffgerät in ______________________ (Meerestiefe) von bis zu 200 Metern. Extremsportler/-innen gehen bei ______________________ (ihre Aktionen) oft bis an ihr Limit und über ______________________ (die Grenzen) der Vernunft hinaus. Aber warum tun sie das? „Bei ______________________ (die Ausübung) des Extremsports produziert das Gehirn Glückshormone, die die Sportler/-innen in ______________________ (ein rauschhafter Zustand) versetzen“, erklärt Dr. Süß. „Ein Kick, der auch süchtig machen kann.“

2 Entscheide jeweils, ob die markierte Verbform im Singular oder im Plural stehen muss. Streiche die falsche Verbform durch. (3 Punkte)

Fast alle Extremsportler/-innen nennt/nennen als Motivation für ihr hartes Training den „ultimativen Kick“, den sie beim Ausüben dieser Risikosportart empfinden. „Eine Kombination aus Leidenschaft und Disziplin kennzeichnet/kennzeichnen diese Menschen“, erklärt die Sportpsychologin Juliane Paar.
„Jeder Extremsportler, ob Eiskletterer, Ultra-Marathon-Läuferin oder Taucherin, braucht/brauchen aber neben Talent und Training auch eine ungeheure Portion Willenskraft.“

3 Vorzeitigkeit – Gleichzeitigkeit – Nachzeitigkeit? Bestimme in den folgenden Sätzen das jeweilige Zeitverhältnis und setze dann die Verben in Klammern in das richtige Tempus. (4 Punkte)

Der Extrembergsteiger Reinhold Messner ______________________ (verändern) die Kletterwelt, als er den Berg Nanga Parbat im Himalaja ohne Flaschensauerstoff im Alleingang ______________________ (bezwingen). Nachdem er alle 14 Achttausender ______________________ (besteigen), ______________________ (suchen) der Abenteurer eine neue Herausforderung und ______________________ (durchqueren) zu Fuß die Antarktis.

4 **Formuliere die Sätze A und B in die indirekte Rede um.**
Nutze dabei den Konjunktiv I. Formuliere auch einen Redebegleitsatz. (4 Punkte)

Marathon des Sables: Der Ultra-Marathon durch die Wüste

A Teilnehmerin: „Tagsüber ist es über 40 Grad und nachts fällt die Temperatur in der Wüste rapide ab."
B Läufer: „Ich habe die gesamte Verpflegung im Rucksack dabei. Nur das Wasser wird gestellt."

A) Eine Marathonteilnehmerin erklärt, tagsüber

5 **a Markiere alle Verbformen im Passiv grün. (2 Punkte)**
b Formuliere den kursiv gedruckten letzten Satz ins Passiv um. (2 Punkte)

Im Fußball, Tennis oder im Basketball wird im Profisport eine Menge Geld verdient. Bei Spitzensportlerinnen und Spitzensportlern aus anderen Disziplinen wie z.B. Leichtathletik, Schwimmen oder Fechten sieht das ganz anders aus. Diese Athleten werden vom Publikum während der Olympischen Spiele zwar gefeiert, verdienen aber laut einer Studie nur lächerliche 7,41 Euro pro Stunde. Im Sport hängt das Gehalt aber auch häufig vom Geschlecht ab. Männer verdienen im Sport fast immer mehr als die Frauen. *Dieses Ungleichgewicht kritisieren Profi-Sportlerinnen immer wieder.*

6 **a Überprüfe deine Lösungen mit Hilfe des Lösungsheftes. Notiere deine Punktzahl neben den Aufgaben.**
b Vergleiche dein Ergebnis mit der jeweiligen Höchstpunktzahl. Trage ein, wie du die einzelnen Aufgaben gelöst hast: ✓ = das meiste richtig; ? = noch etwas unsicher.

Aufgabe	1	2	3	4	5
Weitere Übungen	Seite 54	Seite 55	Seite 56	Seite 57–59	Seite 63

Präpositionen bestimmen den Kasus

Information Präpositionen bestimmen den Kasus

Präpositionen bestimmen den Kasus des folgenden Wortes / der folgenden Wortgruppe (meist ein Nomen mit Nomenbegleiter), z.B. ***bei*** *schlechtem Wetter* (Dativ), **wegen** des Jobs (Genitiv).

- **Präpositionen mit Akkusativ:** *bis, durch, für, gegen, ohne, um, wider,* z.B.: *Wider allen Erwartungen wurde er befördert.*
- **Präpositionen mit Dativ:** *ab, aus, bei, dank, gegenüber, mit, nach, nahe, seit, von, zu,* z.B.: *Bei guter Arbeit winkt eine Gehaltserhöhung.*
- **Präpositionen mit zwei Kasus (Dativ oder Akkusativ):** Einige Präpositionen stehen je nach Bedeutung mit dem Dativ oder dem Akkusativ, z.B.: *an, auf, hinter, in, neben, über, unter, vor, zwischen.*
  - Bei der Frage „Wo ...?" steht der Dativ, z.B.: *Die Unterlagen liegen auf dem Tisch.*
  - Bei der Frage „Wohin ...?" steht der Akkusativ, z.B.: *Sie legt die Unterlagen auf den Tisch.*
- **Präpositionen mit Genitiv:** *anstatt, aufgrund, dank, mittels, seitens, statt, trotz, während, wegen, zwecks,* z.B.: *Dank des neuen Jobs* reise ich jetzt an interessante Orte.

1 **Im Text fehlen an vielen Stellen die Endungen bei den Nomen und ihren Begleitern. Fülle die Lücken mit den richtigen Kasusendungen. Achte auf die kursiv gedruckten Präpositionen.**

Dank ih m sind die Röhren sicher

Er mache den Job nicht wegen de____ Geld____, beteuert Seb Smith, dem bei ein____ erfolgreich____ Abschluss seiner Arbeit 34.000 Euro Lohn in Aussicht stehen. „Während de____ nächst____ sechs Monate werde ich an interessant____ Ort____ reisen und trotz mein____ Job____ als Wasserrutschentester auch noch viel Zeit für interessant____ Unternehmung____ haben." Die Frage, ob ihm während seine____ Sommerjob____ das Rutschen nicht langweilig werden würde, verneint der Student aus England, der sich gegen die neidisch____ Kommentar____ auf seine____ Social-Media-Profil wehrt. Ein Tourismuskonzern hatte die Stelle ausgeschrieben und mit riesengroß____ Werbemaßnahme____ begleitet.

Aber: Gibt es unangenehme Seiten bei diese____ Tätigkeit? „Ja", erklärt der Student. „Trotz de____ riesengroße____ Rutschspaß____ darf man natürlich nicht vergessen, dass ich mich auch bei schlecht____ Witterungsverhältnisse____ in die kühl____ Flute____ stürzen muss."

Auf Subjekt-Verb-Kongruenz achten

Infokasten **Auf Kongruenz von Subjekt und Verb achten**

- In einem Satz muss sich das **Verb** (die gebeugte Verbform) **im Numerus an das Subjekt anpassen (Subjekt-Verb-Kongruenz),** d.h.: Ein singulares Subjekt erfordert ein Verb im Singular, ein plurales Subjekt erfordert ein Verb im Plural, z.B.:
Der Fahrrad-Fischer lebt in Amsterdam. Die Fahrrad-Fischer leben in Amsterdam.
- Wenn das **Subjekt aus mehreren Teilen** besteht, die mit *und* oder *sowie* verbunden sind, steht das Verb in der Regel im Plural, z.B.: *Technik und Fortschritt bestimmen die Zukunft.*
- **Mengenangaben:** Wenn einem singularischen Mengenbegriff (z.B. *Anzahl, Gruppe, Hälfte, Masse, Mehrzahl, Menge, Paar, Reihe*) das Gezählte im Plural folgt (*Äpfel, Leute, Jugendliche),* dann steht das Verb überwiegend im Singular, kann aber auch im Plural stehen. Beides ist richtig, z.B.: *Eine Menge Büros ist/sind mit einem Kicker ausgestattet.*

1 **Markiere im folgenden Text das jeweilige Subjekt und entscheide dann, ob die markierte Verbform im Singular oder Plural stehen muss oder beide Formen möglich sind. Streiche jeweils die falsche Verbform. TIPP: Ein Subjekt kann auch aus mehreren Teilen bestehen.**

New Work: Das Büro der Zukunft

Einer neuen Studie zufolge reicht/reichen Luxusdienstwagen, jährliche Bonuszahlungen oder Gutscheine für ein Nobelrestaurant als Motivation für viele Arbeitnehmer/-innen nicht mehr aus. Gerade für junge Berufseinsteiger ist/sind ein gewisser Wohlfühlfaktor und ein interessantes Aufgabenfeld am Arbeitsplatz wichtig. Aus diesem Grund passt/passen sich eine große Anzahl von Firmen an die neuen Bedürfnisse ihrer Mitarbeiter und Mitarbeiterinnen an: Ein Freizeitraum mit Kicker, Spielekonsole und Hängematte sorgt/sorgen für Spaß und die nötige Entspannung in den Pausen, eine Kaffeeküche mit Sofa-Lounge, ein Fitnessstudio oder ein Restaurant bietet/bieten Raum für den kreativen Austausch in lockerer Atmosphäre.

2 **Singular oder Plural? Setze in den folgenden Sätzen die Verbformen im richtigen Numerus ein.**

A Computerspielen während der Arbeitszeit ______________ (werden) beispielsweise bei einigen Social-Media-Unternehmen gern gesehen.

B Mit dem Gokart oder mit dem Fahrrad durchs Büro: Diese und ähnliche Angebote ______________ (gefallen) Niklas wie auch anderen Mitarbeitern und Mitarbeitern, die auf einem Firmen-Campus im Silicon Valley arbeiten.

⊕ **3** **Formuliere Sätze zum Thema „Büro der Zukunft", in denen du die Wortgruppen aus dem Kasten als Subjekte verwendest. Achte auf die richtige Subjekt-Verb-Kongruenz.**

eine große Anzahl an Firmen – mehr als die Hälfte – sowohl Niklas als auch Fadime

Rund ums Verb

Die richtigen Tempora verwenden

Information **Zeitverhältnisse: Vorzeitigkeit, Gleichzeitigkeit, Nachzeitigkeit**

- **Vorzeitigkeit:** Wenn das **Geschehen im Nebensatz vor dem Geschehen des Hauptsatzes** verläuft, gelten in der Regel folgende Kombinationen:

Hauptsatz	Nebensatz	Beispiel
Präsens/Futur	Perfekt	*Ich halte ein Referat / Ich werde ein Referat halten, nachdem ich mich informiert habe.*
Perfekt/ Präteritum	Plusquamperfekt	*Berufe starben aus / sind ausgestorben, nachdem Maschinen die Arbeit übernommen hatten.*

TIPP: Bei **Gleichzeitigkeit** und **Nachzeitigkeit** wird in Haupt- und Nebensatz das gleiche Tempus verwendet, z. B.: *Viele Chefs schauen ihren Mitarbeitern über die Schulter, während sie arbeiten. Ehe die Firma Gewinn abwarf, vergingen fünf Jahre.*

1 **a Ergänze die Lücken im richtigen Tempus.**
b Bestimme das jeweilige Zeitverhältnis in den Sätzen und kreuze die richtigen Kästchen an.

Kuriose Berufe

– Bevor man das funkbasierte Rundsichtradar ______________ (erfinden), gab es den Beruf des „Flugzeuglauschers", der Himmelsgeräusche mit Hilfe spezieller Ohrmuscheln in Übergröße ortete.

Vorzeitigkeit ☐ Gleichzeitigkeit ☐ Nachzeitigkeit ☐

– Der Haderlump oder Lumpensack ist vielen als Schimpfwort geläufig, seitdem das Lumpensammeln seine Bedeutung für die Rohstoffgewinnung von Papier ______________ (verlieren).

Vorzeitigkeit ☐ Gleichzeitigkeit ☐ Nachzeitigkeit ☐

– Nachdem man die Feueralarmanlage ______________ (erfinden), verschwand der Beruf des Türmers, der im Mittelalter die Einwohner einer Stadt vor Feuer und Gefahren warnte.

Vorzeitigkeit ☐ Gleichzeitigkeit ☐ Nachzeitigkeit ☐

⊕ **2** **Bilde aus den Stichworten Satzgefüge. Mache die Zeitenfolge durch die Nutzung der richtigen Tempora deutlich. Achte auf die Kommasetzung und verwende die folgenden Konjunktionen: *nachdem, sobald, während.***

– Taxi-, Bus- und LKW-Fahrer/-innen müssen Job aufgeben – autonomes Fahren hat sich endgültig durchgesetzt
– alle haben Haushaltsroboter, wir können faul auf dem Sofa liegen – die automatischen Putzhilfen arbeiten

Der Konjunktiv I in der indirekten Rede

Information **Der Konjunktiv I in der indirekten Rede**

Mit der **indirekten Rede** gibt man wieder, was jemand anderes gesagt hat. Anders als in der direkten Rede steht das Verb in der indirekten Rede im **Konjunktiv I.**

- **direkte Rede (im Indikativ):** *Frau Gün: „Ich **lege** Wert auf Zuverlässigkeit."*
- **indirekte Rede (im Konjunktiv):** *Frau Gün erklärt, sie **lege** Wert auf Zuverlässigkeit.*

Bildung des Konjunktivs I

Der Konjunktiv I wird durch den Präsensstamm des Verbs (Infinitiv ohne *-en*) und die Personalendungen für den Konjunktiv I gebildet, z. B.:

Präsensstamm: *komm-en*

Konjunktiv I: *ich komm-e, du komm-est, er/sie/es komm-e, wir komm-en, ihr komm-et, sie komm-en*

1 In einem Forum für Berufsberatung berichtest du von den Ratschlägen, die du erhalten hast.

a Forme die folgenden Aussagen in die indirekte Rede um. Verwende den Konjunktiv I und formuliere einen Redebegleitsatz.

b Markiere bei deinen Sätzen in indirekter Rede die Verben im Konjunktiv I.

A Oma: „Du musst etwas Anständiges lernen."

Meine Oma sagt, ich müsse etwas Anständiges lernen.

B Onkel: „Ich empfehle dir eine Karriere bei der Bank."

C Tante: „Als Künstlerin hat man es immer schwer."

D Mutter: „Mit einem Studium steht dir die Welt offen."

E Vater: „Als Handwerker kannst du überall arbeiten."

Information **Ersatzformen für den Konjunktiv I**

Wenn sich der Konjunktiv I nicht vom Indikativ Präsens unterscheidet, verwendet man in der Regel den **Konjunktiv II** oder die ***würde*-Ersatzform,** z.B.:

Indikativ	→ Konjunktiv I	→ Konjunktiv II	→ *würde*-Ersatzform
Er sagt: „Wir profitieren davon."	*Er sagt, sie profitieren davon.*	*Er sagt, sie profitierten davon.*	*Er sagt, sie würden davon profitieren.*

Der Konjunktiv II wird in der Regel vom **Indikativ Präteritum** abgeleitet und mit der Personalendung des Konjunktivs gebildet, z.B. *ich ging-e, du ging-est, er ging-e, wir ging-en, ihr ging-et, sie ging-en.*
TIPP: Wenn bei der indirekten Rede durch den Redebegleitsatz deutlich wird, wer der Sprecher / die Sprecherin ist, kann man anstelle des Konjunktivs auch den Indikativ verwenden, z.B.:
Linda erklärt, dass ihr die Ausbildung keinen Spaß macht/mache.
Laut der Berufsberaterin sind/seien ...; Nach Meinung des Ausbildungsleiters macht/mache ...

2 **a** **Gib die folgenden Antworten aus dem Berufsberatungsforum in indirekter Rede wieder. Entscheide, ob du den Konjunktiv I oder den Konjunktiv II bzw. die *würde*-Ersatzform verwenden solltest.**
b **Markiere bei deinen Sätzen in indirekter Rede die Verbformen. Wenn du die Ersatzform (Konjunktiv II oder die *würde*-Form) gewählt hast, notiere, warum.**

A „Eltern reagieren oft nicht klug, wenn ihre Kinder einen etwas ausgefalleneren Berufswunsch haben", erklärt Marie Deimel von der Agentur für Arbeit.

Marie Deimel erklärt, Eltern würden oft nicht klug reagieren, wenn ihre

würde-Ersatzform, weil ...

B „Natürlich gibt es die Top Ten der beliebtesten Berufe. Daneben existieren aber noch viele andere spannende Alternativen", meint Ruben Maanema vom Berufszentrum Kamp-Bornhofen.

3 **Gib Satz A in indirekter Rede im Indikativ wieder. Mache deutlich, wer spricht (▶ Merkwissen oben).**

⊕ **4** **Nimm deine Sätze in indirekter Rede aus Aufgabe 2 und 3 als Sprachnachricht auf. Wie wirkt die indirekte Rede im Konjunktiv in der mündlichen Sprache, wie die indirekte Rede im Indikativ?**

5 **Indikativ oder Konjunktiv? Sreiche im folgenden Text die falschen Verbformen durch. Achte darauf, die indirekte Rede im Konjunktiv wiederzugeben.**

Unglaublich! „Lady Gaga“ als Uni-Seminar

Sie ist ein Weltstar, immer für einen Skandal gut und jetzt auch Studienobjekt: Lady Gaga. An der amerikanischen Universität von South Carolina können/könnten Studierende ein Semester lang „Lady Gaga“ studieren. Der Kurs mit dem Titel „Lady Gaga und die Soziologie des Ruhms“ behandelt/behandele die Voraussetzungen und Bedingungen von Ruhm und untersucht/untersuche, welche Rolle die neuen Medien hierbei spielen/spielten. Professor Mathieu Deflem versichert zwar, dass er selbst ein großer Fan der Sängerin ist/sei und schon mehr als 30 ihrer Konzerte besucht hat/habe, aber im Kurs steht/stehe nicht Lady Gagas Musik im Vordergrund. Trotzdem empfiehlt er denjenigen, die die Künstlerin und ihre Musik gar nicht mögen/mögen würden, besser einen anderen Kurs zu wählen. Dass das Seminar durchaus anspruchsvoll ist/sei, zeigt/zeige auch der Arbeitsaufwand, der in der Kursbeschreibung skizziert wird/skizziert werde. Zusätzlich zu den Veranstaltungen sollen/sollten die Kursteilnehmer/-innen wöchentlich vier Stunden Arbeitszeit in ihre Gaga-Studien stecken sowie diverse Bücher und wissenschaftliche Artikel lesen. Wer auf eine Spaßveranstaltung mit Musikbeschallung und Videoschauen hofft/hoffe, ist/sei in diesem Kurs also falsch, so Mathieu Deflem.

Mit dem Konjunktiv II Wünsche ausdrücken

Information **Konjunktiv II (Irrealis)**

Mit dem **Indikativ** drückst du aus, dass etwas **wirklich (real)** ist, z.B.: *Ich arbeite als Koch.*
Den **Konjunktiv II** verwendet man, ...
- wenn man ausdrücken möchte, dass eine Sache **unwirklich** (irreal) oder nur vorgestellt ist, z.B.: *Wäre ich Astronautin, ... Hätte ich doch ...*
- wenn man eine Aufforderung **besonders höflich** formulieren möchte, z.B.: *Könntest du mich bitte in der Berufswahl beraten?*

Der Konjunktiv II wird **vom Indikativ Präteritum abgeleitet** und mit der Personalendung des Konjunktivs gebildet, z.B. *ich ging-e, du ging-est, er ging-e, wir ging-en, ihr ging-et, sie ging-en.*
Bei unregelmäßigen Verben werden ***a, o, u*** im Wortstamm zu ***ä, ö, ü,*** z.B.: *er nähme, sie flöge.*

Die *würde*-Ersatzform
- Wenn die **Konjunktiv-II-Form der Präteritumform im Indikativ** entspricht, kann man die *würde*-Ersatzform nehmen, um Missverständnisse zu vermeiden, z.B.:
  Sie wechselte gern den Job. (Konjunktiv II) → *Sie würde gern den Job wechseln.* (*würde*-Ersatzform)
- Wenn die **Konjunktiv-II-Form** als **ungebräuchlich oder unschön** empfunden wird, kann man die *würde*-Ersatzform verwenden, z.B.:
  Als Konditor büke ich jeden Tag Kuchen. → Als Konditor würde ich jeden Tag Kuchen backen.

1 a Markiere im folgenden Text alle Verbformen im Indikativ orange und alle Verbformen im Konjunktiv II grün.

Ein Leben ohne Arbeit?

Arbeiten bis 68, 70 oder gar 80? Immer mehr Menschen gehen heute später in Rente und der Anteil der erwerbstätigen Senioren steigt seit Jahren kräftig an. Der Grund: Wir bleiben heute länger fit und die sogenannten Silver Worker werden gebraucht.
Manchmal überlege ich, wie es wäre, wenn wir gar nicht arbeiten würden. Wie viel Zeit hätten wir zur Verfügung! Wir stünden später auf, könnten unsere Schlafanzüge anbehalten und täten den ganzen Tag lang nur das, wozu wir Lust hätten. Welch ein Paradies!
Aber wären wir auf Dauer glücklich oder wäre ein Leben ohne Arbeit nicht auch ein bisschen langweilig? „Viele Menschen fühlen sich in ihren Arbeitsbereichen wohl und schätzen auch den Austausch mit ihren Kolleginnen und Kollegen", so der Arbeitspsychologe Manfred Nau. „Aber natürlich gibt es auch solche, die weniger arbeiten möchten und bewusst auf Geld und Karriere verzichten, um mehr Freizeit zu haben."

b Erkläre, warum welche Form verwendet wird.

- In den Zeilen ______ und ______ steht der Indikativ, weil ______

______

- In den Zeilen ______ und ______ steht der Konjunktiv, weil ______

______

c Erkläre, warum in Zeile 5 statt des Konjunktivs II die *würde*-Ersatzform verwendet wurde. Schreibe in dein Heft.

2 **Konjunktiv II oder *würde*-Ersatzform?**
Ergänze die passenden Verbformen. Streiche leer bleibende Lücken durch.
TIPP: Nutze nur in begründeten Fällen die *würde*-Ersatzform.

Man wird ja wohl noch träumen dürfen!

Wenn ich die Möglichkeit hätte (haben), würde ich später gerne als Meeresbiologin ____________ (arbeiten). Mein Leben ____________ bestimmt so viel aufregender ____________ (sein) als jetzt: Als Forscherin ____________ ich viel ____________ (herumkommen) und ____________ zahlreiche Expeditionen in die entlegensten Regionen der Weltmeere ____________ (unternehmen). Ich ____________ die Ozeane ____________ (erkunden) und ____________ nach unbekannten Lebewesen ____________ (suchen). In der Antarktis ____________ ich gewaltige Eisberge ____________ (sehen) oder ____________ mit Riesenschildkröten am Great Barrier Reef ____________ (schwimmen). Ich ____________ andere Wissenschaftlerinnen und Wissenschaftler ____________ (treffen) und ____________ in Fachzeitschriften über meine Forschungsergebnisse (berichten).

3 **Vervollständige die folgenden Sätze im richtigen Modus und Tempus.**

Verpasste Chancen

„Ich wüsste nicht, was ich mit meinem Leben ____________________ (machen), wäre ich nicht Astronaut geworden", erklärt der 85-jährige Ex-NASA-Pilot Russell Louis „Rusty" Schweickart. Auch der Solinger Wolfgang Gösser wäre gern zum Mond geflogen, wenn ihm ein Ohrenarzt nicht irrtümlich einen Riss im Trommelfell ____________________ (diagnostizieren). Der Chef der Europäischen Raumfahrtorganisation hätte das Gefühl von Schwerelosigkeit niemals selbst erlebt, wenn er Arzt ____________________ (werden), wie seine Eltern es wollten.

Aktiv und Passiv unterscheiden

Information **Aktiv und Passiv**

- In einem **Aktivsatz** wird der/die **Handelnde** (Täter/-in) ausdrücklich **genannt.**
- In einem **Passivsatz** steht die **Handlung im Vordergrund,** der/die Handelnde (Täter/-in) bleibt meist ungenannt. Man kann den Handelnden auch in einem Passivsatz hinzufügen, und zwar mit den Präpositionen *von* oder *durch.*
  Aktiv: *Einige Besucher hielten die Museumsvorschriften nicht ein.*
  Passiv: *Die Museumsvorschriften wurden (von einigen Besuchern) nicht eingehalten.*
- Bei der Umwandlung eines Aktivsatzes in einen Passivsatz wird das Akkusativobjekt des Aktivsatzes zum **Subjekt** des Passivsatzes, z.B.:
  Aktiv: *Wir suchen das Museum.* Passiv: *Das Museum wird gesucht.*
- Das Passiv wird mit einer Form von ***werden*** und dem **Partizip II (Perfekt)** des Verbs gebildet, z. B.: *Das Kunstwerk wurde gestohlen.*

1 **Unterstreiche in den folgenden Sätzen 1, 4, 5, 7 und 8 jeweils das Akkusativobjekt und forme anschließend die Sätze ins Passiv um.**

Berufe im Dienst der Kunst

1) In den 1970er-Jahren verklagen Anwohner den Schweizer Künstler Dieter Roth. **2)** Der „Picasso des Schimmels" hatte in Los Angeles seine Installation „Staple Cheese (A Race)" ausgestellt, die aus mit Käse gefüllten Koffern bestand und natürlich bald von Fliegen und Maden befallen war. **3)** Aber auch in anderen Berufsgruppen geht es manchmal recht künstlerisch zu. **4)** So hat ein Pariser Chocolatier die Berliner Mauer aus Schokolade nachgebaut. **5)** 900 Kilogramm Kakaomasse hat er für die 15 Meter lange Schokomauer verarbeitet. **6)** Noch extravaganter geht es in New York zu. **7)** Hier hat ein Schokoladenhersteller eine ganze Suite aus Pralinen und feinster Schokolade aufgebaut. **8)** Zum Glück hat noch niemand den Schokoladenkamin verwendet.

1) Der Schweizer Künstler Dieter Roth wurde

2 **Formuliere einige deiner Passivsätze aus Aufgabe 1 in Passiv-Ersatzformen um. Schreibe in dein Heft.**

- **Passiv-Ersatzformen** sind Verbformen im Aktiv, bei denen (wie im Passiv) der Handelnde nicht genannt wird, z.B.: *man*-Form (*Man baut ...*); *sich lassen* + Infinitiv (*dies lässt sich ...*); Infinitiv mit *zu*: (*... ist zu erhitzen*).

Das Verb – Konjunktiv und Aktiv/Passiv

1 **Kreuze an, ob die Aussage richtig oder falsch ist. Korrigiere falsche Aussagen in deinem Heft. (4 Punkte)**

	richtig	falsch
A Man verwendet den Indikativ, um unwirkliche (irreale) Sachen auszudrücken.	☐	☐
B In der indirekten Rede verwendet man normalerweise den Konjunktiv I.	☐	☐
C Auch in einem Passivsatz kann der/die Handelnde (Täter/-in) genannt werden.	☐	☐
D In einem Passivsatz wird der/die Handelnde (Täter/-in) nie genannt.	☐	☐

2 **Forme den folgenden Aktivsatz ins Passiv um: (2 Punkte)**

Bei einer Studie befragten Mitarbeiter/-innen der Shell-Studie ca. 2500 Jugendliche nach ihren Jobwünschen.

____

____

3 **Gib die folgenden Aussagen in indirekter Rede wieder. Entscheide, ob du den Konjunktiv I oder den Konjunktiv II bzw. die *würde*-Ersatzform verwenden solltest. (4 Punkte)**

A Ein Mitarbeiter der Studie erklärt: „Viele Jugendliche geben als Berufswunsch Tierärztin, Polizistin, Architekt oder Lehrer an."

____

____

B Dabei steht die Freude bei der Arbeit mehr im Fokus als die Verdienstmöglichkeiten.

____

____

4 **Ergänze entweder die passenden Verbformen im Konjunktiv II oder nutze in begründeten Fällen die *würde*-Ersatzform. Schreibe in dein Heft. (4 Punkte)**

Berufe im Jahr 2040

A Als Urban-Farmer jeden Tag in meinem Dachgarten voller Gemüse (stehen).
B Als Roboter-Berater die Kunden beim Umgang mit ihren Haushaltsrobotern (unterstützen).

Vergleiche deine Ergebnisse mit dem Lösungsheft. Für jede richtige Antwort bekommst du einen Punkt.

☺ 14–11 Punkte	😐 10–7 Punkte	☹ 6–0 Punkte
Gut gemacht!	Gar nicht so schlecht, aber lies dir die Merkkästen auf den Seiten 54 bis 62 noch einmal genau durch.	Arbeite die Seiten 54 bis 62 noch einmal genau durch.

Texte mit Hilfe von Proben überarbeiten

Umstell-, Ersatz-, Weglass-, Erweiterungsprobe

Methode **Proben: Texte überarbeiten**

Die Proben helfen dir, **genauer zu schreiben** und Texte **stilistisch zu verbessern:**

Proben	Anwendungsbereiche	Beispiele
Umstellprobe: Satzglieder umstellen	– Satzanfänge abwechslungsreicher gestalten – am Satzanfang oder Satzende Informationen betonen	*Ich möchte gern mehr über den Beruf des Apothekers erfahren.* *→ Gern möchte ich ...*
Ersatzprobe: Wörter/Wortgruppen ersetzen	– Wortwiederholungen vermeiden, genauer formulieren	*Den Beruf des Apothekers finde ich ~~voll~~ sehr interessant.*
Weglassprobe: Überflüssiges streichen	– Texte straffen: Überflüssiges und Wiederholungen vermeiden	*Ich möchte ~~halt~~ gern ~~ein paar~~ Einblicke in Ihre Arbeit bekommen.*
Erweiterungsprobe: Hilfreiches ergänzen	– genauer formulieren	*Ich möchte in der Zeit vom 4. bis zum 16.04.20XX ein Praktikum in Ihrer Apotheke machen.*

1 **Gestalte die folgenden Satzanfänge aus einem Bewerbungsschreiben abwechslungsreicher. Nutze hierzu die Umstellprobe.**

> Ich war in den letzten Wochen mehrfach als Kunde in Ihrer Apotheke. Ich habe dabei erfahren, dass Sie Ihre Kundschaft nicht nur beraten, sondern auch selbst spezielle Salben anfertigen. Ich würde gern im Rahmen eines Schülerpraktikums mehr über den Beruf des Apothekers erfahren.

2 **Überarbeite die folgenden Sätze mit Hilfe der Weglass- und Ersatzprobe. Streiche überflüssige Wörter und Wiederholungen. Ersetze Wörter oder Wortgruppen, die ungenau sind oder die sich wiederholen. Schreibe deine Verbesserungen über die Wörter.**

Ich bin 15 Jahre alt und ich besuche die 9. Klasse des Heinrich-Heine-Gymnasiums in Dresden. Am Heinrich-Heine-Gymnasium nehme ich übrigens seit der 8. Klasse am Ganztagesangebot „Gesundheit" teil. Im Ganztagesangebot habe ich aber auch schon total viel über Krankheiten und auch über die momentan aktuellen Trends im Gesundheitswesen gelernt. Meine Lieblingsfächer sind ja Biologie und natürlich auch Chemie. In meiner Freizeit spiele ich immer Tischtennis und ich spiele manchmal aber auch Badminton.

3 **Die folgenden Sätze aus einem Bewerbungsschreiben sind noch zu ungenau. Überarbeite sie mit Hilfe der Erweiterungsprobe. Nutze den Notizzettel, um nötige Informationen zu ergänzen. Schreibe in dein Heft.**

Ich möchte in Ihrer Apotheke gern ein Schülerpraktikum absolvieren. Dabei würde ich gern Tätigkeiten in Ihrer Apotheke kennen lernen. Es sollte die Möglichkeit bestehen, dass meine Lehrerin mich besucht.

- verschiedene berufstypische Tätigkeiten
- verschiedene Arbeitsbereiche
- 06.05.–18.05.20.. (zwei Wochen)
- Besuch der Lehrerin in der 2. Praktikumswoche

4 **Kennzeichne im folgenden Bewerbungsschreiben, an welchen Stellen es noch verbessert werden muss. Gehe so vor:**
- **Unterstreiche Satzanfänge, die sich wiederholen und umgestellt werden sollten (Umstellprobe).**
- **Streiche ~~überflüssige Wörter oder Wiederholungen~~ durch (Weglassprobe).**
- **Markiere Wörter oder Wendungen, die ersetzt werden sollten (Ersatzprobe).**
- **Notiere ein V, wenn etwas ergänzt werden muss (Erweiterungsprobe).**

Formuliere im Heft oder am Computer das verbesserte Bewerbungsschreiben. Nutze die Informationen auf dem Notizzettel unten, um nötige Informationen zu ergänzen.

Sehr geehrter Herr Schirm,

ich interessiere mich sehr für fremde Länder und habe in den Urlauben mit meinen Eltern in den letzten Jahren schon megacoole Reisen ins europäische Ausland unternehmen dürfen. Ich würde daher den Beruf der Tourismuskauffrau gern näher kennen lernen.
Ich würde aus diesem Grund mein Schülerpraktikum für den Beruf der Tourismuskauffrau gern eben gerade in Ihrem Reisebüro absolvieren.
Ich bin 15 Jahre alt und besuche die 9. Klasse des Gymnasiums. Meine Lieblingsfächer sind Erdkunde und Spanisch. Als Mitglied der Schülervertretung macht es mir großen Spaß, Projekte zu planen, z.B. einen Spendenlauf. In meiner Freizeit bin ich bei den Pfadfindern aktiv.

Über ein persönliches Vorstellungsgespräch bei Ihnen würde ich mich total freuen.

Mit freundlichen Grüßen

Tim Berger

- Spenden für eine Schule in Togo
- Lessing-Gymnasium
- 05.– 24.02.20.. (drei Wochen)

Formen von Nebensätzen unterscheiden

Adverbialsätze

Information **Nebensätze unterscheiden: Adverbialsätze**

Adverbialsätze nehmen im Satz die Stelle einer adverbialen Bestimmung (Satzglied) ein, z.B.:
Nach dem Praktikum wusste ich mehr über diesen Beruf. → adverbiale Bestimmung (Wann?)
Nachdem ich das Praktikum gemacht hatte, wusste ich mehr ... → Adverbialsatz (Wann?)
Adverbialsätze sind Nebensätze, die über die **Umstände eines Geschehens** (Zeit, Ort, Grund, Art und Weise usw.) informieren. Sie werden mit einer **Konjunktion** (z.B.: *weil, als, nachdem, damit, obwohl, indem, wenn, falls, sodass*) eingeleitet und durch **Komma** vom Hauptsatz getrennt.
Adverbialsätze können mit Hilfe der **Frageprobe** (siehe unten) näher bestimmt werden.

1 Trage zu jeder Art von Adverbialsatz die richtige Frageprobe ein.

Art des Adverbialsatzes	Frageprobe	Konjunktionen
Kausalsatz (Grund, Ursache)	Warum?	*da, weil*
Konditionalsatz (Bedingung)		*wenn, falls, sofern*
Finalsatz (Ziel, Absicht)		*damit, dass*
Konsekutivsatz (Folge, Wirkung)		*sodass* (auch: *so ..., dass)*
Konzessivsatz (Einräumung)		*obwohl, obgleich*
Temporalsatz (Zeitpunkt/-dauer)		*nachdem, als, während, bis, bevor, solange, sobald*
Modalsatz (Art und Weise)		*indem, als ob*
Adversativsatz (Gegenüberstellung)		*wohingegen, während*

2 a Füge mit Hilfe der Frageprobe in den folgenden Sätzen die passenden Konjunktionen ein.
b Notiere hinter den Sätzen in Klammern, um welche Art von Adverbialsatz es sich handelt.

A ______________________ ich im letzten Schuljahr den Girls' Day in einer Tischlerwerkstatt verbracht hatte, entdeckte ich mein handwerkliches Talent.

(____)

B Ich besuche seit Beginn des 8. Schuljahres zusätzlich das Ganztagesangebot „Informatik",

______________________ ich schon gut programmieren kann.

(____)

C ______________________ ich zwei jüngere Geschwister habe, konnte ich schon viele Erfahrungen im Umgang mit kleinen Kindern sammeln.

(____)

3 **Welche Interessen und Fähigkeiten haben die Schülerinnen und Schüler?**

a **Verbinde die Sätze unter A, B, C und D zu Satzgefügen mit Adverbialsätzen.**

b **Umkreise die Konjunktionen, die die Adverbialsätze einleiten.**

c **Notiere hinter jedem Satzgefüge in Klammern, welche Art von Adverbialsatz es enthält.**

A Ich bin seit zwei Jahren bei den Schulsanitätern.
Ich verfüge über Grundkenntnisse in Erster Hilfe.

B Ich habe in den letzten Sommerferien nur für eine Woche im Tierheim ausgeholfen.
Ich konnte dabei viele Erfahrungen sammeln.

C Ich habe meinem Vater beim Aufbau unserer Küche geholfen.
Ich habe mein handwerkliches Interesse entdeckt.

D Ich arbeite seit der 7. Klasse bei der Schülerzeitung mit.
Ich konnte schon einige Redaktionserfahrungen sammeln.

⊕ **4** **a** **Verbinde die drei folgenden Sätze zu einem längeren Satzgefüge mit Adverbialsätzen. Schreibe ins Heft.**

b **Notiere, welche Adverbialsätze in deinem Satzgefüge stecken. Schreibe in dein Heft.**

Ich habe meinem Vater während der Ferien im Büro geholfen. Ich konnte meine Erfahrungen im Umgang mit dem Computer vertiefen. Ich verfüge jetzt über sehr gute Word- und Excel-Kenntnisse.

Methode **Texte überarbeiten: Verbstellung in Nebensätzen prüfen**

In einem Satzgefüge kann der Nebensatz vor, zwischen oder nach dem Hauptsatz stehen.
Die **Personalform des Verbs** (gebeugtes Verb) steht im Nebensatz **immer an letzter Satzgliedstelle,** z.B.:
Ich bin sehr sportlich, weil ich seit zehn Jahren im Fußballverein trainiere.
Weil ich seit zehn Jahren im Fußballverein trainiere, bin ich sehr sportlich.
Ich bin, weil ich seit zehn Jahren im Fußballverein trainiere, sehr sportlich.
Achtung, falsch: *Ich bin sehr sportlich, ~~weil ich trainiere seit zehn Jahren im Fußballverein~~.*
TIPP: Die Personalform des Verbs steht im Hauptsatz meist an zweiter Satzgliedstelle.

1 **Überprüfe und korrigiere die Stellung der Personalform des Verbs in den folgenden Satzgefügen. Streiche dafür Falsches durch und notiere jeweils einen Verbesserungsvorschlag.**

Vorsicht Fehler!

A Ich habe auch Grundkenntnisse in Spanisch und Chinesisch, weil ich besuche ein entsprechendes Ganztagesangebot und eine AG.
B Ich schule regelmäßig meine Teamfähigkeit, weil ich spiele Basketball im Verein.
C Ich kenne Möglichkeiten der Konfliktlösung, weil ich bin seit der 7. Klasse in der Streitschlichter-AG.

2 **a Verbinde die folgenden Sätze unter A und B zu Satzgefügen mit Adverbialsätzen. Nutze die jeweils vorgegebenen Konjunktionen und achte auf die Kommasetzung.**
b Unterstreiche jeweils die Personalform des Verbs in den Nebensätzen.

A Die Organisation des Projekttags war eine große Herausforderung. Ich habe die Aufgabe aufgrund meines Organisationstalents und meiner Belastbarkeit gut gemeistert.

obwohl ______________________________

____

B Ich habe schon einige Erfahrungen in der Medien- und Veranstaltungstechnik gesammelt. Ich bin seit über einem Jahr Mitglied der Technik-AG.

weil ______________________________

____

⊕ **3** **Formuliere Satz B in eine Satzreihe um. Verwende die Konjunktionen *denn* anstelle von *weil*. Schreibe in dein Heft.**

TIPP: Die Konjunktion *weil* leitet einen Nebensatz ein, die Konjunktion *denn* einen Hauptsatz.

Subjekt- und Objektsätze

Information **Nebensätze unterscheiden: Subjekt- und Objektsätze**

Subjektsätze und Objektsätze sind Nebensätze, die die **Rolle des Subjekts- bzw. des Objekts** für den Hauptsatz übernehmen. Sie lassen sich wie das Subjekt (Wer oder was?) oder das Objekt (Wen oder was?) mit Hilfe der Frageprobe ermitteln:

- **Subjektsatz:** *Dass Gerichtstermine besonders spannend sind, zeigte sich schon bald.*
  Wer oder **was** zeigte sich?
- **Objektsatz:** Ich habe erfahren, *dass ich eine Schweigepflichtserklärung unterschreiben muss.*
  Wen oder **was** habe ich erfahren?

TIPP: Subjekt- und Objektsätze gibt es in Form von *dass*-Sätzen, Infinitivgruppen und in Form von indirekten Fragesätzen, die mit den Fragepronomen *was, wann, wer, wie, warum* usw. eingeleitet werden, z.B.: *Ich weiß nun, wie wichtig Fristen und Termine für einen Anwalt sind.*

1 **a** **Markiere in den folgenden Satzgefügen die Nebensätze und umkreise die Einleitungswörter (die Konjunktion *dass* oder ein Fragepronomen).**

b **Erfrage bei jedem Satz, ob es sich um einen Subjekt- oder um einen Objektsatz handelt. Notiere die Frageprobe und kreuze das richtige Kästchen an.**

	Subjektsatz	Objektsatz
A Wie viel Zeit eine Anwältin im Büro verbringt, zeigte das Praktikum.	☐	☐
Frage: ______ zeigte der erste Praktikumstag?		
B Frau Schumann erklärte mir, wie ich Akten richtig ablege.	☐	☐
Frage: ______		
C Dabei erkannte ich, dass Sorgfalt wichtig ist.	☐	☐
Frage: ______		
D Wer das berücksichtigt, verliert nicht den Überblick.	☐	☐
Frage: ______		

2 **Ersetze die umständlichen Nominalisierungen durch Subjekt- oder Objektsätze. Arbeite im Heft.**

A Am Nachmittag erlaubte mir Frau Schumann die Teilnahme an einer Gerichtsverhandlung.

B Die Wichtigkeit einer geschickten Argumentation wurde mir dabei schnell klar.

C Besonders spannend war das Beteuern der Unschuld durch den Mandanten bis zum Schluss.

D Die enorme Höhe der Strafe konnte ich mir bis zum Urteil nicht vorstellen.

Relativsätze

Information **Nebensätze unterscheiden: Relativsätze**

- Relativsätze sind **Nebensätze,** die ein vorausgegangenes Bezugswort im Hauptsatz (meist ein Nomen) näher erklären. Sie werden mit einem **Relativpronomen** (*der, die, das; welcher, welche, welches*) eingeleitet und durch Komma vom Hauptsatz abgetrennt. Das Relativpronomen bezieht sich auf das Bezugswort im Hauptsatz, z.B.:
  Die Pflanzen, die viel Wasser benötigen, müssen täglich gegossen werden.
- Vor dem Relativpronomen kann auch eine Präposition stehen, z.B.:
  Die Gärtnerei, in der ich arbeite, ist sehr groß.
- Relativsätze nehmen im Satz häufig die **Rolle eines Attributs** ein und werden deshalb auch Attributsätze genannt.

1 **a** **Verknüpfe die Satzpaare unter A, B und C mit Hilfe eines Relativpronomens zu Satzgefügen. Achte auf die Kommasetzung.**

b **Umkreise in jedem Satzgefüge das Relativpronomen und markiere mit einem Pfeil das Bezugswort, auf das sich das Relativpronomen bezieht.**

Tätigkeiten im Praktikumsbericht genau erklären

A Am Morgen versorgte ich die Schnittblumen. Die Schnittblumen waren frisch vom Großmarkt eingetroffen.

Am Morgen versorgte ich die Schnittblumen, die

B Die Schnittblumen müssen alle frisch angeschnitten werden. Die Schnittblumen werden in sogenannten „Aqua Packs" transportiert.

C Rosen müssen außerdem in den Rosenentdorner geschoben werden. Der Rosenentdorner entfernt die Dornen blitzschnell.

2 **Streiche im folgenden Text die falschen Einleitungswörter durch. Wenn *wo* und das Relativpronomen möglich sind, lässt du beides stehen.**

Herr Schneider, der/wo mich an dem Tag betreute, zeigte mir, wie man einen Blumenstrauß bindet. Den Strauß, der/wo mir am besten gefiel, durfte ich mit nach Hause nehmen. Den Nachmittag verbrachte ich im Lager, in dem/wo die Beetware steht. Ich goss die Pflanzen, wo/die dringend Wasser brauchten.

Das **Adverb *wo*** kann als Einleitung nur verwendet werden, wenn der Relativsatz einen räumlichen (lokalen) Bezug hat, z.B.: *Vorne im Laden, wo die Kunden sind, muss es immer ordentlich sein.*

das oder *dass?* – Achte auf die Wortart

Information **Relativpronomen *das* oder Konjunktion *dass?***

Zu Beginn eines Nebensatzes kannst du das **Relativpronomen *das*** leicht mit der **Konjunktion *dass*** verwechseln. Führe daher die folgende **Ersatzprobe** durch:

- Kannst du ***das*** durch ***welches*** ersetzen, handelt es sich um das **Relativpronomen** und du schreibst ***s*,** z.B.: *Das Gesteck, das (welches) ich anfertigen durfte, war sehr bunt.*
- Die **Konjunktion *dass*** kannst du nicht durch *welches* ersetzen, z.B.: *Meine Hoffnung, dass (~~welches~~) ich selbst Sträuße binden darf, hat sich erfüllt.*

1 ***das* oder *dass?* Entscheide bei den folgenden Sätzen, ob es sich um das Relativpronomen *das* oder um die Konjunktion *dass* handelt. Führe die Ersatzprobe durch und streiche das falsche Wort jeweils durch.**

Das eigene Praktikum reflektieren

Das Praktikum, das/dass ich im Blumenladen „Vergissmeinnicht" absolvierte, machte mir großen Spaß. Das lag auch daran, das/dass das Team sehr hilfsbereit war. Wichtig für den Beruf ist, das/dass man eine gewisse körperliche Fitness besitzt, denn man muss schwere Vasen, Blumentöpfe und Gießkannen tragen. Allerdings darf man nicht unterschätzen, das/dass man als Floristin manchmal auch knifflige Herausforderungen zu meistern hat. Wenn sich eine Kundin oder ein Kunde z.B. nicht entscheiden kann, muss man ruhig und freundlich bleiben. Das Problem, das/dass die Kunden haben, sollte so gelöst werden, das/dass diese gern wiederkommen. Das/Dass ich während meines Praktikums so viel über den Umgang mit Schnittblumen und Beetware lernen würde, hatte ich nicht erwartet.

⊕ **2** **Setze in den folgenden Sätzen das Relativpronomen *das* oder die Konjunktion *dass* ein.**

Das Praktikum, ______________ ich in den letzten Wochen absolvierte, hat mich im meinem Berufswunsch bestärkt: Ich denke, ______________ der Beruf der Floristin für mich der richtige sein könnte. Durch das Praktikum habe ich gesehen, ______________ der Umgang mit Blumen und Pflanzen nicht so einfach ist. In einer Ausbildung könnte ich das Fachwissen, ______________ für diesen Beruf nötig ist, erwerben. Und ich bin mir sicher, ______________ ich auch im Umgang mit den Kunden bald souveräner wäre.

Partizipial- und Infinitivgruppen

Information **Nebensätze unterscheiden: Partizipialgruppen (Partizipialsätze)**

Eine **Partizipialgruppe** wird mit einem **Partizip I** (Partizip Präsens: *gehend*) oder einem **Partizip II** (Partizip Perfekt: *gegangen*) gebildet und **bezieht sich auf das Subjekt des Hauptsatzes,** z.B.:
*Alle Regeln der Statik **beachtend**, plant der Architekt das Haus.*
Partizipialgruppen darf man immer durch Komma abtrennen. Ein Komma muss stehen,

- wenn durch ein hinweisendes Wort auf die Partizipialgruppe Bezug genommen wird, z.B.: *Die Papiere prüfend,* so *verbrachte ich den Tag.*
- wenn die Partizipialgruppe eine **nachgestellte Erläuterung** zu einem Nomen oder Pronomen ist, z.B.: *Die Baustellen, am Kanal liegend, besuchten wir in dieser Woche.*

TIPP: Partizipialgruppen wirken oft umständlich. Formuliere leserfreundlicher, indem du sie in einen Nebensatz umwandelst, z.B.: *Der Architekt plant das Haus, wobei er die Regeln der Statik beachtet.*

1 **a Unterstreiche in den folgenden beiden Sätzen die Partizipialgruppen.**
b Formuliere dann jeden Satz zu einem Satzgefüge um. Gehe so vor:
- **Formuliere in Satz A die Partizipialgruppe in einen Adverbialsatz um. Nutze die Konjunktion *weil*.**
- **Formuliere in Satz B die Partizipialgruppe in einen Adverbialsatz um. Nutze die Konjunktion *als*.**

A Meinen Betreuer auf Baustellen begleitend, konnte ich Einblicke in die Arbeit eines Architekten gewinnen.
B Mit dem Architekturprogramm mein Traumhaus entwerfend, durfte ich meiner Kreativität freien Lauf lassen.

Information **Nebensätze unterscheiden: Infinitivgruppen**

Obwohl Infinitivgruppen statt eines gebeugten Verbs einen Infinitiv mit *zu* haben, können sie im Satz die Funktion eines Nebensatzes übernehmen. Man nennt sie darum auch Infinitivsätze.
Eine Infinitivgruppe besteht aus einem Infinitiv mit *zu* und mindestens einem weiteren Wort, z.B.:
Ich hatte die Möglichkeit, den Architekten zu begleiten.
Infinitivgruppen darf man immer durch **Komma** abtrennen. Ein Komma muss stehen, ...

- wenn die Infinitivgruppe durch *um, ohne, statt, anstatt, außer, als* eingeleitet wird, z.B.: *Architekten nutzen Computerprogramme, **um** die Gebäude **zu planen**.*
- wenn die Infinitivgruppe von einem Nomen oder einem hinweisenden Wort (z.B.: *daran, darauf, es*) im Hauptsatz abhängt, z.B.: *Besonders wichtig ist es, die Kundenwünsche zu berücksichtigen.*

2 **a Unterstreiche in jedem Satz die Infinitivgruppe und trenne alle Infinitivgruppen durch Kommas ab.**
b Umkreise die Wörter, die ein Komma bei den Infinitivgruppen unbedingt verlangen.

Vorsicht Fehler!

A Es hat mir großen Spaß gemacht mein Praktikum in einem Architekturbüro zu absolvieren.
B Mit dem Architekturprogramm zu arbeiten war besonders interessant.
C Meinen Betreuer auf Baustellen zu begleiten war sehr lehrreich.
D Mir wurde klar, dass die Aufgaben von Architekten nicht nur darin bestehen Häuser zu planen, sondern dass sie auch dafür verantwortlich sind die Baufirmen einzuweisen und die Baustelle zu beaufsichtigen.

Nebensätze unterscheiden

1 a Markiere in den folgenden Sätzen jeweils den Adverbialsatz und setze die Kommas. (5 Punkte)

Vorsicht Fehler!

A Damit deine Bewerbung gut ankommt musst du einiges beachten. .... ____________

B Das Anschreiben sollte fehlerfrei sein sodass du einen guten Eindruck machst. ...... ____________

C Wenn du einen Mustertext verwendest solltest du ihn vollständig anpassen. .... ____________

D Bewerber/-innen wurden schon nicht eingeladen weil sie nicht sorgfältig gearbeitet hatten. .... ____________

E Nachdem die Personalabteilung sich nicht meldete fiel mir die Anrede meines Anschreibens „Sehr geehrter Herr Mustermann“ auf. .... ____________

b Bestimme die Art der Adverbialsätze in den Sätzen A–E. Notiere hierzu hinter jedem Satz den Buchstaben für die richtige Frageprobe und die Ziffer für den zutreffenden Adverbialsatz. (10 Punkte)

a Mit welcher Folge ...?	1 Kausalsatz (Grund)
b Unter welcher Bedingung ...?	2 Konsekutivsatz (Folge)
c Wozu ...?	3 Temporalsatz (Zeit)
d Warum ...?	4 Finalsatz (Absicht, Zweck)
e Wann ...? Seit/Bis wann ...? Wie lange ...?	5 Konditionalsatz (Bedingung)

2 a Ersetze in den folgenden Sätzen die unterstrichenen Satzglieder durch leserfreundlichere Subjekt- oder Objektsätze. Setze die Kommas. (2 Punkte)

b Notiere hinter jedem Satz, ob es sich um einen Subjekt- oder Objektsatz handelt. (2 Punkte)

A Ich hoffe auf eine aktive Mitarbeit in Ihrer Firma.

____

B Die Wichtigkeit einer sorgfältigen Ausführung der Aufgaben ist mir klar.

____

3 Verbinde die beiden folgenden Sätze zu einem Satzgefüge mit Relativsatz. (2 Punkte)

Ich bin Mitglied der SV. Die SV organisiert u.a. jedes Jahr ein Sommerfest und den Spendenlauf.

____

____

Vergleiche deine Ergebnisse mit dem Lösungsheft und notiere, wie viele Punkte du bekommst.

☺ 21–13 Punkte	😐 12–9 Punkte	☹ 8–0 Punkte
Gut gemacht!	Gar nicht schlecht, aber lies dir die Merkkästen auf den Seiten 66–72 noch einmal genau durch.	Arbeite die Seiten 66–72 noch einmal genau durch.

Rechtschreibung

Was kannst du schon?

1 a **Lauter knifflige Fälle: Trage die fehlenden Buchstaben ein. (24 Punkte)**
b **Kreuze hinter jeder Wörterreihe an, welche Strategie dir in diesen Fällen hilft:**
A = Ableiten; V = Verlängern; Z = Zerlegen. (6 Punkte)
TIPP: Bei manchen Wörterreihen sind mehrere Strategien hilfreich und deshalb mehrere Kreuze zu setzen.

		A	V	Z
A	Preistr___gerin • abr___men • h___te • Erkl___rvideo • regelm___ßig …………………	☐	☐	☐
B	hal___ferti___ • Bil___techni___ • grun___legen___ • Ferti___kei___ …………………	☐	☐	☐
C	ta___tr___men • sel___stverst___n___lich • Schrei___h___ft • s___rehalti___ …….	☐	☐	☐

2 **Ergänze bei den markierten Wörtern die richtigen Buchstaben. Sprich die Wörter deutlich in Silben und achte darauf, ob die erste Silbe offen oder geschlossen ist. (14 Punkte)**
TIPP: Um diese Strategie zu nutzen, musst du einsilbige Wörter verlängern und zusammengesetzte Wörter zerlegen und dann verlängern.

Wer zuverlä___(s/ss/ß)iges Wi___(s/ss/ß)en sa___(m/mm)eln möchte, der so___(l/ll)te die Angebote des Internets gez___(i/ie)lt nutzen. V___(i/ie)le Bundesländer b___(i/ie)ten zum Beispiel Bildungsserver an, die der Ö___(f/ff)entlichkeit zahlreiche Do___(k/ck)umente kostenlo___(s/ss/ß) zur Verfügung ste___(l/ll)en. Au___(s/ss/ß)erdem gewähren auch Kultureinrichtungen wie Theater oder O___(p/pp)ernhäuser interessante Einbli___(k/ck)e in ihr Scha___(f/ff)en.

3 a **Groß oder klein? In jeder Reihe haben sich bei den Eigennamen oder Herkunftsbezeichnungen zwei Fehler eingeschlichen. Streiche die falsch geschriebenen Wörter durch. (6 Punkte)**

A der Rheinische Frohsinn • die leipziger Buchmesse • das Kölner Literaturfestival
B die internationalen Filmfestspiele Berlin • die Süddeutsche Zeitung • der atlantische Ozean
C die Norddeutsche Presselandschaft • der Mitteldeutsche Rundfunk • die rheinische Post

b **Schreibe die fehlerhaften Wortgruppen aus Aufgabe 3 a richtig in dein Heft. (6 Punkte)**

4 **Groß oder klein? Prüfe die markierten Wörter und umkreise den richtigen Anfangsbuchstaben. (19 Punkte)**

Das l/Lesen einer Zeitung gehört für viele Erwachsene zum Start in den Tag wie das d/Duschen oder eine g/Gute Tasse Kaffee. Fragt man sie nach den Gründen für ihre m/Morgendliche Lektüre, antworten viele, dass sie sich a/Aktuell i/Informieren und nichts w/Wichtiges verpassen wollen. Der Inhalt ist also das e/Entscheidende. Ob dieser d/Digital oder g/Gedruckt vorliegt, ist weniger w/Wichtig, solange das g/Gleiche über p/Politische, k/Kulturelle oder s/Sportliche Ereignisse vermittelt wird. Für Schülerinnen und Schüler lohnt sich die Zeitungslektüre ü/Übrigens auch. Am b/Besten geht ihr mal in einen Zeitschriftenladen. Beim s/Stöbern in der großen Auswahl an Zeitungen findet ihr bestimmt das r/Richtige für euch.

5 **Zusammen oder getrennt? Kreuze für jedes markierte Wort an, ob es richtig (r) oder falsch (f) geschrieben wurde. (5 Punkte)**

A An unserer Schule wird selbst organisiertes Lernen großgeschrieben. .... r f

B Aber selbstverständlich wird niemand fertiggemacht, der Hilfe braucht. .... r f

C Bei vielen Aufgaben können wir uns die Zeit selbsteinteilen. .... r f

D Freiwillige oder zusätzliche Leistungen bekommen wir gut geschrieben. .... r f

E Wir sind mit dieser Methode bisher noch nicht herein gefallen. .... r f

6 **Im folgenden Text fehlen die Kommas bei Satzreihe, Satzgefüge, Infinitivgruppen sowie Apposition und nachgestellter Erläuterung. Setze die fehlenden zehn Kommas. (10 Punkte)**

Vorsicht Fehler!

Von KI also künstlicher Intelligenz können sich Journalisten schon heute einfache Texte schreiben lassen. Wenn das aber möglich ist könnte es doch auch bald Roboter denkende Maschinen für Schulaufsätze geben. Man könnte ihnen beibringen einfache Textteile von Aufsätzen zu schreiben. Zum Beispiel könnten sie die Einleitung die immer aus den gleichen Angaben und Formulierungen besteht übernehmen. Vielleicht wären sie auch dazu in der Lage rhetorische Mittel in Texten zu finden und richtig zu benennen. Schwierig wird es vermutlich bei der Analyse von Argumentationen auch die Interpretation eines Gedichts traut man ihnen bisher eher nicht zu.

7 **a Überprüfe deine Lösungen mit Hilfe des Lösungshefts. Notiere deine Punktzahl neben den Aufgaben.**
b Vergleiche dein Ergebnis mit der jeweiligen Höchstpunktzahl. Trage unten ein, wie du die Aufgabe gelöst hast: ✓ = das meiste richtig; ? = noch etwas unsicher.

Aufgabe	1	2	3	4	5	6
Weitere Übungen	Seite 76–77	Seite 76–77	Seite 80	Seite 78–82	Seite 83–87	Seite 88–93

Wiederholung: Rechtschreibstrategien

Information | **Rechtschreibstrategien**

Folgende Strategien kennst du bereits. Sie helfen dir oft, die richtige Schreibweise zu finden:

- Auf offene oder geschlossene Silben achten, z. B.:
  offen: *le-sen* (s summend), *Grü-ße* (s zischend); *Fra-ge, lo-se, lie-ben* → einfacher Konsonant;
  geschlossen: *wis-sen; bes-ser; Klam-mer; Tun-nel; flir-ren* → Konsonant oft verdoppelt.
  TIPP: Um diese Strategie zu nutzen, musst du einsilbige Wörter verlängern.
- **Verlängern am Wortende:** *b/p? trüb > trübe; d/t? Rind > Rinder; g/k? Beleg > Belege.*
  TIPP: Um diese Strategie bei zusammengesetzten Wörtern zu nutzen, musst du sie zerlegen.
- **Ableiten:** *ä/e, äu/eu? Träger > tragen; Leute* > kein verwandtes Wort auf *au*.
  TIPP: Um diese Strategie zu nutzen, suchst du nach Wortverwandten mit *a* oder *au*.

1 **Notiere auf den Schreibzeilen, welche Strategie dir dabei hilft, die markierten Wörter richtig zu schreiben. Streiche die falsch geschriebenen Wörter im Text anschließend durch.**
TIPP: In einem Fall helfen dir zwei Rechtschreibstrategien.

Strategien allgemein sind gut durchdachte (**A**) Pläne/Plene, mit denen man (**B**) zuverlässig/zuverleßig an ein (**C**) angestreptes/angestrebtes Ziel (**D**) kommt/komt.
Eine Rechtschreibstrategie im Speziellen (**E**) gipt/gibt dir (**F**) entsprechend/entsprächend eine geeignete Methode dafür an die (**G**) Hand/Hant, (**H**) richtik/richtig zu schreiben.

A ä oder e? → Ableiten: der Plan → die Pläne

B ____________________

____

C ____________________

D ____________________

E ____________________

F ____________________

G ____________________

H ____________________

2 **Bearbeite die folgenden vier Lückentexte mit Hilfe der geeigneten Rechtschreibstrategie.**

a Trage ein: *ä* oder *e*, *äu* oder *eu*?

Wer den K___fer glauben l___sst, er mache ein gl___nzendes Schn___ppchen, setzt eine von ungez___hlten Werbestrategien ein. Denn die Fr___de am Sparen best___rkt die Lust zu kaufen.

Rechtschreibstrategie: ____________________

b Ergänze in den Lücken den richtigen *i*-Laut (*i* oder *ie*?).

Über S___g und N___derlage entscheidet oft die bessere Sp___lstrategie. Wer sich der r___chtigen Taktik und der gesch___cktesten Kn___ffe bed___nt, der gew___nnt. Wer planlos agiert, der verl___rt.

Rechtschreibstrategie(n): ____________________

c Entscheide, ob der Konsonant verdoppelt werden muss. Beachte: Bei den orange markierten Stellen handelt es sich um besondere Fälle. Welche Buchstaben müssen hier eingesetzt werden?

Ob in politischen Deba___ten oder in den a___labendlichen Disku___sionen am E___stisch: Argumentationsstrategien erfü___len den Zwe___(k/kk/ck), andere zu überzeugen. Wer sich auf anerka___nte Wertma___(s/ß/ss)stä___be beru___fen oder auf wi___senschaftlich bewie___sene Positionen stü___(z/zz/tz)en ka___n, erhält häufig Zusti___mung.

Rechtschreibstrategie(n): ____________________

d Setze ein: *b* oder *p*, *d* oder *t*, *g* oder *k*?

Forschun___sprojekte haben bele___t, dass Menschen ganz unterschie___liche Schrei___strategien verwenden. Das hän___t auch damit zusammen, ob jeman___ bereits ein geü___ter Schreiber ist oder erst damit anfän___t, eigene Texte zu formulieren.

Eingesetzte Rechtschreibstrategie(n): ____________________

⊕ **3** **Formuliere zu den drei gelb markierten Stellen in Aufgabe 2c jeweils die Strategie und/oder Regel, nach der sich die Schreibung richtet. Schreibe in dein Heft.**

Groß- und Kleinschreibung

Wiederholung: Substantivierungen/Nominalisierungen

Information **Substantivierung/Nominalisierung: Großschreibung von Verben und Adjektiven**

Verben, Adjektive, Adverbien und Wörter anderer Wortgruppen schreibst du in der Regel **groß,** wenn sie **im Satz als Nomen gebraucht** werden, z. B.: *das Schreiben* (Verb), *das Fabelhafte* (Adjektiv) oder *das Auf und Ab* (Präposition).
Du kannst solche Nominalisierungen meist an ihren **Begleitwörtern** erkennen, z. B. an:

- **Artikeln,** z. B.: *das Neue, das Formulieren,*
- **Adjektiven,** z. B.: *das überraschend Neue,*
- **Präpositionen** (auch mit Artikeln verschmolzen), z. B.: *aufs Neue, beim Formulieren,*
- **Pronomen** (besonders **Indefinitpronomen**), z. B.: *etwas Neues, nichts Neues.*

TIPP: Wenn Begleitwörter fehlen, führe die **Artikel-Adjektiv-Probe** durch. Kannst du einen oder beide Begleiter ergänzen, schreibe groß, z. B.: *Auch (das richtige) Schreiben will gelernt sein.*
Vorsicht: Superlative mit *am* werden **kleingeschrieben,** z. B.: *Sie springt am weitesten.*

1 **a** **In den folgenden Tipps zum Erörtern finden sich ein oder mehrere Fehler bei der Groß- und Kleinschreibung. Unterstreiche die Fehlerwörter.**

Vorsicht Fehler!

A Dreischritt beim Texte schreiben beachten: Am Anfang steht das Planen. Dann kommt das schreiben. Und zum Schluss musst du dir Zeit zum überarbeiten lassen!

B Für das klären schwieriger Wörter auf den Zusammenhang achten!

C Das beste kommt zum Schluss: Steigerung bei der Qualität der Argumente beachten!

D Die Erörterung mit etwas überraschendem oder Interessantem beginnen!

E Nicht gleich beim ersten lesen alles bunt anmalen, sondern sich zuerst einen Überblick über das ganze verschaffen.

F Beim abschließenden zusammenfassen vermeiden, dass sich Aussagen wörtlich wiederholen.

G Beim zitieren die genaue Zeilenangabe nicht vergessen!

H Die Checkliste zum Kontrollieren und abgleichen nutzen!

b **Notiere die falsch geschriebenen Wörter mit ihren Begleitern in der richtigen Schreibweise und begründe diese kurz. Schreibe in dein Heft, z. B.:**
A: beim Texteschreiben: Zusammenschreibung von Nomen + Verb bei Nominalisierung; ...

2 a Unterstreiche im Text alle nominalisierten Wörter mit ihren Begleitwörtern.
b Bestimme die Begleitwörter, indem du jeweils die richtige Ziffer rechts neben der Textzeile einträgst: 1 = Artikel, 2 = Adjektiv, 3 = Präposition (mit Artikel verschmolzen), 4 = Pronomen (auch Indefinitpronomen).

Sachtextanalyse zur Reportage „Leben in Bibliotheken" (Auszug 1)

Dem Autor geht es in seiner Reportage nicht nur um die Bedeutung des Lesens. Er will — 1

zeigen, dass Bibliotheken nichts Altmodisches und aus der Zeit Gefallenes sind, sondern ______

etwas Lebendiges. Sie sind ein Ort, an dem man nicht nur Büchern und fiktiven Welten ______

begegnet, man trifft auch auf andere Menschen. Dies geschieht beim Stöbern in den ______

Bücherregalen ebenso wie beim Kaffeetrinken in den beliebten Cafés. Bibliotheken ______

erscheinen in seiner Beschreibung im Großen und Ganzen als sozialer Treffpunkt. ______

So schildert er, wie Jugendliche zum Aufladen ihres Handys vorbeikommen ______

oder kleinere Gruppen sich gern etwas Gemütliches suchen, z. B. eine der Sitzecken, um ______

sich auszutauschen. Aber auch konzentriertes Lernen in Ruheräumen ist möglich. ______

3 Streiche im folgenden Text bei den markierten Wörtern jeweils den falschen Buchstaben durch.
TIPPS:
– Nicht jedes nominalisierte Wort hat auch einen Begleiter.
– Nicht nur Adjektive und Verben werden nominalisiert.

Sachtextanalyse zur Reportage „Leben in Bibliotheken" (Auszug 2)

Der Autor bedient sich verschiedener Mittel, um ein möglichst l/Lebendiges Bild von einer Bibliothek zu zeichnen. An erster Stelle stehen dabei zahlreiche Zitate von Bibliotheksbesuchern, die er beim l/Lesen, l/Lernen und sogar beim h/Hören von CDs um ihre Meinung bittet. Dabei geben die Befragten auch p/Persönliches preis und erklären, warum die Bibliothek für sie etwas b/Besonderes ist. Die lebendige Atmosphäre der Bibliothek fängt er zudem ein, indem er das h/Hin und h/Her der Besucher mit Vergleichen, z. B. einem Ameisenhaufen, veranschaulicht.

4 Begründe die richtige Schreibweise des markierten Worts in deinem Heft.

Der Autor verwendet am h/Häufigsten Adjektive, um ein anschauliches Bild zu vermitteln.

Schreibung von Eigennamen und Herkunftsbezeichnungen

Information **Schreibung von Eigennamen und Herkunftsbezeichnungen**

Eigennamen schreibst du **groß,** z. B. Personennamen, Städte- und Ländernamen, ebenso Namen von **Institutionen** und **Einrichtungen.** In mehrteiligen Eigennamen schreibst du alle Wörter groß mit Ausnahme der Artikel, Konjunktionen und Präpositionen, z. B.:
die Vereinigten Staaten, Peter der Große, das Rote Kreuz, der Kleine Bär (Sternbild).
Herkunftsbezeichnungen: Die von **geografischen Namen** abgeleiteten Wörter **auf *-er*** schreibst du immer **groß,** z. B.: *die Berliner Bürgermeisterin, der Greifswalder Journalist.*
Die von **geografischen Namen** abgeleiteten **Adjektive auf *-isch*** werden **kleingeschrieben,** z. B.: *der griechische Philosoph, die arktische Kälte, die sächsischen Schulferien.*

1 **Schreibe die folgenden Herkunftsbezeichnungen in der richtigen Groß- und Kleinschreibung auf.**

DAS LÜBECKER MARZIPAN

das Lübecker Marzipan

DIE THÜRINGER BRATWURST

DIE BELGISCHEN POMMES

DER ENGLISCHE TEE

DIE AACHENER PRINTEN

DIE SCHLESISCHEN GURKENHAPPEN

DAS LEIPZIGER ALLERLEI

DAS FRANZÖSISCHE CROISSANT

2 **Groß oder klein? Unterstreiche bei den markierten Herkunftsbezeichnungen den richtigen Buchstaben.**

Sachtextanalyse zum Kommentar „Gesundheit ist international" (Auszug)

Die Verfasserin beruft sich auf e/Europäische Studien zu ihrem Thema und lässt ein b/Britisches Forschungsteam, einen p/Polnischen Wissenschaftler und eine k/Kölner Professorin zu Wort kommen. Außerdem führt sie Untersuchungen eines b/Berliner Forschungsbundes an, bezieht Daten der k/Kairoer Universität sowie verschiedener a/Australischer und a/Afrikanischer Hochschulen mit ein.

⊕ **3** **Notiere die Eigennamen in der richtigen Groß- und Kleinschreibung in deinem Heft.**

KAP DER GUTEN HOFFNUNG • INTERNATIONALE FILMFESTSPIELE VON VENEDIG

Fremdwörter richtig schreiben

Information **Fremdwörter**

- Fremdwörter sind **Wörter, die aus anderen Sprachen kommen.** Meist haben sie sich in Schreibweise und Aussprache noch nicht oder nur zum Teil an die deutsche Sprache angepasst, z. B.: *das Plädoyer, das Engagement.*
- **Häufig gebrauchte Fremdwörter** werden **eingedeutscht,** d.h. in ihrer Schreibweise dem Deutschen angeglichen. In diesen Fällen ist sowohl die eingedeutschte als auch die fremdsprachige Schreibung korrekt, z. B.: *die Spaghetti/Spagetti, der Friseur/Frisör.*
- Fremdwörter, die als **Fachbegriffe** verwendet werden, werden **nicht eingedeutscht.** Dies gilt auch für viele Fachbegriffe aus dem Deutschunterricht, z. B.: *der Akkusativ, der Lead-Stil.*

1 **Folgende Fremdwörter kommen als Fachbegriffe zum Beispiel bei der Sachtextanalyse und Erörterung vor.**

a **Ergänze in der Tabelle die fehlenden verwandten Formen. Die farbigen Flächen bleiben leer.**

Nomen im Singular	Nomen im Plural	Adjektiv	Verb
		hypothetisch	
	die Themen		
		argumentativ	
		rhetorisch	
die Position			
			appellieren
	die Intentionen		

b **Ordne den Nomen die passenden Bedeutungen zu, indem du die Buchstaben neben die Nomen schreibst.**

A Gegenstand oder leitender Gedanke des Textes

B hier: Haltung oder Anschauung, die jemand vertritt

C Aussage, die noch zu beweisen ist

D Beweisführung, die möglichst plausibel ist

E Kunst der geschickten und wirksamen Rede

F Absicht, mit der etwas geschieht oder ausgesagt wird

G Aufruf, etwas zu tun oder zu unterlassen

⊕ **2** **Positive Rückmeldungen zu einer Klassenarbeit! Rekonstruiere die fünf Fremdwörter in den Klammern und schreibe sie richtig in dein Heft.**

sprachlich sehr gut (e*q*u*n*l*o*e*t) • sehr genau ausgedrückt (z*i*p*ä*r*e*s) •
gründlich (p*o*f*n*u*d*r) mit vielen Einzelheiten (d*t*a*i*e*r*t*l*l*i*e) •
knapp und treffend (n*a*t*n*ä*r*p*g)

Groß- und Kleinschreibung

1 **Finde die 15 Fehler bei der Groß- und Kleinschreibung. Streiche die falsch geschriebenen Anfangsbuchstaben durch. (15 Punkte)**

Analyse eines Sachtextes zum Thema Medienkompetenz (Auszug)

Eingeleitet wird der Text durch einen knappen Vorspann, in dem die Autorin als Medienexpertin vorgestellt wird, die an einer bochumer Universität forscht. Die Autorin beginnt ihre Ausführungen mit einer Klärung des Begriffs „Medienkompetenz“, um für alles folgende eine Diskussionsgrundlage zu schaffen. Dabei räumt sie jedoch ein, dass eine Schlüssige und knappe Beschreibung schwierig sei, weil der Begriff viele wichtige Aspekte umfasse. Am Wichtigsten sei für die jüngeren aus ihrer Sicht das erlernen eines sicheren Umgangs mit den Medien. Das Gelte beim kommunizieren mit anderen in Sozialen Netzwerken ebenso wie beim Umgang mit Quellen, die im einzelnen auf ihre Seriosität zu überprüfen seien. Im großen und ganzen sei es um die Medienkompetenz junger Menschen aber gar nicht so schlecht bestellt, ergänzt und beruhigt sie mit Blick auf die Ergebnisse einer groß angelegten Französischen Studie zum Medienverhalten von Jugendlichen. Andererseits gebe es aber auch ständig etwas neues, sodass man auf dem laufenden bleiben müsse.

2 **a Kreuze an: Sind die folgenden Regeln richtig (r) oder falsch (f)? (3 Punkte)**

A Ein Indefinitpronomen verweist auf die Großschreibung des folgenden Adjektivs. .... r f

B Adjektive im Superlativ mit *am* werden großgeschrieben. .... r f

C Von geografischen Namen abgeleitete Wörter auf *-er* schreibt man immer groß. .... r f

b Korrigiere die falsche(n) Regel(n) aus Aufgabe 2 a. (1 Punkt)

3 **Finde zu den richtigen Regeln aus Aufgabe 2 jeweils ein Beispiel im Text. Notiere den Buchstaben der Regel und dahinter das Beispiel aus dem Text. (2 Punkte)**

Vergleiche deine Ergebnisse mit dem Lösungsheft. Für jede richtige Antwort bekommst du einen Punkt.

☺ 21–16 Punkte	😐 15–11 Punkte	☹ 10–0 Punkte
Gut gemacht!	Gar nicht schlecht, aber lies dir die Merkkästen auf den Seiten 78–81 noch einmal genau durch.	Arbeite die Seiten 78–81 noch einmal genau durch.

Getrennt- und Zusammenschreibung

Getrenntschreibung – Nomen + Verb

Information Getrenntschreibung – Nomen + Verben

Wortgruppen aus **Nomen + Verb** schreibst du immer **getrennt,** z. B.: *Ruhe bewahren, Bahn fahren.*
Achtung: Werden Wortgruppen aus Nomen + Verb **nominalisiert** (▶ S. 78–79), schreibst du sie **zusammen** und **groß,** z. B.:
Beim Bahnfahren und beim Musikhören kann ich mich gut entspannen.

1 Ziehe Linien zwischen Nomen und Verben, die sinnvolle Wortgruppen bilden.

Korrektur · in Verbindung · Fazit · unter Beweis · Probleme · Einfluss · Rat

ziehen · setzen · geben · stellen · lesen · lösen · nehmen

2 Setze die großgeschriebenen Wortgruppen richtig ein. Achte darauf, ob die Wortgruppen nominalisiert sind.

Klassenarbeiten

Klassenarbeiten erfüllen verschiedene Funktionen. Du kannst zum Beispiel deine Fähigkeiten unter ______________ B-E-W-E-I-S-S-T-E-L-L-E-N und zeigen, dass du bekannten Lernstoff auf Neues übertragen und mit weiterführenden Gedanken in ______________ V-E-R-B-I-N-D-U-N-G-S-E-T-Z-E-N kannst. Außerdem gewinnen deine Lehrerinnen und Lehrer beim Durchdenken und ______________ K-O-R-R-E-K-T-U-R-L-E-S-E-N deiner Arbeit einen Eindruck von deinem Leistungsstand und können darauf ______________ E-I-N-F-L-U-S-S-N-E-H-M-E-N, was du zukünftig üben oder wiederholen solltest. Vielleicht lässt sich daraus das ______________ F-A-Z-I-T-Z-I-E-H-E-N, dass nicht immer nur die Note das Entscheidende ist, sondern die Fähigkeit, aus Fehlern zu lernen.

⊕ **3** Formuliere im Heft je zwei kurze Sätze. Verwende die folgenden Nomen und Verben jeweils einmal als Wortgruppe (= getrennt geschrieben) und einmal nominalisiert (= zusammengeschrieben).

Referat + halten • Fragen + stellen

Getrenntschreibung – Verb + Verb, Wortgruppen mit *sein*

Information **Getrenntschreibung – Verb + Verb, Wortgruppen mit *sein***

- Wortgruppen aus **Verb + Verb** schreibst du immer **getrennt,** z. B.: *schreiben üben, lesen lernen.* **Achtung:** Werden Wortgruppen aus Verb + Verb **nominalisiert**, schreibst du sie **zusammen** und **groß,** z. B.: *Musteraufsätze helfen beim Schreibenüben.*
- Wortgruppen mit ***sein*** schreibst du immer **getrennt**, z. B.: *da sein, fertig sein.*

1 **Schreibe die großgeschriebenen Wortgruppen richtig in die Lücken. Achte auf Nominalisierungen.**

Nach der Arbeit ist vor der Arbeit

Auch wenn eine Arbeit mal nicht so gut lief, ______________________ A-U-F-G-E-B-E-N-D-A-R-F-S-T du natürlich nie. Stattdessen solltest du dir überlegen, was dir weiterhilft. So solltest du zum Beispiel ______________________ N-A-C-H-V-O-L-L-Z-I-E-H-E-N-K-Ö-N-N-E-N, was eine Aufgabenstellung von dir verlangt. Dazu musst du Aufgaben regelrecht ______________________ L-E-S-E-N-L-E-R-N-E-N. Entscheidend dabei sind die Operatoren und ihre Bedeutung. Operatoren sind Arbeitsanweisungen wie z. B. „fasse zusammen" oder „untersuche".

Das ______________________ S-C-H-R-E-I-B-E-N-Ü-B-E-N für einen Aufsatz ist besonders Erfolg versprechend, wenn du mit Musterlösungen arbeitest, die du schrittweise mit deinem Aufsatz ______________________ A-B-G-L-E-I-C-H-E-N-K-A-N-N-S-T.

2 **Bilde mit den folgenden Wörtern Wortgruppen mit *sein* und setze sie passend in die Lücken ein.**

hilfreich • sorgfältig • sicher

Bei der Überarbeitung von Klassenarbeiten solltest du sehr ______________________, damit du die gleichen Fehler später nicht wiederholst. Solltest du mal nicht ganz ______________________, wie du deine Analyse oder deine Erörterung verbessern kannst, wird dir ein Gespräch mit deiner Lehrerin oder deinem Lehrer ______________________.

⊕ **3** **Bilde mit den folgenden Wortgruppen Sätze in deinem Heft.**

nützlich sein • einkaufen gehen • stehen bleiben

Meist getrennt – Adjektiv + Verb

Information **Wortgruppen aus Adjektiv + Verb**

Wortgruppen aus **Adjektiv + Verb** schreibst du meist **getrennt,** z. B.: *sauber schreiben.*
Aber: Entsteht ein **Wort mit einer neuen Gesamtbedeutung, schreibst du zusammen,** z. B.: *kleinschreiben* (= ein Wort mit kleinem Buchstaben beginnen), *festlegen* (= vereinbaren).
Ersatzprobe für die Getrenntschreibung: Kannst du das Adjektiv durch ein Adjektiv mit ähnlicher Bedeutung ersetzen, schreibst du getrennt, z. B.: *sauber schreiben* > *ordentlich schreiben.*

1 **Getrennt oder zusammen? Setze „fertig?machen" jeweils in der richtigen Schreibweise ein.**
TIPP: Achte darauf, ob ein Wort mit einer neuen Bedeutung entsteht.

A Das Lernen sollte einen nicht ______________________. Pausen sind wichtig!

B Die Klasse 9b muss ihr Projekt bis Freitag ______________________.

2 **Prüfe, ob du zusammen oder getrennt schreiben musst, und fülle die Lücken richtig aus. Achte auch auf die passenden Personalformen.**

Tipps zur Vorbereitung einer Klassenarbeit

Du willst bei einer Klassenarbeit ______________ (gut?abschneiden)? Die folgenden Tipps können dir dabei helfen: **1.** Beteilige dich am Unterricht! Das Üben vor der Arbeit wird dir ______________ (leicht?fallen), wenn du im Unterricht regelmäßig mitgearbeitet hast. **2.** Außerdem solltest du ______________ (sicher?gehen), dass dir die Zeit nicht davonläuft. Beginne frühzeitig mit dem Lernen, damit du dich ______________ (stressfrei?vorbereiten) kannst. **3.** Setze Übungsschwerpunkte! Schwierigkeiten zu vermeiden, bringt meist nicht viel. Im Gegenteil: Wenn dir ein bestimmter Lernstoff ______________ (schwer?fällt), nimm ihn dir besonders vor. Du kannst auch ______________ (freundlich?nachfragen) ob dir jemand helfen kann.

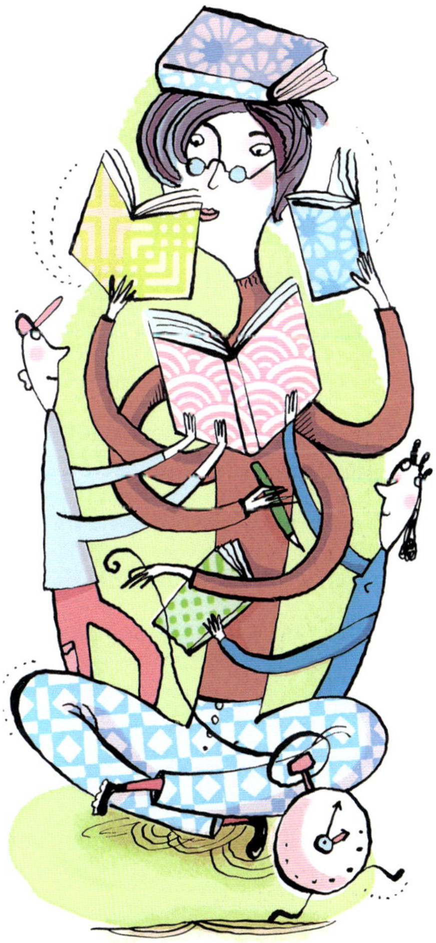

3 **Formuliere mit „festhalten" zwei Sätze in deinem Heft.**

Meist zusammen – Adverb + Verb, Präposition + Verb

Information **Meist zusammen – Adverb + Verb/Präposition + Verb**

- Verbindungen aus **Adverb + Verb** schreibst du **zusammen,** wenn die **Hauptbetonung auf dem Adverb** liegt, z. B.: *Man kann zur Vorbereitung von Klassenarbeiten auch zusammenarbeiten.* Werden **Adverb und Verb gleich betont,** schreibst du sie **in der Regel getrennt,** z. B.: *Wenn man eine Klassenarbeit schreibt, sollte man nicht am Tag davor lernen.* **Erweiterungsprobe:** Kannst du ein Wort oder eine Wortgruppe zwischen Adverb und Verb einfügen, schreibst du getrennt, z. B.: *Wollen wir zusammen (für die Arbeit) lernen?*
- Verbindungen aus **Präposition + Verb** schreibst du in der Regel zusammen, z. B.: *mitmachen, angeben, abbrechen.* Die Hauptbetonung liegt bei der Zusammensetzung meist auf der Präposition, z. B.: *aufholen, nachrechnen, vorfahren.*

1 **Prüfe die Verbindungen aus Adverb und Verb mit Hilfe der Erweiterungsprobe. Unterstreiche die Verbindung, die getrennt geschrieben wird, und notiere sie mit einer möglichen Erweiterung.**

A Während Klassenarbeiten darf man die Aufgaben nicht zusammen?bearbeiten.

B Wenn die Aufgabenstellung erklärt wird, sollte man nicht dazwischen?reden.

Erweiterungsprobe: ______________________________

2 **a Unterstreiche: Wo liegt bei den markierten Verbindungen aus Adverb und Verb die Betonung?**
b Kreuze für jede der Verbindungen an, ob die Getrennt- oder Zusammenschreibung richtig ist.

Der Tag der Klassenarbeit	Getrennt-schreibung	Zusammen-schreibung
A Die exakte Aufgabenstellung kann niemand sicher vorher?sagen.	☐	☐
B Du solltest deshalb darauf?achten, sie mehrmals und sorgfältig zu lesen.	☐	☐
C Hast du sie verstanden, kann eigentlich nicht mehr viel dazwischen?kommen.	☐	☐
D Du solltest die Aufgabe nun schrittweise?bearbeiten. Achte dabei auf die Zeit!	☐	☐
E Und zum Schluss solltest du natürlich alles nochmals?überprüfen.	☐	☐

3 **Setze die Präpositionen mit den Verben so oft wie möglich zusammen. Schreibe in dein Heft.**

nach | unter | über

tragen | haken | fragen | weisen | legen | denken | richten | füttern

mauern | gehen | treiben | stehen | fordern

Getrennt- oder Zusammenschreibung?

1 Markiere im folgenden Text sechs Fehler und schreibe die verbesserten Wörter in die Randspalte. (6 Punkte)

Vorsicht Fehler!

Am besten lernst du an einem Arbeitsplatz, an dem du dich wohl fühlst. ________

Und auch wenn dieser Ort bei jedem und jeder etwas anders aus sieht, ________

solltest du auf jeden Fall genug Platzhaben und ________

sicher stellen, dass du für eine bestimmte Zeit nicht gestört wirst. ________

Ausnahmsweise sollte kein Freund und keine Freundin vorbei kommen ________

und das Handy klingeln ist für ein oder zwei Stunden ebenfalls tabu. ________

2 Zusammen oder getrennt? Notiere jeweils die richtige Schreibweise auf der Linie. (9 Punkte)
TIPP: Achte auf die Wortarten und darauf, ob eine Wortgruppe nominalisiert ist.

Belohnung muss sein!

Belohne dich selbst! Denn die Aussicht auf eine Belohnung kann wahre ________ Wunder?bewirken: So wirst du schon beim ________ Vokabeln?lernen oder ________ Gleichungen?üben ________ motiviert?sein, wenn du dir etwas Schönes für später ________ vor?genommen hast. Du kannst z. B. ________ Freunde?treffen, ________ schwimmen?gehen oder auch einfach nur die Seele ________ baumeln?lassen. Aber du musst dich auch nicht ________ fest?legen. Gönne dir nach einer Arbeitsphase einfach etwas Erholung.

Vergleiche deine Ergebnisse mit dem Lösungsheft. Für jede richtige Antwort bekommst du einen Punkt.

☺ 15–12 Punkte	😐 11–8 Punkte	☹ 7–0 Punkte
Gut gemacht!	Gar nicht schlecht, aber lies dir die Merkkästen auf den Seiten 83–86 noch einmal genau durch.	Arbeite die Seiten 83–86 noch einmal genau durch.

Zeichensetzung

Das Komma zwischen Sätzen (Satzreihe und Satzgefüge)

Information — **Das Komma in Satzreihen und Satzgefügen**

Komma in der Satzreihe

- Eine **Satzreihe** besteht aus zwei oder mehreren **selbstständigen Hauptsätzen,** die durch ein **Komma** voneinander getrennt werden, z. B.:
  Gestern las ich ein Buch über künstliche Intelligenz, es gefiel mir gut.
  Nur vor *und* bzw. *oder* kannst du das Komma weglassen.
- Die Hauptsätze einer Satzreihe werden häufig durch eine **nebenordnende Konjunktion** *(denn, aber, doch, sondern, und, oder)* miteinander verbunden.

Das Komma im Satzgefüge

- Ein **Satzgefüge** besteht aus einem **Hauptsatz** und mindestens einem **Nebensatz.** Der Nebensatz kann vor, zwischen oder nach dem Hauptsatz stehen und muss **immer** durch **Komma(s)** vom Hauptsatz abgetrennt werden, z. B.: *KI ist eine Teilwissenschaft der Informatik, da sie auf der Grundlage von Algorithmen funktioniert.*
- Die meisten Nebensätze werden durch unterordnende Konjunktionen (*obwohl, weil, dass, nachdem* usw.), **Relativpronomen** (*der, die, das, welcher, welche, welches*) oder **Fragepronomen** (*wie, wo, wann* usw. und *ob*) eingeleitet.
- Ein Satzgefüge kann mehrere Nebensätze enthalten. Alle Nebensätze werden mit einem Komma abgetrennt, z. B.: *Roboter funktionieren nur, weil sie mit einer KI ausgestattet werden, die sich aus verschiedenen Algorithmen zusammensetzt.*

1 **In dem folgenden Text fehlen die Kommas bei den Satzreihen. Setze alle verpflichtenden Kommas. Achte auf die nebenordnenden Konjunktionen, die die Hauptsätze verbinden, und markiere sie.**

Vorsicht Fehler!

KI – keine Zukunftsmusik

Bei den Begriffen „Roboter" und „künstliche Intelligenz" denkst du bestimmt an eine ferne Zukunft. Neu ist das Thema jedoch nicht denn KI taucht bereits im Alltag vieler Menschen auf. KI steckt z. B. in Smartphones aber sie ist auch immer häufiger in modernen Häusern anzutreffen. Auch im Auto übernehmen kluge Unterstützungssysteme immer mehr Aufgaben: KI übernimmt schon bald das Einparken und das autonome Fahren im Stau ist heute schon möglich. Sicher fragt ihr euch jetzt nach weiteren konkreten Funktionen der KI. Zum Beispiel ermöglicht die Gesichtserkennung per Kamera das schnelle Entsperren des Smartphones oder der intelligente Wecker ermittelt eure individuell optimale Weckzeit. Schon diese wenigen Beispiele belegen die

Verbreitung von KI doch es gibt noch zahlreiche weitere Anwendungen. Man sollte KI jedoch nicht einseitig betrachten sondern man sollte neben den vielen Möglichkeiten auch die Grenzen der KI aufzeigen.

2 **Nebensätze werden durch Kommas vom Hauptsatz getrennt. Setze im folgenden Text alle fehlenden Kommas. Markiere hierzu alle Konjunktionen und Relativpronomen, mit denen die Nebensätze eingeleitet werden, und unterstreiche das Verb am Ende des Nebensatzes.**

KI – ein Definitionsversuch

1 Da selbst Wissenschaftler sich in diesem Punkt nicht einig sind, ist eine genaue Definition der KI schwierig. 2 Sicher ist jedoch dass die KI ein Teilgebiet der Informatik ist. 3 Algorithmen die nichts anderes als Computercodes sind werden so programmiert dass sie eigenständig Aufgaben lösen. 4 Auch komplexere technische Geräte wie Roboter oder VR-Brillen funktionieren nur weil sie auf einer KI basieren die zuvor auf den Geräten installiert wurde. 5 Obwohl diese Form der Intelligenz gut arbeitet bezeichnet man sie da sie auf nur ein Thema oder eine Anwendung begrenzt ist als schwache KI. 6 Eine starke KI die über vergleichbare Fähigkeiten wie das menschliche Gehirn verfügt indem sie selbstständig lernt und sich weiterentwickelt gibt es bisher noch nicht.

3 **Welcher Satzbauplan passt zu welchem Satz aus dem Text? Ordne jedem Satz den richtigen Satzbauplan zu, indem du die Ziffern der Sätze notierst.**

Satzbaupläne	Ziffern der Sätze
___ Ns 1___, ___ Hs 1___, ___ Ns 2 ___, Hs 1 (Fortsetzung).	
___ Hs ___, ___ Ns ___.	
___ Hs ___, Ns 1___, ___ Ns 2 ___.	
___ Hs 1___, Ns 1 ___, ___ Hs 1 (Fortsetzung) ___, ___ Ns 2 ___.	
___ Hs 1___, ___ Ns 1___, ___ Ns 2 ___, ___ Hs 1 (Fortsetzung).	
___ Ns ___, ___ Hs ___.	

Das Komma bei Infinitiv- und Partizipialgruppen

Information **Das Komma bei Infinitiv- und Partizipialgruppen**

Es ist niemals falsch, **Infinitivgruppen** durch ein **Komma** vom Hauptsatz abzutrennen.
Ein **Komma muss stehen,**

- wenn die Infinitivgruppe **durch *um, ohne, statt, anstatt, außer, als* eingeleitet** wird, z. B.: *KI lässt sich sehr gut einsetzen, **um** Datensätze auszuwerten.*
- wenn die Infinitivgruppe **von einem Nomen oder einem hinweisenden Wort wie *dazu, daran, darauf*** oder ***es* im Hauptsatz abhängt,** z. B.: *Die Text-KI dient **dazu,** Journalisten zu entlasten.*

Bei einfachen Infinitiven (*zu* + Infinitiv) kann man das Komma weglassen, sofern dadurch keine Missverständnisse entstehen, z. B.: *Auch KI versucht (,) zu lernen.*

Bei **Partizipialgruppen** darfst du immer ein **Komma** setzen. Ein **Komma muss stehen,**

- wenn durch ein **hinweisendes Wort** auf die Partizipialgruppe Bezug genommen wird, z. B.: *Vor Ort recherchierend, **so** stellt man sich die Arbeit eines Reporters vor.*
- wenn die Partizipialgruppe eine **nachgestellte Erläuterung** ist, z. B.: *Eingesetzt wird hierfür ein spezielle KI, mit besonderen Textkompetenzen ausgestattet.*

1 **a** **Markiere in den folgenden Sätzen den Infinitiv mit *zu* orange und unterstreiche die gesamte Infinitivgruppe. Trenne dann alle Infinitivgruppen durch Komma ab.**

b **Markiere alle typischen Einleitungswörter von Infinitivgruppen und alle hinweisenden Wörter im Hauptsatz grün (▸ Information).**

KI – Einsatz im Journalismus

Um euch die Anwendung von KI im Berufsleben zu verdeutlichen, möchte ich auf ein Beispiel genauer eingehen. KI gelingt es mittlerweile sehr gut große Datenmengen zu analysieren und aufzubereiten. Aus diesem Grund wird sie im Journalismus dazu eingesetzt Textbausteine so zusammenzusetzen, dass kurze Pressetexte zum Wetter oder zu Fußballergebnissen entstehen. Der Versuch die künstlich generierten Meldungen zu erkennen scheitert häufig, da sie sprachlich und inhaltlich bereits ein hohes Niveau erreicht haben. Der sogenannte Roboterjournalismus wird vor allem eingesetzt um Journalisten von einigen Standardarbeiten zu entlasten. Statt Standardtexte zu formulieren können sie sich anspruchsvolleren Aufgaben widmen.

2 **Unterstreiche in dem folgenden Text die Partizipialgruppen und setze die fehlenden Kommas.**
TIPP: Achte darauf, eingeschobene Partizipialgruppen auch am Ende mit einem Komma abzutrennen.

Auf sich allein gestellt begeben sich Journalistinnen und Journalisten in gefährliche Situationen. Wissenschaftler und Ingenieure intensiv an neuer Technik forschend werden vielleicht auch irgendwann einen Roboterjournalisten für riskante Einsätze entwickeln.

Das Komma bei Appositionen und nachgestellten Erläuterungen

Information **Das Komma bei Appositionen und nachgestellten Erläuterungen**

- Die **Apposition** (Beifügung) beschreibt ihr Bezugswort (meist ein Nomen) näher und steht im gleichen Kasus wie ihr Bezugswort. Die Apposition besteht meist aus einem Nomen (oder einer Nomengruppe) und wird **durch Kommas abgetrennt,** z. B.: *Rolf Drechsler, Informatiker an der Uni Bremen, klärt über die Grenzen des Roboterjournalismus auf.*
- Die **nachgestellte Erläuterung** wird oft mit Wörtern wie *nämlich, und zwar, vor allem, das heißt (d.h.), zum Beispiel (z. B.), etwa* eingeleitet. Sie wird **durch Kommas abgetrennt,** z. B.: *KI kann Journalisten unterstützen, und zwar beim Verfassen von Standardtexten.*

1 Markiere im folgenden Text die Appositionen grün und die nachgestellten Erläuterungen orange. Setze dann alle fehlenden Kommas.
TIPP: Trenne eingeschobene Appositionen und Erläuterungen auch am Ende mit einem Komma ab.

Vorsicht Fehler!

KI – Grenzen der Anwendung

Die Text generierende KI, nämlich in Form eines Softwareprogramms, kann eigenständig Daten auswerten und kurze Nachrichtenmeldungen verfassen z. B. zu Börsenmeldungen. Den Beruf des Journalisten wird die Text generierende KI jedoch nicht gefährden und zwar aus folgendem Grund: Komplexere journalistische Textsorten anschauliche Reportagen oder persönlich wertende Kommentare kann die KI nicht verfassen. Dafür fehlen ihr wesentliche Kompetenzen etwa das Sprachgefühl. Außerdem befolgt sie keine ethischen Richtlinien. Die Richtlinien eine Art moralischer Kompass sind im Journalismus aber unerlässlich.

2 Ergänze den folgenden Text mit den passenden nachgestellten Erläuterungen und Appositionen aus dem Wortspeicher und setze die fehlenden Kommas.

und zwar mit Daten zur Stärke des Erdbebens • der Entwickler des Programms • der „Los Angeles Times“

Der erste computergenerierte Text wurde von einer Tageszeitung ______ veröffentlicht: Im März 2014 erschütterte ein kleines Erdbeben den amerikanischen Bundesstaat Kalifornien. Nur drei Minuten nach diesem Ereignis stellte die „LA Times“ den Artikel online ______ ______. Ken Schwencke ______ taufte es auf den Namen „Quakebot“, was auf Deutsch „Erdbebenroboter“ bedeutet.

3 Ergänze die Sätze durch inhaltlich sinnvolle nachgestellte Erläuterungen. Schreibe in dein Heft.

A Die Text generierende KI wird heute für einfache Nachrichtenmeldungen eingesetzt.
B Komplexere Aufgaben kann sie bisher jedoch noch nicht lösen.

Die Zeichensetzung bei Zitaten

Information **Die Zeichensetzung bei Zitaten**

Wörtlich wiedergegebene Textstellen (Zitate) musst du durch **Anführungszeichen** kennzeichnen. Innerhalb des gekennzeichneten Zitats darf der **Originaltext nicht verändert** werden. **Auslassungen** im Zitat werden durch **[...]** gekennzeichnet. **Geringfügige Änderungen,** z. B. grammatische Anpassungen an den eigenen Text, werden durch **[eckige Klammern]** angezeigt.
Treffen **Punkt, Frage- oder Ausrufezeichen** mit den Anführungszeichen zusammen, stehen die Satzschlusszeichen

- **außerhalb** der Anführungszeichen, wenn sie nicht zu der zitierten Äußerung gehören, z. B.:
  Das von der Software geschriebene Harry-Potter-Kapitel ist „inhaltlich schwach".
  Warum ist diese Software „inhaltlich schwach"?
- **innerhalb** der Anführungszeichen, wenn sie zu der zitierten Äußerung gehören, z. B.:
  „Wie gut sind die KI-Texte?", fragt der Autor des Textes.

Aber: Bei einem angeführten Aussagesatz lässt man den Schlusspunkt am Ende des Zitats weg, wenn er am Anfang oder im Innern des Ganzsatzes steht, z. B.:
Stilistisch ist das ziemlich gut. → „Stilistisch ist das ziemlich gut", erklärt der Vizepräsident.

1 **a** **In den Sätzen 1 und 2 sind die Zitate markiert. Setze die fehlenden Anführungszeichen und die Schlusspunkte an den richtigen Stellen.**
b **In Satz 3 hat sich beim Zitieren ein Fehler eingeschlichen. Streiche den Fehler durch.**

Vorsicht Fehler!

KI – erste literarische Gehversuche

2017 hat ein maschinell verfasstes Harry-Potter-Kapitel für Aufregung gesorgt.
Der Vizepräsident der Frankfurter Buchmesse sagt in unserem Interview:

1 Stilistisch ist das schon ziemlich gut, inhaltlich gibt es noch große Schwächen

2 Sicherlich zeige das Harry-Potter-Beispiel, wie gut das Maschinenlernen funktioniert, wenn es um Stil, Sprache und Syntax geht

3 Sätze wie „Harry riss sich die Augen aus dem Kopf und warf sie tief in den Wald." verdeutlichen dagegen die inhaltlichen Probleme.

4 Man müsse sich also keine „große[n] Sorgen" machen hinsichtlich der „Konkurrenz für [...] Autorinnen und Autoren aus Fleisch und Blut".

c **Erkläre, was die beiden eckigen Klammern in Satz 4 jeweils kennzeichnen. Nutze die Information.**

2 **Setze in dem folgenden Satz die fehlenden Zeichen. Das Zitat ist markiert.**
TIPP: Beachte, dass ein nachgestellter Redebegleitsatz durch ein Komma von der wörtlichen Rede abgetrennt wird.

Müssen wir uns wegen KI Sorgen machen fragt ein Buchmessenbesucher.

Zeichensetzung

1 **a** Setze die fehlenden Kommas bei den folgenden Sätzen. (5 Punkte)

KI – klug, aber auch glaubwürdig?

1 KI-generierte Nachrichtentexte sind in unserem Alltag angekommen denn Software-Systeme erstellen immer häufiger Standardnachrichten.

2 Laut einer Agentur für Medienwirtschaft haben viele Leserinnen und Leser Zweifel an der Richtigkeit solcher Nachrichten und zwar immerhin 57 %.

3 77 % der Befragten wünschen sich außerdem dass KI-Nachrichten gekennzeichnet werden.

4 Kluge Text-Software kann dennoch dabei helfen Journalistinnen und Journalisten in ihrem Arbeitsalltag zu entlasten.

5 Kommentare persönlich wertende Stellungnahmen dürfen Maschinen ohnehin nicht verfassen.

b Ordne den Sätzen 1 bis 5 die richtigen Zeichensetzungs- und Kommaregeln zu. Schreibe die Ziffern der Sätze hinter die zutreffende Regel. (5 Punkte)

Das Komma trennt eine **Infinitivgruppe** vom Hauptsatz ab. ________

Eine **Apposition** wird durch Kommas abgetrennt. ________

Das Komma trennt in der **Satzreihe** zwei selbstständige Hauptsätze. ________

Das Komma trennt im **Satzgefüge** einen Nebensatz vom Hauptsatz ab. ________

Eine **nachgestellte Erläuterung** wird durch ein Komma abgetrennt. ________

2 Setze in dem folgenden Satz alle fehlenden Kommas und weitere fehlende Satzzeichen. Achtung: Bei der markierten Frage handelt es sich um ein Zitat. (5 Punkte)

Wer haftet wenn eine Maschine Fehler macht äußert ein Kritiker der KI.

Überprüfe deine Lösungen mit Hilfe des Lösungshefts. Für jede richtige Lösung bekommst du einen Punkt.

☺ 15–11 Punkte	😐 10–7 Punkte	☹ 6–0 Punkte
Gut gemacht!	Gar nicht schlecht, aber lies dir die Merkkästen auf den Seiten 88–92 noch einmal genau durch.	Arbeite die Seiten 88–92 noch einmal genau durch.

Ich teste meinen Lernstand

Wie kannst du mit der folgenden Einheit arbeiten?

1 Mit dem folgenden Test (▸ S. 94–103) kannst du prüfen, was du im Fach Deutsch schon alles gelernt hast. Du testest verschiedene Bereiche:
- das Verstehen von literarischen Texten und Sachtexten (Aufgaben Teil A),
- Grammatik und Rechtschreibung (Aufgaben Teil B und Teil C) und
- das Schreiben: materialgestützt informieren (Aufgaben Teil D).

2 In dem Test begegnen dir verschiedene Aufgabenarten, z. B.: in einer Auswahl an möglichen Antworten die richtige ankreuzen, Informationen passend zuordnen, Kurzantworten geben, Lückentexte füllen oder zu einem strittigen Thema Stellung nehmen.

3 Du kannst deine Antworten mit Hilfe des Lösungshefts selbst überprüfen und mit Hilfe der erreichten Punktzahl deinen Lernstand bewerten.

A Texte verstehen

Joseph von Eichendorff

Glück (Liedchen) (ca. 1814)

Wie jauchzt meine Seele
Und singet in sich!
Kaum, dass ich's verhehle[1],
So glücklich bin ich.

Rings Menschen sich drehen
Und sprechen gescheut,
Ich kann nichts verstehen,
So fröhlich zerstreut. –

Zu eng wird das Zimmer,
Wie glänzet das Feld,
Die Täler voll Schimmer,
Weit, herrlich die Welt!

Gepresst bricht die Freude
Durch Riegel und Schloss,
Fort über die Heide!
Ach, hätt ich ein Ross! –

Und frag ich und sinn ich,
Wie *so* mir geschehn? –
Mein Liebchen herzinnig,
Das soll ich heut sehn.

1 verhehlen: verschweigen, verbergen

Aufgabe 1

Richtig oder falsch? Kreuze jeweils die richtige Antwort an.
Im Gedicht „Glück“ geht es um ...

☐ /4 Punkte

	richtig	falsch
A ein lyrisches Ich, das grundlos glücklich ist.	☐	☐
B ein lyrisches Ich, das seine Wiedersehensfreude unterdrückt.	☐	☐
C die Vorfreude auf ein Wiedersehen mit der Geliebten.	☐	☐
D das Glück, das die Natur den Menschen schenkt.	☐	☐

Aufgabe 2

Kreuze die richtige Antwort an: Wo könnte das lyrische Ich sich befinden?

☐ /1 Punkt

A ☐ auf dem Rücken eines galoppierenden Pferdes

B ☐ vor der Wohnungstür der Geliebten

C ☐ in einem finsteren Keller

D ☐ auf einem Spaziergang in der Nähe seiner Wohnung

Aufgabe 3

Welches Reimschema liegt vor? Kreuze an.

☐ /1 Punkt

A ☐ Kreuzreim

B ☐ Paarreim

C ☐ umarmender Reim

D ☐ Binnenreim

Aufgabe 4

Zwei Schüler deuten das Metrum. Welche Aussage zum Metrum ist korrekt und welcher Deutung stimmst du zu? Begründe deine Entscheidung.

☐ /3 Punkte

Anton
Der regelmäßige Jambus betont den Stillstand des lyrischen Ichs. Es ist handlungsunfähig und kann nur darauf warten, dass sich seine Sehnsüchte erfüllen.

Oskar
Mit nur zwei Hebungen pro Vers wirkt das Gedicht insgesamt beschwingt. Das passt zu den Gefühlen des lyrischen Ichs, das am liebsten die Welt umarmen würde.

Felicitas Lachmayr

Machen Glücksratgeber wirklich glücklich?

Im Buchhandel boomt das Segment der Glücksratgeber. Warum die Anleitungen für ein zufriedenes Leben ein Abbild unserer Zeit sind.

1 Jeder wünscht es sich, am liebsten ein Leben lang. Doch glücklich zu sein, scheint ein schwer zu erreichender Zustand. Nicht umsonst stapeln sich in den Buchläden Ratgeber, die die Suche nach dem Glück erleichtern sollen. Die Titel klingen vielversprechend: „So geht glücklich sein", „Glück ist, was du daraus machst", „Glück ist kein Zufall" oder einfach nur „Happy". Die einen werben für ein glückerfülltes Leben im Alter, andere sehen Glück als Herausforderung oder nähern sich ihm ganz analytisch. Die Bandbreite reicht von spirituellen Varianten über pragmatische und medizinische Anleitungen bis hin zu ironischen Annäherungsversuchen.

2 Neu sind solche Anleitungen für ein vermeintlich geglücktes Leben nicht. Schon die Philosophen der Antike suchten nach einer Antwort auf die Frage, was Glück eigentlich ist. Aristoteles verband es mit einer sinnerfüllten Tätigkeit. Epikur sah die Voraussetzung für Glück in der Befreiung von Leid und Schmerz. Mit der Entwicklung des Buchdrucks wuchs der Markt. Das Genre der Ratgeberliteratur verbreitete sich. War die Suche nach dem Glück damals häufig mit einer christlichen Lebensweise verbunden, suchten die Menschen mit dem Beginn der Moderne ihr Glück immer mehr in Reichtum und Erfolg. [...] In den 1980er-Jahren boomte der Markt der Glücksratgeber. Einen ironischen Gegenentwurf lieferte der österreichische Psychologe Paul Watzlawick 1983 mit seiner „Anleitung zum Unglücklichsein". Statt Tipps für ein glückliches Leben zu geben, beschreibt er, wie man sich den Alltag am effektivsten zur Hölle macht.

3 Bis heute sind Glücksratgeber ein Riesengeschäft. Etwa 13 Millionen Euro Umsatz jährlich entfallen nur auf Bücher, die explizit das Wort Glück im Titel führen, schätzt Dagmar Becker-Goethel vom Coppenrath Verlag. Das Thema sei ein Dauerbrenner auf dem Buchmarkt. Wie groß der Anteil an Glücksratgebern ist, lässt sich nicht genau sagen. Nach Angaben des Börsenvereins des Deutschen Buchhandels machen Ratgeber 16,7 Prozent des gesamten Buchmarkts aus. 21,9 Prozent davon entfallen auf Ratgeber aus dem Bereich „Lebenshilfe und Alltag". Besonders beliebt sind Bücher, die „mit den großen Fragen des Lebens jonglieren, den Fragen nach Glück und Harmonie, Sinn und Verstand", heißt es.

4 So unterschiedlich sie sich dem Thema Glück nähern, eines ist vielen Ratgebern gemein. Sie gehen davon aus, dass es dem Leser an Glück mangelt, und geben vor, diese Lücke mit konkreten Gegenmaßnahmen füllen zu können. Vorausgesetzt, der Leser ist bereit, pausenlos an seinem Glück und sich selbst zu arbeiten. „Gib immer dein Bestes", fordern die einen, „Setze dich fünf Minuten zum Meditieren hin", die anderen. Von einer „magischen Leiter zum Erfolg" ist die Rede.

[...] Die Soziologin Stephanie Duttweiler hat Hunderte solcher Ratgeber verglichen und festgestellt: „Glück wird als etwas ausgewiesen, das zwar nicht selbstverständlich, aber für jeden, zu jeder Zeit, an jedem Ort und in jeder Tätigkeit möglich ist – unabhängig von der Existenz oder Nichtexistenz von Ressourcen, Privilegien oder Handicaps der Einzelnen." Jeder kann demnach glücklich werden, solange der Wille zur Selbstoptimierung da ist. Nach Meinung der Expertin deckt sich diese fast unternehmerische Beziehung zu sich selbst mit neoliberalen[1] Entwicklungen unserer Zeit. „Wenn Sozialleistungen abgebaut werden, ist es nur vernünftig, dass Glücksratgeber dazu anleiten, wie man selbst über sein Leben bestimmen kann", sagte Duttweiler in einem Interview.

5 Doch die Voraussetzungen sind nicht für alle Menschen gleich. Wer einen vermeintlich wirksamen Ratgeber liest und nicht glücklicher ist als zuvor, kann sich nur selbst die Schuld für sein Scheitern geben. Der Autor hat es geschafft, wieso kann ich es dann nicht? So manch ein Satz nimmt die Angst vor dem Scheitern schon vorweg: „Wenn Sie nicht durch eine angenehme Persönlichkeit Anziehungskraft auf andere Menschen ausüben, könnte es im schlimmsten Fall passieren, dass Sie an Ihrem Lebenswerk scheitern.“ Mit solchen Aussagen können die Bücher genau das Gegenteil dessen bewirken, was sie versprechen.

6 Machen Glücksratgeber also in Wirklichkeit eher unglücklich? Nicht unbedingt. Sie erinnern daran, dass man seine Lebenssituation verbessern kann. Das kann motivieren. Doch die meisten Titel versprechen mehr, als sie halten. Denn gäbe es einen Ratgeber, der die Leser wirklich glücklich macht, bräuchte es all die anderen nicht mehr.

1 neoliberal: den Fokus auf die wirtschaftliche Entwicklung legend

Aufgabe 5

Richtig oder falsch? Kreuze an. ☐ /4 Punkte

	richtig	falsch
A Glücksratgeber gehen von einem Glücksdefizit bei ihren Lesern aus. ……	☐	☐
B Glücksratgeber verlangen keinen persönlichen Einsatz von ihren Lesern. ….	☐	☐
C Mit Glücksratsgebern finden alle verlässlich ihr Glück. ………………………	☐	☐
D Glücksratgeber setzen den Willen zur Selbstoptimierung voraus. ………..	☐	☐

Aufgabe 6

Erkläre in eigenen Worten, weshalb Glücksratgeber auch unglücklich machen können. Beziehe dich dabei auf Absatz 5 des Textes und arbeite im Heft. ☐ /2 Punkte

Aufgabe 7

Welche Funktion erfüllen die Absätze in diesem Artikel? Ergänze die richtigen Absatznummern: Absatz … ☐ /6 Punkte

☐ belegt anhand von Zahlen den Erfolg von Glücksratgebern auf dem Büchermarkt.

☐ führt ins Thema ein und stellt verschiedene Konzepte von Glücksratgebern vor.

☐ erklärt mit den Worten einer Expertin, was Glücksratgeber versprechen.

☐ weist auf die Gefahren hin, die von Glücksratgebern ausgehen können.

☐ zieht ein Fazit, in dem die Wirksamkeit von Glücksratgebern relativiert wird.

☐ informiert über die Geschichte von Glücksratgebern.

Aufgabe 8

Handelt es sich insgesamt um einen informierenden oder um einen meinungsbildenden bzw. argumentierenden Text? Begründe deine Meinung mit Hilfe von Absatz 6 in deinem Heft. ☐ /2 Punkte

Aufgabe 9

Welche der beiden Grafiken passt zu diesem Artikel? Kreuze an. ☐ /1 Punkt

☐ 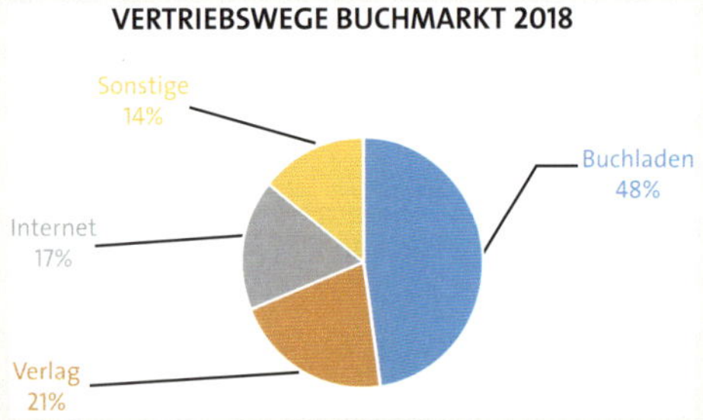

☐ 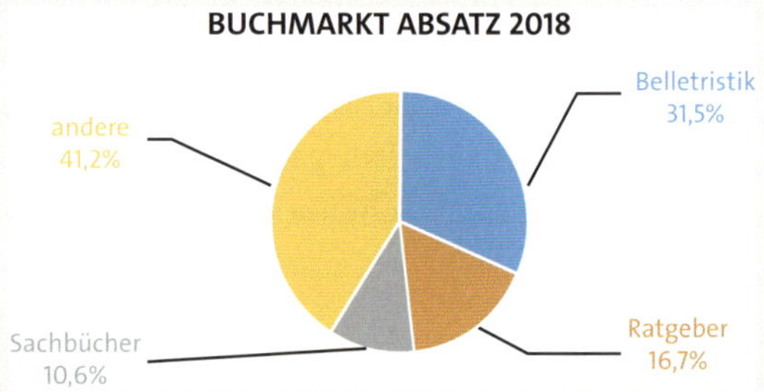

Aufgabe 10

a Betrachte das Kreisdiagramm. Entscheide dann, ob die folgenden Aussagen richtig oder falsch sind. Kreuze an. ☐ /4 Punkte

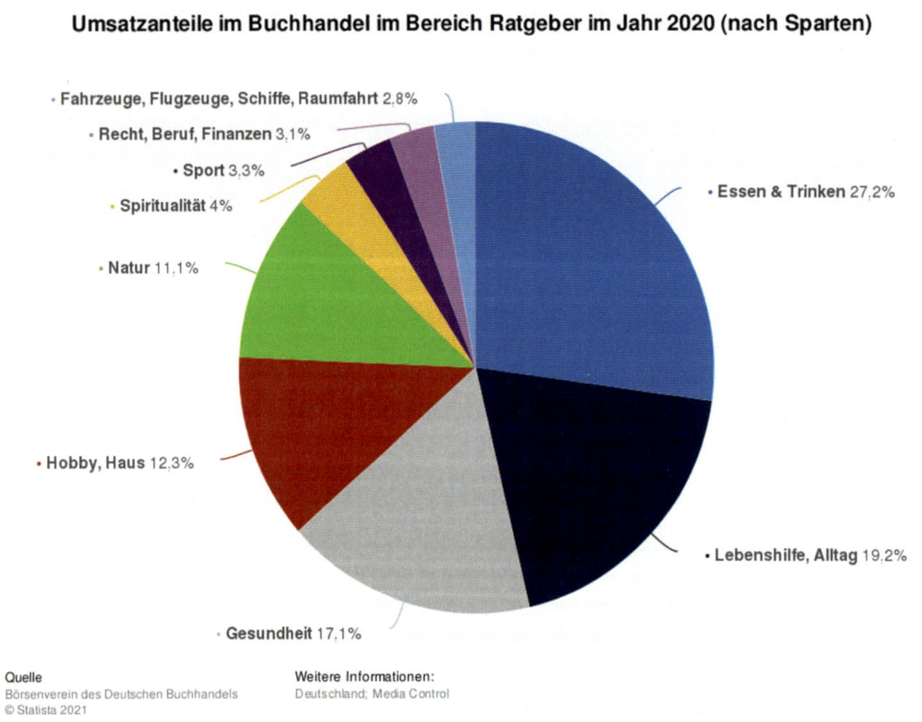

	richtig	falsch
A Am häufigsten werden Ratgeber aus dem Bereich Essen und Trinken gekauft.	☐	☐
B Ratgeber zur Gesundheit werden seltener gekauft als Natur-Ratgeber.	☐	☐
C Lebenshilfe-Ratgeber spielen im Ratgebermarkt nur eine kleine Rolle.	☐	☐
D Die drei umsatzstärksten Bereiche teilen sich mehr als 60 Prozent des Marktes.	☐	☐

b Notiere den Absatz, auf den sich das Kreisdiagramm beziehen lässt, im Heft. ☐ /1 Punkt

B Grammatik

Aufgabe 11

Präpositionen bestimmen den Kasus des folgenden Worts oder der folgenden Wortgruppe.

a **Schreibe die Wortgruppen in Klammern im richtigen Kasus in die Lücken.** ☐ /10 Punkte

b **Markiere den Kasus der eingesetzten Wortgruppen:**
Genitiv = orange, Dativ = blau, Akkusativ = grün. (6 Punkte) ☐ /10 Punkte

Mathe, Deutsch – und Glück? In ________________ (einige Bundesländer) steht das Schulfach Glück auf ________________ (der reguläre Stundenplan). Dazu ist es aufgrund ________________ (eine Initiative) des ehemaligen Schuldirektors Ernst Fritz-Schubert gekommen, der „Glück" bereits 2007 als Wahlfach an ________________ (seine Schule) einführte. Inzwischen gibt es mehr als 100 Schulen in Deutschland, die von ________________ (das kluge Konzept) überzeugt sind. Kernanliegen des Fachs ist es, Schülerinnen und Schülern dabei zu helfen, mit ________________ (ihre Gefühle) umzugehen sowie sie jenseits ________________ (die üblichen schulischen Anforderungen) bei ________________ (die selbstständige Umsetzung) ihrer Lebensziele zu unterstützen. Es geht im Glücksunterricht jedoch nicht nur um ________________ (Strategien) für ________________ (ein glückliches Leben), sondern unter anderem auch um die Vermittlung aktueller Ergebnisse aus ________________ (die Glücksforschung), die Glücklichsein im Kontext von Psychologie sowie Neurowissenschaften untersucht.

Aufgabe 12

Forme in dem folgenden Satzgefüge den Nebensatz ins Passiv um, damit die Handlung im Vordergrund steht. Arbeite im Heft. ☐ /2 Punkte

Schulen berichten, dass Schülerinnen und Schüler häufig „Glück" als Fach wählen.

Aufgabe 13

Gib die folgende Aussage einer Schülerin in der indirekten Rede wieder. Nutze dafür den Konjunktiv I und formuliere auch einen Redebegleitsatz. Arbeite im Heft. ☐ /2 Punkte

Schülerin: „Wenn man in der Schule etwas über Glück lernt, ist man besser auf das Leben vorbereitet."

Aufgabe 14

Verbinde die Sätze zu Satzgefügen. Verdeutliche dabei durch das Plusquamperfekt und geeignete Konjunktionen den zeitlichen Ablauf. ☐ /2 Punkte
TIPP: Nutze – falls nötig – die Ersatzprobe, um Wiederholungen zu vermeiden.

A Die Lehrkräfte besuchten eine Fortbildung zum Thema „Glück" als Unterrichtsfach. Die Schülerinnen und Schüler konnten das Fach wählen.

____

____

____

____

B Die Jugendlichen übertrugen philosophische Glückskonzepte auf ihr eigenes Leben. Die Jugendlichen erarbeiteten sich philosophische Glückskonzepte im Unterricht.

____

____

____

____

Aufgabe 15

a Bilde im Heft aus den kurzen Hauptsätzen A bis C jeweils ein Satzgefüge mit einem Adverbialsatz. ☐ /3 Punkte
Nutze dazu die folgenden Konjunktionen sinnvoll:

bis	obwohl	weil

A Laut Studien ist Glück ein sinnvolles Fach. Die Jugendlichen entwickeln Selbstvertrauen.

B An den meisten Schulen wird das Wahlfach „Glück" angeboten. Einige Zeit dürfte noch vergehen.

C Die Jugendlichen besuchen die Glücks-AG gern. Sie haben einen vollen Stundenplan.

b Markiere die Adverbialsätze in deinem Heft wie folgt: ☐ /3 Punkte
Konzessivsatz = blau, Kausalsatz = gelb und Temporalsatz = grün.

C Rechtschreibung

Aufgabe 16

Innerhalb der Glücks-AG des Goethe-Gymnasiums möchte eine Projektgruppe über das Thema „Was Kinder glücklich macht“ informieren.
Der erste Entwurf für ihren Informationstext enthält noch einige Fehler.
Unterstreiche die falsch geschriebenen Wörter und notiere die Verbesserung in der Randspalte.

☐ / 12 Punkte

Vorsicht Fehler!

Was Kinder glücklich macht

Wenn Kinder das sagen hätten würden das lästige Zimmeraufräumen und das frühzeitige schlafen gehen bald ein Endefinden. Aber auch trotz dieser kleinen Ärgernisse lässt sich dank einer Umfrage etwas sehr erfreuliches fest halten: 86 % der befragten Kinder im Alter von sechs bis zwölf Jahren beschreiben sich als fröhlich und ausgeglichen. Auch wenn sie materielle Dinge zu schätzenwissen sind Freunde für sie die zentrale Glücksquelle. Ebenfalls entscheidend für ihr Glücksgefühl ist das empfinden genug Freizeit zu haben. Spielzeug steht erst an dritter Stelle im Glücksranking während Computerspiele sich weitabgeschlagen wieder finden. Ein weiteres Ergebnis der Umfrage bestätigt dass das Glück der Kinder entscheidend mit dem Familienleben zusammen hängt. Liebe Anerkennung Unterstützung sowie gemeinsame Unternehmungen werden als Glücksbringer benannt. Nicht neu aber erstmals wissenschaftlich unter mauert ist dass ein Übermaß an Hausaufgaben keinen Beitrag zum Wohl befinden der Kinder leistet.

Aufgabe 17

Im Text fehlen alle Kommas. Ergänze sie.

☐ / 9 Punkte

D Schreiben – Materialgestützt informieren

Aufgabe 18

In eurer Glücks-AG erarbeitet ihr das Thema „Glücksgefühle durch das Smartphone – Ursachen, Gefahren und Gegenmittel". Verfasse mit Hilfe der Materialien (M1–M4) für deinen Klassenblog einen Informationstext zum Thema. Gehe so vor:

☐ / 25 Punkte

- **Erkläre, wodurch Smartphones Glücksgefühle erzeugen und wie viele junge Leute diese Glücksgefühle haben.**
- **Erläutere Gefahren einer übermäßigen Smartphone-Nutzung.**
- **Stelle zwei Strategien vor, mit deren Hilfe sich der Smartphone-Gebrauch einschränken lässt.**

M1

WDR – Neun ½

Smartphone-Sucht

Unsere Smartphones sind unsere ständigen Begleiter. Sie sind superpraktisch, echte Alleskönner und der direkte Draht zu unseren Freunden. Allerdings sind sie auch ganz schöne Zeitfresser, denn oft können wir die Finger einfach nicht davonlassen. Wissenschaftler der Universität Bonn haben herausgefunden, dass 17- bis 25-Jährige den Bildschirm ihres Smartphones täglich etwa einhundert Mal einschalten und insgesamt drei Stunden am Handy hängen. Die meiste Zeit kosten Social-Media-Apps wie WhatsApp, Instagram oder Snapchat. [...] Das Smartphone ist für unser Gehirn wie ein kleiner Spielautomat. Wir erhoffen uns bei jedem Draufschauen eine Belohnung, sei es in Form von Nachrichten oder Posts. Mit jedem Entriegeln entfachen wir in unserem Gehirn Glücksgefühle. Die entstehen nicht nur, wenn wir eine neue Nachricht entdeckt haben, sondern auch schon davor – eben weil wir uns schon allein über die Möglichkeit freuen, dass wir vielleicht eine neue Nachricht bekommen haben könnten. Von diesen Glücksgefühlen wollen wir mehr, also nehmen wir unser Smartphone immer wieder in die Hand. Handysucht ist keine Erkrankung, die von Wissenschaftlern offiziell anerkannt ist. Allerdings ist bekannt, dass der Umgang mit Smartphones Verhaltensweisen hervorrufen kann, die denen von Süchtigen sehr ähneln. Manche Nutzer fühlen sich zum Beispiel sofort unwohl oder reagieren sogar gereizt, wenn sie das Handy mal nicht dabeihaben, sie bekommen Entzugserscheinungen. Auch wenn wir unsere täglichen Aufgaben oder unsere Familie und Freunde vernachlässigen und stattdessen lieber Zeit am Smartphone verbringen, kann das ein erstes Anzeichen für ein suchtähnliches Verhalten sein. Aber erst wenn mehrere solcher Punkte zusammenkommen, muss man sich tatsächlich Sorgen um sein Nutzungsverhalten machen. Trotzdem sollte man immer im Auge behalten, welche Rolle das Smartphone im eigenen Leben spielt.

M2

Eugen Epp

Tipps gegen den Smartphone-Reflex

Experten wie Forscher Roberts von der Baylor University in Nebraska oder die „Mobilsicher"-Initiative raten [...] dazu, gewisse handyfreie Zonen und Zeiten im Alltag einzurichten. Wer sich durch die ständige Online-Anzeige in Apps wie WhatsApp dazu genötigt fühlt, permanent erreichbar sein zu müssen, kann diese ausschalten, wenn die App das zulässt. Mit Apps wie „Menthal" oder „Space" lässt sich überprüfen, wie oft man sein Smartphone aktiviert hat, welche Apps man besonders häufig nutzt und wie viel Zeit man am Handy verbringt. Bei manchen Smartphones erscheint auch unaufgefordert ein Wochenbericht, der uns die durchschnittliche Online-Zeit pro Tag vor Augen führt. Sollte selbst das alles nicht helfen, empfiehlt Roberts die Rückkehr zum *dumb phone*, dem altmodischen Tastentelefon ohne Internetzugang.

M3

Sonja Kolonko

Der Newsfeed kennt kein Ende

Wer kennt das nicht: Eigentlich wollte man nur mal kurz auf dem Handy was nachschauen – und dann legt man es erst eine Stunde später aus der Hand. Immer mehr Menschen verbringen ihre Zeit mit sozialen Medien, auf Plattformen wie Facebook, Instagram, Snapchat oder WhatsApp. Forscher sagen: Meistens geschieht das nicht aus Langeweile, sondern weil wir geradezu verführt werden. Den Anfang machte Facebook: Vor zehn Jahren erfand das Unternehmen den nach oben gestreckten Daumen. Damit können Nutzer ausdrücken, dass ihnen ein Beitrag gefällt. Der Psychologe Christian Montag sagt: „LIKES sind nichts anderes als eine Form sozialer Aufmerksamkeit, und die aktiviert das Belohnungszentrum im Gehirn.“ Ob eine nach unten endlos fortlaufende Seite mit immer neuen Nachrichten oder das automatische Weiterleiten zum nächsten YouTube-Clip – „solche nicht endenden Angebote überfordern unsere Psyche“, sagt Psychologe Christian Montag. Unser Alltag sei normalerweise dadurch gekennzeichnet, dass Tätigkeiten einen Anfang und ein Ende haben. Wir bringen gerne Dinge zu Ende. Doch auf den Social-Media-Plattformen gibt es plötzlich kein Ende mehr. Bei YouTube oder Netflix startet sofort das nächste Video, Facebook findet immer noch eine Nachricht, noch ein Bild, das wir noch nicht kennen, und so bleiben wir meist viel länger auf den Plattformen, als wir eigentlich vorhatten. Was also tun, wenn wir von allein kein Ende beim Surfen finden? Psychologe Christian Montag rät dazu, sich zur Not mit Sicherungs-Apps wie zum Beispiel „screen time“ selbst ein Limit zu setzen. Damit kann man genau festlegen, wie viel Zeit man pro Tag auf diesen Plattformen verbringen „darf“ – dann wird sie gesperrt.

M4

Grafik

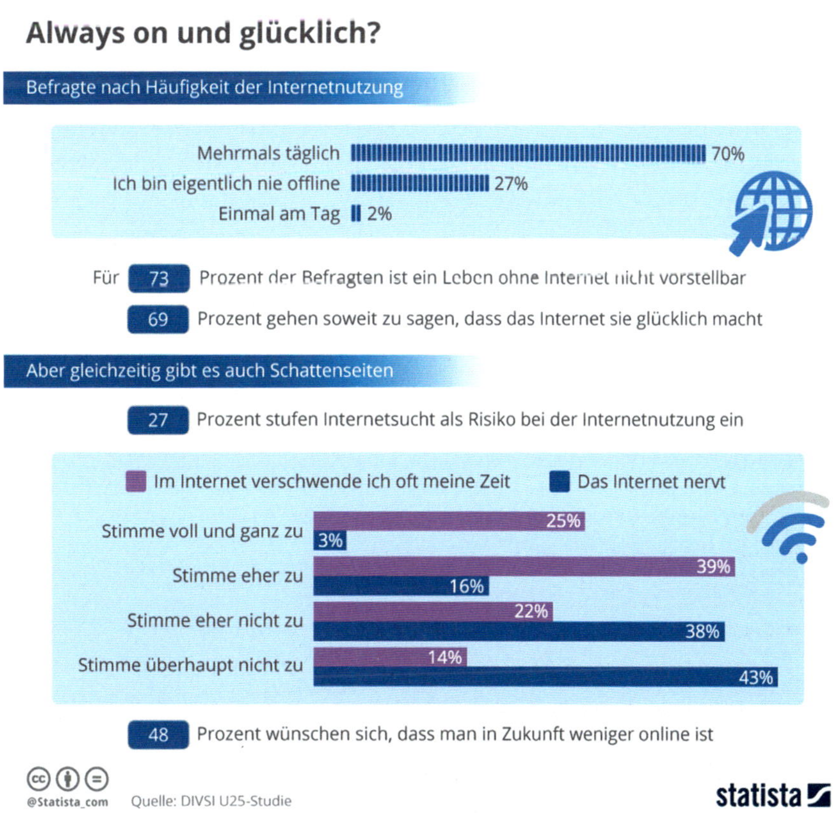

Studie des Instituts für Vertrauen und Sicherheit im Internet (DIVSI) bei 14- bis 24-Jährigen.

Deutschbuch

Gymnasium

Autoren- und Quellenverzeichnis

S. 6: Schaffner, Sebastian: Autonomes Fahren: Experte hält Roboterautos für eine gute Idee [04.02.2019] (gekürzt). Nach: HNA.de. Verfügbar unter: https://www.hna.de/lokales/rotenburg-bebra/rotenburg-fulda-ort305317/autonomes-fahren-experte-haelt-roboter-busse-hessentag-gute-idee-11723972.html. **S. 8:** Bartholdi, Martin A.: Vertrauen wir dem Roboterauto? [04.03.2021] (gekürzt). Nach: Blick.de. Verfügbar unter: https://www.blick.ch/auto/news_n_trends/vertrauen-wir-dem-roboterauto-wir-wollen-die-kontrolle-behalten-id16376587.html. **S. 20:** Simon, Violetta: Holt euch euren Körper zurück! [01.04.2018] (gekürzt). Nach: Süddeutsche Zeitung. Verfügbar unter: https://www.sueddeutsche.de/stil/schoenheit-holt-euch-euren-koerper-zurueck-1.3916276. **S. 24:** Karsten, Nele Sophie: Retuschierte Fotos kennzeichnen [05.08.2021] (gekürzt). Nach: taz. Verfügbar unter: https://taz.de/Neues-Gesetz-in-Norwegen/!5786531/. **S. 26:** Weiss, Maurice: „Wir können uns vor den Bilderwelten nicht verschließen" [10.10.2017] (gekürzt). Nach: Deutschlandfunk Kultur. Verfügbar unter: https://www.deutschlandfunkkultur.de/kennzeichnungspflicht-fuer-bearbeitete-bilder-in-frankreich.2156.de.html?dram:article_id=397877. **S. 30:** Franck, Julia: Die Streuselschnecke. In: Bauchlandung: Geschichten zum Anfassen. Fischer, München 2000, S. 44f. **S. 36:** Kästner, Erich: Er weiß nicht, ob er sie liebt. In: Doktor Erich Kästners Lyrische Hausapotheke. Atrium, Zürich 1929. **S. 40–41:** Wedekind, Frank: Frühlings Erwachen – Eine Kindertragödie (Auszug). In: ebd.: Philipp Reclam jun., Stuttgart 2021, S. 61–65. **S. 46–47:** Bartels, Gerrit: Die Buchbranche steckt in einer existentiellen Krise [10.10.2018] (gekürzt). Nach: Tagesspiegel. Verfügbar unter: https://www.tagesspiegel.de/kultur/frankfurter-buchmesse-die-buchbranche-steckt-in-einer-existenziellen-krise/23167018.html. **S. 94:** Eichendorff, Joseph von: Glück (Liedchen) [1814]. In: Gedichte. Deutscher Klassiker Verlag, 2006. **S. 96–97:** Lachmayr, Felicitas: Machen Glücksratgeber wirklich glücklich? [25.11.2018] (gekürzt) Nach: Augsburger Allgemeine. Verfügbar unter: https://www.augsburger-allgemeine.de/kultur/Machen-Gluecksratgeber-wirklich-gluecklich-id52770116.html. **S. 98:** Weidenbach, Bernhard: Umsatzanteile im Buchhandel im Bereich Ratgeber im Jahr 2020. Nach: Statista. Verfügbar unter: https://de.statista.com/statistik/daten/studie/201623/umfrage/umsatzanteile-ratgeber-im-buchhandel-nach-sparten/. **S. 102:** WDR – Neun ½: Smartphone-Sucht [2016] (gekürzt). Nach: WDR. Verfügbar unter: https://kinder.wdr.de/tv/neuneinhalb/mehrwissen/lexikon/s/lexikon-smartphonesucht100.html. **S. 102:** Epp, Eugen: Tipps gegen den Smartphone-Reflex [29.01.2019] (verkürzt und verändert). Nach: Stern (Online). Verfügbar unter: https://www.stern.de/neon/herz/psyche-gesundheit/handysucht--mein-smartphone-kaempft-gegen-mich-und-ich-gegen-mein-smartphone-8553568.html. **S. 103:** Kolonko, Sonja: Der Newsfeed hat kein Ende [13.04.2019] (gekürzt). Nach: ARD „W wie Wissen". Verfügbar unter: https://www.daserste.de/information/wissen-kultur/w-wie-wissen/die-tricks-der-sozialen-medien-100.html. **S. 103:** Brandt, Mathias: Always on und glücklich? [17.12.2018]. Nach: Statista. Verfügbar unter: https://de.statista.com/infografik/16439/internetnutzung-von-jungen-menschen-in-deutschland/.

Bildquellenverzeichnis

S. 9: Bitkom Research 2015; **S. 15:** Shutterstock.com/Krakenimages.com; **S. 16 von links nach rechts:** Shutterstock.com/red13fotostudio, Shutterstock.com/Alfred Gruener, Shutterstock.com/pikselstock; **S. 24:** Shutterstock.com/Maksim Toome; **S. 25 oben:** Shutterstock.com/Vladimir Gjorgiev; **unten:** Quelle: EARSandEYES GmbH, Statista 2020; **S. 98 Mitte:** Statista 2021; **S. 103:** Statista.

Redaktion: Christian Köpcke, Hamburg

Illustrationen:
Nils Fliegner, Hamburg: S. 18–22; 26–29; 52–71
Christiane Grauert, Milwaukee (USA): S. 4–8; 11–13; 16 (oben); 17; 31–39; 46–51; 94
Sulu Trüstedt, Berlin: S. 42–45
Uta Bettzieche, Leipzig: S. 74–93

Umschlaggestaltung: Corinna Babylon und Jule Kienecker (Berlin) unter Verwendung eines Fotos von Shutterstock/KsanaGraphica und einer Illustration von Christiane Grauert (Milwaukee/USA)

Layout: werkstatt für gebrauchsgrafik, Berlin
Technische Umsetzung: Straive

www.cornelsen.de

Druck: Athesiadruck GmbH

Ausgabe ohne interaktive Übungen
1. Auflage, 1. Druck 2023
ISBN 978-3-06-200111-6

Ausgabe mit interaktiven Übungen
1. Auflage, 1. Druck 2023
ISBN 978-3-06-200116-1

PEFC
PEFC/18-31-166

PEFC zertifiziert
Dieses Produkt stammt aus nachhaltig bewirtschafteten Wäldern und kontrollierten Quellen.
www.pefc.de